Siodmak
Zwischen Berlin und Hollywood

Robert Siodmak

Zwischen Berlin und Hollywood

Erinnerungen eines großen Filmregisseurs

Herausgegeben von Hans C. Blumenberg

Herbig

Umschlagentwurf: Atelier Adolf und Angelika Bachmann, München
Satz: Druckerei St. Otto Verlag, Bamberg
Druck: Mohndruck Graphische Betriebe GmbH, Gütersloh
Printed in Germany 1980
ISBN: 3-8004-0892-9

Inhaltsverzeichnis

Der Schatten am Ende der Treppe
Die vier Karrieren des Robert Siodmak

Von Hans C. Blumenberg

Auf dem Treppenabsatz steht eine junge Frau und betrachtet sich in einem großen Spiegel. Sie trägt ein langes, hochgeschlossenes Kleid. Sie lächelt sich zu. Sie ist schön. Für einen Moment scheint sie vergessen zu haben, wo sie sich befindet. Ein friedlicher Anblick.

Schnitt. Nun steht die Kamera eine Treppe höher, beobachtet das Mädchen aus der Distanz. Plötzlich bewegt sie sich rasch nach rechts, fährt vorbei an den reich verzierten Streben des Geländers, durch die die Frau eingesperrt wirkt wie durch die Gitter eines Käfigs, auf einen dunklen Punkt am Ende des Korridors zu. Halb im Schatten werden zwei Beine sichtbar. Jemand liegt auf der Lauer. Jäh kündigt sich Gefahr an. Wir sehen, größer und größer werdend, das weitaufgerissene Auge eines Unbekannten. Die Kamera fährt förmlich in die Pupille hinein. Im Auge des Bösen spiegelt sich die Szene: grotesk verzerrt wie in einem zerbrochenen Spiegel.

Bilder des Schreckens, aus einem Film von Robert Siodmak: »The Spiral Staircase« (Die Wendeltreppe).

Ein anderer Ort. Eine Hochbahn-Station in New York, spät in der Nacht, menschenleer. Von ferne hört man die Geräusche der Stadt. Ein paar Lampen verbreiten diffuses Licht auf dem verödeten Bahnsteig. Überall bedrohliche Schatten. Nichts rührt sich, aber über der Szene liegt eine unheimliche Spannung. Zwei Menschen nähern sich: ein fetter alter Mann, der voll von Panik die Treppe hochkeucht, eine junge Frau, die vielleicht Angst hat. Ein Zug kommt. Das Licht verändert sich. Die Geräusche werden lauter. Der Alte schleicht sich von hinten an die Frau heran. Er will sie vor den Zug stoßen. Im letzten Moment wird er durch eine Passantin abgelenkt. Der Zug hält, fährt weiter. Wieder ist alles still. Im Hintergrund sieht man Häuserschluchten im Zwielicht. Es ist nichts geschehen.

Eine Szene aus einem Film von Robert Siodmak: »Phantom Lady« (Zeuge gesucht).

Es war ein Kino der Angst, der Alpträume, der dunklen Schrecken, das Siodmak berühmt gemacht hat: Expeditionen in eine Welt des Zwielichts, der langen, bedrohlichen Schatten, der mörderischen Neurosen, der heimlichen Deformationen. Und es war ein sehr deutsches, vom Expressionismus der Weimarer Republik noch deutlich gezeichnetes Kino, das der temperamentvolle, lebenslustige Regisseur mit dem runden, fast kahlen Schädel da im Hollywood der vierziger Jahre inszenierte. »Film Noir« (schwarzes Kino) nannten die Filmhistoriker später diesen Stil. Robert Siodmak, der Emigrant aus Berlin, der Mann mit einem starken deutschen »Katzenjammer-Akzent« (»Life«–Magazin im August 1947), schrieb einige glorreiche Jahre lang amerikanische Filmgeschichte. Zwischen 1944 und 1948 etablierte er sich mit Filmen wie »Phantom Lady«, »The Spiral Staircase«, »The Suspect« (Unter Verdacht), »The Dark Mirror« (Der schwarze Spiegel), »The Killers«, »Cry of the City« (Schrei der Großstadt) und »Criss Cross« (Gewagtes Alibi) als einer der besten Regisseure Hollywoods.

Wie andere Emigranten aus Berlin und Wien, zumal Fritz Lang, Billy Wilder und Otto Preminger wurde er zum Spezialisten für amerikanische Themen, für amerikanische Obsessionen. Die verborgenen Eigenarten von Land und Leuten, die er erst einige Jahre zuvor, 1940, von anrückenden Nazi-Truppen aus dem ersten Exil in Paris zu einer zweiten Flucht gezwungen, auf eine nicht eben bequeme Weise kennengelernt hatte, schienen ihm rasch vertraut. Hollywood empfing ihn nicht mit offenen Armen. Kaum jemand in Kalifornien hatte von dem einstigen Wunderknaben der UFA gehört, den ein einziger Film, eine billige, an den Originalschauplätzen mit Laiendarstellern gedrehte Beschreibung eines sommerlichen Sonntags in Berlin (»Menschen am

Sonntag«, 1929) an die Spitze der deutschen Regisseure katapuliert hatte, dem kurz darauf schon die teuersten Stars anvertraut wurden, von Emil Jannings bis Hans Albers und Lilian Harvey, dem nach der Emigration 1933 eine fast ebenso spektakuläre zweite Karriere in Frankreich gelungen war, der in Paris mit Louis Jouvet, Harry Baur, Erich von Stroheim und Maurice Chevalier gearbeitet hatte.

Robert Siodmak verstand sich auf die Kunst des Überlebens. Sein Lebensweg gleicht einem Hindernislauf rund um die Welt. Er wurde geboren 1900 im amerikanischen Tennessee, kam ein Jahr später schon nach Dresden, wo er als Sohn eines wohlhabenden jüdischen Kaufmanns aufwuchs, zu dessen Skat-Partner der Komponist Richard Strauss gehörte, in dessen Haus viele berühmte Künstler verkehrten, der Maler Emil Nolde ebenso wie die Schriftsteller Ernst Toller und Walter Hasenclever. Gleichwohl war Robert Siodmaks Kindheit alles andere als glücklich: eine lange Kette von Demütigungen und Unglücksfällen.

In einem der vielen Internate, die er rasch wechselt, die er als freudlose Zwangsanstalten haßt, verliert er bei einem Kampf mit einem Billard-Queue fast das linke Auge. Ein lebenslanger Sehschaden bleibt zurück. Siodmak ist da übrigens in guter Gesellschaft. Auch Fritz Lang, John Ford und Raoul Walsh, bewährte Filmregisseure wie er selber, verloren einen Teil ihrer Sehkraft. Doch im Gegensatz zu ihnen schmückte sich Siodmak nie mit einer schwarzen Augenklappe. Er zog es vor, den Defekt zu verbergen.

Der junge Robert lernt es, sich wechselnden Umständen, Lokalitäten, Machtverhältnissen anzupassen. Er schützt sich, indem er scharf beobachtet. Er ist kein Opportunist, aber ein Realist. Das kommt ihm später oft zugute. In einem Interview erzählt er 1961: »In den vierziger Jahren wurde mir in Hollywood die Regie der Hemingway-Verfilmung ›The Killers‹ übertragen. Da gab es ein paar Leute, die meinten: ›The Killers‹ – das ist doch der amerikanischste Stoff überhaupt, warum muß das ausgerechnet ein Europäer inszenieren? Damals habe ich gesagt: Ihr kennt ›das Amerikanische‹ schon so gut, daß ihr es gar nicht mehr seht. Aber ich sehe sogar noch die Coca-Cola-Schilder.«

Unter den deutschstämmigen Kosmopoliten des Kinos – von Lang und Wilder bis Max Ophüls und Douglas Sirk – war Robert Siodmak der rastloseste. Dreimal fing er wieder von vorne an: 1933 in Frankreich, 1940 in Hollywood, 1955 wieder in der Bundesrepublik, wo er seine vierte und letzte Karriere startete. Aber auch in Berlin, in München und in Ascona, wo er in den letzten Jahren seines Lebens mit der geliebten »Babs«, der geborenen Berthe Odenheimer, geschiedenen Simon und langjährigen Mrs. Siodmak wohnte, hielt es ihn nicht. Noch einmal ging er auf Wanderschaft, drehte mit Romy Schneider in Paris, mit Nadja Tiller in London, einen Karl-May-Film in Jugoslawien, einen Western in Spanien, und, fast siebzig Jahre alt, ein zweiteiliges Monumental-Epos mit internationaler Besetzung in Rumänien (»Kampf um Rom«).

Zu dieser Zeit war es bereits offensichtlich, daß seine Kräfte nicht mehr ausreichten für ein solch anstrengendes Unternehmen, das auch einen Jüngeren bis zum Äußersten gefordert hätte, erzählt der Produzent Artur Brauner, mit dem Siodmak nach seiner Rückkehr nach Deutschland oft gearbeitet hat. Aber er dachte nicht daran, sich auf's Altenteil zurückzuziehen. Noch im August 1972, ein halbes Jahr vor seinem Tod, schrieb der 71jährige aus Ascona an eine Freundin in München: »Ich erwarte noch in diesem Monat, eines Films wegen, nach London gerufen zu werden. Hoffentlich. Ich kann es vor Langeweile hier kaum noch aushalten. Die Stadt ist voll von Uhrmachern, die Ferien haben, und je länger ich hierbleibe, desto weniger Leute kenne ich. Alle gehen mir auf die Nerven . . . Hoffentlich klappt der Film in England, so daß ich einmal auf einige Monate hier herauskomme. Du kannst dir gar nicht vorstellen, in was für einem depressiven Zustand ich im Moment bin«.

Allein in Bewegungen und Veränderungen schien Siodmak Befriedigung zu finden. Stillstand konnte er nicht ertragen. Ruhe war seinem Wesen fremd. Bis zum Ende träumte er davon, doch noch einmal in jenes Hollywood zurückzukehren, in dem er seine größten Triumphe erlebt hatte, dem er Anfang der fünfziger Jahre den Rücken kehrte. Siodmak hat seinen Abschied von Hollywood damit begründet, daß er gespürt habe, daß es mit der amerikanischen Filmindustrie langsam, aber sicher zu Ende ginge. Das Fernsehen kam auf, Hollywood wehrte sich mit groben Mitteln, mit bunten, lauten CinemaScope-Spektakeln, mit dem dreidimensionalem Film, mit bonbonfarbenen Lustbarkeiten wie »Drei Münzen im Brunnen«. Das war nicht Siodmaks Art von Kino. Seine Spezialität, der abgründige »Film Noir«, hatte die vierziger Jahre nicht überlebt. So kam er sich vielleicht unversehens als ein Mann von gestern vor.

Aber das ist wahrscheinlich nur die halbe Wahrheit. Sein Bruder, der bedeutende Science-fiction-Schriftsteller (»Donovan's Brain«, »Hauser's Memory«) und Horrorfilm-Autor Curt Siodmak, schreibt in seiner bislang unveröffentlichten Autobiographie »Mosaic – A Writer's Life«, durch seine Bekanntschaft mit dem während der Hexenjagd des McCarthyismus besonders heftig verfolgten und zur Emigration gezwungenen Charlie Chaplin sei auch Robert Siodmak auf die berüchtigte »schwarze Liste« geraten. Deshalb hätten ihn die großen Filmgesellschaften nicht mehr beschäftigt. Siodmak selber habe von diesem »Blacklisting« bis zu seinem Tod nicht erfahren.

So ganz überzeugend scheint mir die Version nicht, aber völlig freiwillig war der Abschied von Hollywood wohl nicht. 1955, als Siodmak in Berlin für Artur Brauner Gerhart Hauptmanns Stück »Die Ratten« mit Maria Schell und Curd Jürgens verfilmte, drehte er gleichzeitig, auf eigenes Risiko, eine englischsprachige Version des Films mit denselben Darstellern. Zwar lief diese Fassung später offenbar nur in Australien, doch allein die Tatsache, daß Siodmak sich der Mühe unterzog, sie herzustellen, demonstriert seinen Wunsch, wieder in Amerika Fuß zu fassen.

In Hollywood hatte er sich, allen Kämpfen zum Trotz, immer wohlgefühlt. 1947, als ihm die Zeitschrift »Life« einen großen Artikel widmete (eine Ehre, die Regisseuren kaum je widerfuhr), befand er sich auf dem Höhepunkt seines Erfolges. Er war für einen »Oscar« als bester Regisseur des Jahres nominiert worden (für »The Killers«), er verdiente mehr als 100 000 Dollar pro Jahr, er bewohnte ein weitläufiges Anwesen in Beverly Hills (das zuvor dem Horror-Star Boris Karloff gehört hatte), er war stolz auf seinen großen grünen Cadillac (ein paar Jahre vorher war er noch mit dem Bus von Studio zu Studio gefahren, um Arbeit zu suchen).

Er drehte Filme über mörderische Obsessionen, über labile, heillos in krankhafte Familien-Bande verstrickte Schwächlinge, die sich durch Verbrechen zu befreien versuchen (Charles Laughton in »The Suspect«, George Sanders in »The Strange Case of Uncle Harry«), über einsame, unglückliche Männer im Dickicht der Städte, die das Verhängnis in der Gestalt von verführerischen »Schwarzen Witwen« ereilt: In »The Killers« wird Burt Lancaster von Ava Gardner ruiniert, in »Criss Cross« von Yvonne de Carlo. Er schokkierte das Publikum mit Porträts von größenwahnsinnigen Mördern in der Maske von kultivierten Biedermännern: Franchot Tone in »Phantom Lady«, George Brent in »The Spiral Staircase«. Er machte einen Film über schöne Zwillingsschwestern, von denen die eine schizophren und mordlüstern ist (Olivia de Havilland in »The Dark Mirror«).

In seinen Filmen aus jenen Jahren interessierten ihn nur die abseitigsten Leidenschaften, oft konzentriert auf den Mikrokosmos einer angesehenen bürgerlichen Familie, und die Vermutung liegt nicht allzu fern, daß diese Vorliebe mit seinen eigenen extrem leidvollen Familien-Erfahrungen zusammenhängen könnte. Auch später, in Deutschland, nahm er dieses Motiv wieder auf: in den »Ratten«, in seiner zweiten Hauptmann-Verfilmung »Dorothea Angermann«, aber auch in einem Routine-Film wie »Mein Vater, der Schauspieler« mit O. W. Fischer, Hilde Krahl und Oliver Grimm. Dort geht es um den frühen Tod einer Mutter, den Abstieg des Vaters zum Säufer und Selbstmord-Kandidaten, das Unglück eines Kindes, das in ein Internat abgeschoben wird. Nicht mehr als eine Boulevard-Tragödie mit versöhnlichem Finale, alles andere als glanzvoll inszeniert, aber die Wahl des Stoffes erscheint immerhin aufschlußreich. Man erinnert sich an den frühen Krebstod von Siodmaks Mutter, an den Selbstmord seines jüngsten Bruders, an die tiefe Entfremdung von seinem Vater, an seine eigene Kinderlosigkeit. Die Verletzungen der frühen Jahre sind in vielen seiner Filme spürbar. Er hat sie in seinen schwarzen Alpträumen von familiärem Verfall, intimer Verwesung verarbeitet.

Doch wahrscheinlich sollte man dieses verborgene biographische Moment nicht überstrapazieren, auch wenn es der gerade im Hollywood der vierziger Jahre grassierenden Vorliebe für psychoanalytische Interpretationen (oft arg vergröbert, selbst bei Hitchcock) entgegenkommt. Seinem Selbstverständnis nach war Siodmak immer ein Mann des Entertainment, ein brillanter, ingeniöser Unterhaltungs-Spezialist, aber kein Regisseur, dessen Werk durchgehend nach den Kriterien der Autoren-Theorie zu entschlüsseln wäre. Es gibt zwar, zum Beispiel, einen Lubitsch-Touch, auch einen Hitchcock-Stil, dessen Merkmale sich kontinuierlich von Film zu Film feststellen lassen, aber es dürfte unmöglich sein, einen definitiven Siodmak-Touch zu entdekken: stilistische und thematische Konstanten, die das ganze, über genau vierzig Jahre und viele Länder verstreute Werk zusammenhalten.

Siodmak selber meinte, er wäre gewiß so berühmt wie Hitchcock geworden, wenn er sich, wie jener, auf ein einziges Genre, den Thriller, konzentriert hätte. Es ist kein Geheimnis, daß Siodmak Hitchcock nicht ausstehen konnte. Die reservierte Art des großen »Hitch« war ihm zuwider, und vielleicht litt er auch darunter, daß er selber nie eine solche Anerkennung gefunden hatte wie sein britischer Rivale. Es ist bislang kein einziges Buch über Siodmak geschrieben worden. Grundsätzliche Artikel über sein Werk sind äußerst rar. Und erst im August 1980 fand zum ersten Mal eine große Siodmak-Retrospektive statt: im Londoner National Film Theatre, wo neben den Hollywood-Filmen Siodmaks (die jüngeren deutschen Besuchern vor allem aus dem Fernsehen bekannt sind) auch etliche weithin unbekannte Werke aus seiner ersten deutschen und aus seiner französischen Periode zu sehen waren. Für uns bleiben viele seiner Filme noch zu entdecken.

Siodmak hat praktisch in allen Genres gearbeitet: ein Horrorfilm (»Son of Dracula«) und eine exotische Südsee-Phantasie (»Cobra Woman«) kommen in seiner Filmographie ebenso vor wie ein psychologisches Kammerspiel (»Brennendes Geheimnis« nach Stefan Zweig, sein letzter Film vor der Flucht nach Paris), eine Operette (»La vie parisienne« nach Jacques Offenbach), ein »Sitten-Film« (»Cargaison blanche«, deutscher Titel: »Weiße Fracht für Rio«), ein Piraten-Film (»The Crimson Pirate« / Der rote Korsar), ein Fremdenlegionärs-Abenteuer (»Le grand jeu« / Die letzte Etappe), ein Drama um und unter der Berliner Mauer (»Tunnel 28«), ein Western (»Custer of the West« / Custer – ein Tag zum Kämpfen), diverse Komödien (die beste, eine ganz frühe Groteske mit Heinz Rühmann: »Der Mann, der seinen Mörder sucht«) und Literaturverfilmungen. Ein thematisch heterogeneres Werk ist schwerlich vorstellbar.
Viele seiner Projekte blieben unrealisiert. Und auch ein Blick auf diese Titel belegt seine Vielseitigkeit: Thomas Manns »Zauberberg« hat er immer verfilmen wollen, mit Kirk Douglas hatte er 1952 einen Film über den Seehelden Graf Luckner vor, 1955 scheiterte ein »Impasse de désir« betiteltes Projekt mit Jean Gabin, 1966 ein Film über den Archäologen Heinrich Schliemann, 1970 noch die Verfilmung eines englischen Dienstmädchenromans aus dem 19. Jahrhundert (»Atrox«) mit seinem Freund James Mason, mit Brigitte Bardot, Margaret Rutherford, David Hemmings und Richard Attenborough. Aus der Realisierung einer von Erich Maria Remarque geschriebenen Kriminalstory mit dem Arbeitstitel »Fische fangen« (1959) wurde ebensowenig etwas wie aus Siodmaks Originalidee »Der Köder« (1964).

Man könnte sagen: er war nicht sehr wählerisch. Gelegentlich ließ er sich auf Projekte ein, von denen er wußte, daß sie ihm nicht liegen würden, daß sie eigentlich unter seinem Niveau waren, aber sein Hunger nach Veränderung, nach neuen Erfahrungen war immer größer als die Rücksicht auf die Reputation. Filme wie »Der Schut« (nach Karl May, eine einfältige Posse mit lahmem Witz) oder »Kampf um Rom« hätte er gewiß nicht machen sollen, schon deshalb nicht, weil er Außenaufnahmen nicht sonderlich schätzte. Bei dem Zwei-Teiler »Kampf um Rom«, als er riesige Statistenheere zu dirigieren hatte, überließ er diese Arbeit meist seinen Assistenten und kümmerte sich selber lieber um die Schauspieler in den Atelier-Szenen.

Als er 1959 in einem Londoner Studio den Film »The Rough and the Smooth« (Das Bittere und das Süße) drehte, erklärte er dem Journalisten John Russell Taylor: »Ich hasse Außenaufnahmen – da gibt es so vieles, was man nicht kontrollieren kann.« Das klingt erstaunlich, wenn man sich daran erinnert, daß Siodmaks erster Film »Menschen am Sonntag« war, der ausschließlich an Originalschauplätzen in und um Berlin spielte, der oft als einer der ersten neorealistischen Filme gefeiert wurde, aber in der Tat entstanden die meisten seiner bedeutenden Arbeiten im Atelier. Er war ein Meister der Präzision. In Charles Highams Biographie von Ava Gardner erinnert sich der Kameramann George Folsey an die Dreharbeiten zu »The Great Sinner«: »Er drehte eine Szene unzählige Male, nur weil irgendein winziges Detail an einem Kleid, das niemandem auffallen würde, nicht stimmte. Eines Tages hatte er eine Einstellung mit ihr ungefähr sechzigmal wiederholt. Und sie sagte, sehr freundlich, vor der Mannschaft: ›Bob, glaubst du, daß ich nach dem 81. Take mal auf die Toilette gehen könnte?‹«

Diese Geschichte ist wahrscheinlich reichlich übertrieben, denn schon früh hatte Siodmak gelernt, mit dem teuren Material sehr sparsam umzugehen. In Hollywood fing er mit extrem billigen »B-Pictures« an: eine harte Schule des ökonomischen Arbeitens. Die Sorgfalt seiner Inszenierungskunst indessen ist unbestritten. Wie kaum ein anderer Regisseur seiner Generation verstand er sich auf etwas, was gemeinhin mit der Verlegenheitsfloskel »Atmosphärische Dichte« umschrieben wird: den perfekten Einklang von Schauspielerführung, Kamerabewegung, Lichtführung, Dekors, Musik. Nur Michael Curtiz, der Regisseur von »Casablanca«, war ihm da in den vierziger Jahren ebenbürtig.

Suggestive Wirkungen erzielte er oft mit bescheidenen technischen Mitteln, mit der Suggestionskraft von Licht und, mehr noch, von Schatten. Die nicht gerade aufwendigen Bauten auf dem »Back Lot«, dem Studio-Gelände, der Universal in Hollywood verwandelte er mit Hilfe seines Lieblings-Kameramannes Elwood (»Woody«) Bredell, von dem es hieß, er könnte mit einem einzigen Streichholz ein ganzes Football-Stadion beleuchten, in urbane Horror-Landschaften, in Orte geheimnisvoller Schrecken aus der Dunkelheit: in »Phantom Lady«, »Christmas Holiday« (mit Deanna Durbin und Gene Kelly) und »The Killers«. Später profitierten so hervorragende Kameramänner wie Göran Strindberg (»Die Ratten«) und Georg Krause (»Nachts, wenn der Teufel kam«) von seinem visuellen Genie. Mit diesen Mitarbeitern und in diesen beiden deutschen Nachkriegsfilmen erreichte er noch einmal die Qualität seiner besten Hollywood-Arbeiten, während es sonst über sein Spätwerk nicht viel zu sagen gibt.

Die Schauspieler, auch die schwierigsten, liebten ihn. Anders als etwa Fritz Lang war er kein preußischer Zuchtmeister, sondern ein sanfter, geduldiger Dompteur von immensem psychologischem Geschick, der jungen Schaupielern ein Gefühl von Sicherheit vermittelte (Ava Gardner ebenso wie über zwanzig Jahre später Romy Schneider), der aber auch mit den Launen der »Monstres Sacrés« umzugehen verstand. Denen ist er oft begegnet: bei der UFA dem cholerischen Emil Jannings, dem versponnenen Heinz Rühmann, dem eitlen Hans Albers, in Frankreich Louis Jouvet, Harry Baur und Erich von Stroheim, in Hollywood den gefürchteten Neurotikern Charles Laughton und George Sanders (die unter seiner Regie so gut waren wie selten sonst), den unberechenbaren Damen Deanna Durbin und Olivia de Havilland, in Deutschland dann noch einmal so kapriziösen Talenten wie Maria Schell und O. W. Fischer.

Nadja Tiller, die zwei Filme mit ihm gemacht hat, den einen 1959 in England (»Das Bittere und das Süße«), den anderen 1961 in Frankreich (»Affäre Nina B.«), erzählt: »Er war, auch wenn es sich, wie bei diesen beiden Filmen, um eher dramatische Geschichten handelte, immer voll Humor im Atelier und verstand es fabelhaft, gute Laune zu verbreiten. Er zählte für mich zu den Regisseuren, die zwar genau wußten, was sie wollten, aber doch dem Schauspieler Raum gaben, seine Persönlichkeit zu entfalten. Das heißt, man konnte eine Szene sehr schön mit ihm zusammen erarbeiten und trotzdem eine Menge von sich selber hineingeben.«

Er muß ein Mann von beträchtlichem Charme gewesen sein. Ich habe ihn nur einmal gesehen, in einem zwanzig Jahre alten Fernseh-Interview, das der Norddeutsche Rundfunk anläßlich der Ausstrahlung von »Menschen am Sonntag« mit ihm geführt hat. Da saß er ganz entspannt, gleichwohl äußerst aufmerksam, im Studio: ein weltläufiger Geschichtenerzähler, ein Mann nicht ohne Selbstironie, ein Mann auch, der wußte, daß seine Zeit vorbei war. Mit Sympathie sprach er von der Neuen Welle in Frankreich, aber auch von den Fehlern, die die Jungen jetzt machen würden, die er selbst schon vor dreißig Jahren gemacht hätte. Er mochte viele der jungen Regisseure, aber ihre Arbeit blieb ihm fremd. Er fand sie zu wenig unterhaltsam, zu privatistisch, zu publikumsfern.

1969 trat er in Thomas Schamonis Film »Der große graublaue Vogel« als Darsteller seiner selbst auf, sprach mit Klaus Lemke und Marquard Bohm vor Schamonis Kamera über seine Erfahrungen und Erinnerungen. In seinen letzten Jahren interessierte ihn das italienische Kino mehr als das deutsche. Oft fuhr er von Ascona aus über die Grenze nach Italien, um sich neue Filme anzuschauen. Im Spätsommer 1972 erlebte er in München die europäische Uraufführung von Francis Coppolas Film »Der Pate«. Er war begeistert. Und deprimiert. Er wohnte der Wiedergeburt jenes Hollywoods bei, das er geliebt hatte, aber er war zu alt, um noch einmal, zum fünften Mal, von vorne anzufangen.

Wer Filme von Robert Siodmak gesehen hat, erinnert sich wohl immer an bestimmte Momente, an Höhepunkte rein visueller Erzählkunst: Die Jam-Session mit Elisha Cook Jr. in »Phantom Lady«, die sich zu einer ekstatischen erotischen Lockung steigert; der Raubüberfall in »The Killers«, in einer einzigen, über drei Minuten langen Einstellung aus gegenläufigen Kamerabewegungen gedreht; die Sequenz in »The Great Sinner«, in der der Spieler Gregory Peck die Bank von Wiesbaden sprengt; die schäbige Silvester-Feier in den »Ratten«, die mit einer Verzweiflungstat endet. Sein Werk enthält viele solcher Sequenzen: genug, um ihn einen großen Regisseur zu nennen.

Hildegard Knef, die behauptet, sie hätte Angst vor ihm gehabt, hat ihn in ihrem »Geschenkten Gaul« so beschrieben: »Er hat Augen wie eine Eule, sächsisch spricht er, daß der Thüringer Wald wackelt«. Er war ein neugieriger Mensch, einer, der wohl auch als Arzt oder als Börsianer hätte Karriere machen können. Die Kunst des Heilens und die Kunst des Geldmachens haben ihn immer fasziniert. Seine Vitalität war schier unheimlich. Er liebte es, Menschen, auch fremde, anzufassen, sich ihrer Wärme auf sehr handgreifliche Weise zu versichern. Seiner Frau Babs war diese Angewohnheit peinlich. Sie schrieb: »Eines Tages in Hollywood war Katharine Hepburn unser Gast, und ich versuchte ihm zu erklären, daß sie bestimmt nicht ein Typ Frau war, den man betatschte, und er sollte sich doch einmal beherrschen. Nun, sie kam und zwei Minuten später war er schon mit allen Händen um sie herum. Nichts passierte. Sie hat sich glänzend mit ihm verstanden«.

Karrieren wie die von Robert Siodmak gibt es nicht mehr. Die Zeit der Käuze, der Abenteurer, der Weltenbummler des Kinos ist vorbei. Robert Siodmak ist am 10. März 1973, im Alter von 72 Jahren, in einem Krankenhaus in Locarno nach einer Herzattacke gestorben, nur sieben Wochen nach seiner Frau Babs. Seine Urne wurde zunächst im Garten von

Freunden in Ascona beigesetzt, später überführte sie Curt Siodmak nach Kalifornien. Dort, in seinem Garten, liegt die Asche von Robert Siodmak begraben.

*

In den letzten Jahren seines Lebens beschäftigte sich Robert Siodmak mit der Niederschrift seiner Lebenserinnerungen, die den Arbeitstitel trugen »Ich war selbst dabei.« Das Manuskript trägt den handschriftlichen Vermerk »Erste Fassung«. Nach seinem Tod verschwand es unter recht merkwürdigen Umständen (Siodmak, ein Freund von Spielern und Gangstern, hätte an der komplizierten Geschichte seine Freude gehabt) und tauchte erst 1979 wieder auf. Ich habe das Manuskript um cirka dreißig Seiten gekürzt, etliche Umstellungen und die Einteilung in Kapitel vorgenommen, diverse falsch geschriebene Namen und ungenau erinnerte Tatsachen korrigiert. Der Text erschien mir wie ein ungeschnittener Film, abgedreht, aber noch nicht montiert: Siodmaks letzter Film, der Film seines Lebens.

Bei der Herstellung dieser Fassung waren viele Leute mit Informationen, Materialien, Film- und Video-Kopien von Siodmak-Filmen behilflich: Sehr herzlich danke ich Curt Siodmak (Three Rivers, Kalifornien), Margarethe Prechtl (am Starnberger See), Artur Brauner (Berlin), Nadja Tiller (Berlin), Patrick J. Sheehan (»The Library of Congress«, Washington D. C.), Walter Bockmayer (Köln), Karsten Witte (Berlin), Frank Arnold (Berlin), Andreas Meyer (München), Brigitte Desalm (Köln), Hans Brecht (NDR, Hamburg) und, last not least, Jan Dawson (London), die sich um die Bildbeschaffung kümmerte.

Besonderen Dank schulde ich Marianne Kolarik (Köln), die bei der Reinschrift nicht nur die unlesbarsten Stellen entzifferte, sondern auch wichtige editorische Ratschläge gab. Und meinen Freundinnen Renate Michel (Universität Köln) und Lina Schneider, die bei der Zusammenstellung der Filmographie halfen und sich auch um die Endfassung des Manuskriptes verdient machten.

1

Ein Dresdner aus Tennessee

Als ich kaum sprechen konnte, hielt mich mein Vater über den Ausguß und sagte: »Mach Pipi! Mach Pipi!« Ich schüttelte nur den Kopf, sagte: »Nein!« Und auf seine Frage: »Warum nicht?« antwortete ich: »Eigensinn bin ich nur!«

Mein Vater hatte einen Charakter wie ich, obwohl ich mehr meiner Mutter ähnelte, die eine sehr schöne Frau und mit meinem Vater nicht sehr glücklich verheiratet war. Das führte in der Ehe zweimal zu einer Katastrophe. Eine Wahrsagerin hatte ihr gesagt, daß sie, bevor sie vierzig Jahre alt werde, nicht mehr zu laufen brauchte. Ich erinnere mich noch an diesen Ausspruch. Sie glaubte, daß sie ein Automobil besitzen würde. Aber sie starb kurz vor ihrem vierzigsten Geburtstag an Halskrebs. Ihre letzten geflüsterten Worte waren, als ich ihre Hand – zwanzig Minuten vor ihrem Tode – hielt: »Ich freue mich!« Ich war ihr Lieblingssohn. Ich hatte noch drei Brüder. Meine Großmutter hatte einundzwanzig Söhne, keine Zwillinge, und soweit ich mich erinnern kann, gab es für über fünfzig Jahre keine weiblichen Siodmaks in unserer Familie. Der älteste Bruder meines Vaters war schon 39 Jahre alt, verheiratet, hatte Kinder, so daß mein Vater als Onkel jünger als seine Neffen war, was später zu großen Komplikationen führte. Großmutter starb mit 98 Jahren. Mein Großvater war 108 Jahre alt, als er das Zeitliche segnete, aber er kann sich auch in seinem Geburtsjahr verrechnet haben.

Mein Vater kam aus Österreich, aus der Nähe von Krakau, das jetzt in Polen liegt. Er wohnte wie alle Juden im Ghetto in Podgorze auf der anderen Seite der Weichsel, trug einen Kaftan, eine Yarmulka (eine kleine Kopfbedeckung) und »Peies«, wie man sie noch heute bei Juden sephardischer

Abstammung findet. Er schien auch ein Rebell gewesen zu sein, wie ich später einer wurde, und er erzählte mir einmal in einer seiner guten Stunden, daß er sich den Kaftan gekürzt und die »Peies« abgeschnitten habe. Seinem Vater wurde dann berichtet, daß er in Krakau auf der anderen Seite der Weichsel gesehen worden war, als er aus Trotz Schinken aß. Aber mein Großvater, an den ich mich noch dunkel als einen großen, aufrechten Mann mit langem weißen Bart erinnere, glaubte nicht, daß einer seiner Söhne eine solche Sünde begehen konnte. Als mein Vater sechzehn Jahre alt war, stahl er alles Geld, das er finden konnte und ging über das Große Wasser nach Amerika. So entkam er dem Ghetto. Das war im Jahre 1886. Er wußte von einem Onkel, der in Santiago de Cuba lebte.

In New York angekommen, traf er in einem Pferdebus, der durch die Fifth Avenue fuhr, eine Frau, die einmal im Hause seiner Eltern gedient hatte. Da er nur jiddisch und polnisch sprach, brachte sie ihn bei einem Schneidermeister unter, und er verdiente als Markthelfer einen Dollar pro Woche. Nachts schlief er auf den Abfallfetzen von Stoffen und arbeitete gelegentlich als Tellerwäscher, Schuhputzer und in einem kleinen Delikatessenladen, um mehr Geld zu verdienen: das alles selbstverständlich in den Stunden, wo er für seinen Chef arbeiten sollte. Aber da er sehr schnell auf den Beinen war, hatte er genügend Zeit, um sich die wenigen Cents mehr zu ergattern. Sein Arbeitgeber merkte nichts. Jede Nacht zählte er auf seinen Lumpen, bei Kerzenlicht sitzend, sein Geld. Es dauerte drei Jahre, bis er die Summe zusammen hatte, um endlich seine große Reise nach Cuba anzutreten.

Sein Onkel Hugo Baum nahm ihn auf, und er lernte »Baum's little Havannas« mit der Hand zu wickeln. Sein ganzes Leben lang war er ein starker Zigarrenraucher. Viel später, als ich etwa zehn Jahre alt war, hauchte er mich immer an, bevor er abends ausging, denn er haßte es, wenn er nach Zigarre roch und putzte sich dauernd die Zähne.

Irgendwann hatte er genug von Cuba, da seine Familie ihn

unbedingt verheiraten wollte. Er verschwand bei Nacht und Nebel mit einem Bekannten nach Onshkosh in Wisconsin. Dort arbeitete er alsdann mit einem Freund in der Pelzbranche, und einmal erzählte er mir, daß er einen kleinen Mann kennengelernt hätte, der ihn als Partner in sein Geschäft aufnehmen wollte. Der kleine Mann zog auf dem Land mit drei Maschinen herum, die er in Läden aufstellte. Man warf zehn Cents hinein, drehte an einer Kurbel und sah für einige Sekunden bewegte Bilder. Es war der Anfang des Kinos, ein »Nickelodeon«. Mein Vater hatte kein Interesse an dieser Sache. Schade! Der »kleine Mann«, der Adolf Zukor hieß, gründete später die »Paramount«. Ich wäre vielleicht heute dort Präsident und hätte mich weniger mühevoll durchs Leben schlagen müssen, wenn mein Vater Partner von Adolf Zukor, Joe Schenck, Fox, Laemmle und L. B. Mayer geworden wäre. Viel später habe ich einmal diese Geschichte Adolf Zukor persönlich erzählt. Es ist wahr, er war in diesen Jahren in Onshkosh, konnte sich aber an meinen Vater nicht mehr erinnern.

Mein Vater wurde im Jahre 1892 in Memphis/Tennessee naturalisiert. Er hatte eine große Urkunde mit einem riesigen roten amerikanischen Siegel, die er stets im Geldschrank aufbewahrte und uns Kindern stolz zeigte. Er war sehr jähzornig, eine Eigenart, die ich von ihm geerbt habe, mir aber in Hollywood, wo ich lange gearbeitet habe, abgewöhnen mußte. Es gibt dort keinen Regisseur, der schreit. Die Arbeit in den Studios ist wie in einem Sanatorium, und man mußte lernen, sein Temperament zu zügeln.

Ich wurde am 8. August 1900 in Shelby County in der Nähe von Memphis (Tennessee) geboren. Im Jahre 1901, nachdem mein Vater geheiratet hatte, zog er nach Dresden. Meine Mutter Rose war, wie schon gesagt, eine wunderschöne Frau, aber die beiden paßten nicht zueinander. Zu meinem ersten Geburtstag schenkte mir mein Vater ein Schaukelpferd, das er einem Sattlermeister mit harten Talern bezahlte. Der Meister wollte es erst nicht verkaufen, da es sein Gesellenstück war. Aber mein Vater bot ihm so viel

Geld, daß er sich mit Tränen davon trennte. Noch viele Jahre später hielt er mir vor, was für ein guter Vater er war, weil er mir das Schaukelpferd, auf dem ich noch gar nicht reiten konnte, geschenkt habe. Zu meinem siebten Geburtstag bekam ich ein großes Zigarren-Etui, mit der Bemerkung, daß er es benutzen werde, bis ich groß genug sein würde, auch zu rauchen.

Meine Großmutter wohnte in Leipzig. Ich durfte manchmal in den Oster- oder Pfingstferien mit der Bahn hinfahren. Es war eine große Reise, die zweieinhalb Stunden mit der Bahn dauerte, und meine Mutter gab mir Verpflegung mit, als ob ich auf eine Weltreise ginge. Ihr Bruder, mein Onkel Hugo, hatte in Leipzig ein Wäschegeschäft, das bereits seit über hundert Jahren in der Familie war. Er wohnte im gleichen Hause. Es gab noch kein Telefon. Man blies durch eine Art Trompetenschlauch von der Küche ins Büro und brüllte hinunter, wenn das Essen fertig war. Im Haus wohnte ein Mädchen, Grete Tasselkraut, und wir hatten ein Versteck gefunden, das kein Mensch jemals entdeckte. Dort spielten wir Doktor. Sie war zwei Jahre älter als ich und klärte mich über den Unterschied zwischen den Geschlechtern auf. Jetzt, wo ich älter geworden bin, spiele ich auch noch manchmal »Doktor und Patient«, obwohl ich über die Beziehungen zwischen Mann und Frau inzwischen mehr erfahren habe . . .

Mein Vater hatte eine Eiergroßhandlung. Jeden Monat kamen Waggons mit Eiern aus Russisch-Polen an. Die Eier waren in leichte Holzkisten verpackt, deren jede je 24 Schock, das heißt 24 x 460Eier enthielt. Natürlich kam es bei dem Transport vor, daß Eier zerbrachen. Es entstand ein ganzes Nest von faulen, Bruch- oder dumpfigen Eiern. Um den Schaden festzustellen – man konnte ja nicht jede Kiste öffnen –, wurde ein Durchschnitt errechnet, und zu diesem Zweck wurde ein Sachverständiger bestellt, der größte Feind meines Vaters, der Herr Durst hieß und sich immer mit weinerlicher Stimme »Duurst!« am Telefon meldete.

Die Vorbereitungen zu Herrn Dursts Empfang, der den

Schaden festzustellen hatte, glichen einem Pokerspiel. An jeder Kiste wurde gerochen. Zuerst wurden die Kisten mit den verfaulten Eiern zur Seite gestellt. Der Rest, etwa zweihundert, wurde aufgestapelt und die schlechten oft tagelang umgestellt, bis mein Vater zufrieden war. Er hoffte, daß Durst sie herausfand. Da mein Vater in dieser Hinsicht ein guter Psychologe war, gewann er immer, zum großen Leidwesen von Herrn Durst, denn wenn dieser eine Ladung Eier bekam, war mein Vater der Schiedsrichter, und seine Schadensansprüche waren immer höher als die seines Konkurrenten.

Mein Vater hatte ein riesenhaftes Lager mit etwa zehn großen Betonbassins, die mit Kalkwasser gefüllt waren und deren jedes etwa vierzigtausend Eier aufnahm. Sie wurden eingelegt und zu Weihnachten an Bäckereien verkauft. Der größte Abnehmer war die Bäckerei Kreutzkamm, die die berühmten Dresdner Weihnachtsstollen herstellte. Es arbeiteten ungefähr zwanzig Frauen im feuchten Keller. Sie durchleuchteten mit der größten Geschwindigkeit die Eier, um festzustellen, ob sie faul, angebrütet oder angeschlagen waren. Eine Frau mit ihrer Tochter, die schon seit langen Jahren in der Dunkelheit arbeitete, sagte mir einmal, während der Rest sich die Nase putzte oder hustete: »Mir griechen nie eine Ergäldung – und wenn jemand zu niesen anfängt, trinken wir blos en Deppchen Urin und dann ist es gleich vorbei!«

Ich erinnere mich noch, als eines Tages ein Freund meines Vaters zu ihm kam. Er war der Verwalter eines Riesenvermögens. Man hatte seit fünfzehn Jahren keine Bücherrevision bei ihm gemacht. Er kam mit Tränen in den Augen, um sich von meinem Vater zu verabschieden und bat ihn, sich seiner Frau und der Kinder anzunehmen, da er in der gleichen Nacht Selbstmord begehen wolle. Es fehlten 250 000 Mark, die er über Jahre aus der Kasse genommen und die er verzweifelt versucht hatte, mit Wetten und Kartenspielen wieder zurückzugewinnen. Mein Vater beruhigte ihn und gab ihm einen Rat. Bei der Revision fand man dann heraus, daß 500 000 Mark fehlten. Als Vertreter der Familie bot mein Vater 250 000 Mark an, falls man seinen besten Freund nicht anzeige. Die Firma akzeptierte die Summe, und sein Bekannter wurde ohne Skandal entlassen. Mein Vater hatte ihm geraten, noch einmal 250 000 Mark zu unterschlagen. Er wäre sicher ein berühmter Anwalt geworden.

Einmal, als ich bei meiner Großmutter in Leipzig zu Besuch war, sah ich ein Weihnachtsmärchen. Der häßliche Froschkönig verwandelte sich in einen wunderschönen Prinzen. Ich war damals sechs Jahre alt und beschloß, Schauspieler zu werden. Zwölf Jahre später war ich Schüler von Erich Ponto. Da ich nie gutaussehend war, wurde ich Charakter-Darsteller und spielte mit neunzehn Jahren bereits den Shylock. Mein Vater, der mich inzwischen hinausgeworfen hatte, schlich eines Tages ins Theater und erkannte mich nicht. Das war mein größter Triumph in diesem Beruf.

Als ich etwa acht Jahre alt war, kam es zu einer Tragödie in unserer Familie. Jedes Jahr fand das berühmte Gauklerfest in der Oper in Dresden statt. Ich hatte inzwischen noch zwei Brüder bekommen. Vater kam verkleidet als dicker Clown mit einer Pfauenfeder auf der Nase in unser Zimmer, als wir gerade ins Bett gingen und machte Späße mit uns. Der Kleinste – Werner – fing an zu weinen, weil er den Vater nicht erkannte, und mir war auch etwas unheimlich zumute, da ich ihn von dieser Seite nicht kannte.

Im Schlafzimmer war ein Friseur, der mit der Schere klapperte und Mutters Haar à la Carmen kämmte. Es roch nach Brennschere und Eau de Cologne. Mutter trug ein spanisches Kostüm, hatte eine Rose im Haar, und ich bemerkte zum ersten Mal ihre wunderschönen langen Beine in schwarzen Seidenstrümpfen, die manchmal unter dem atlasrot gefütterten Kostüm zu sehen waren.

Das Gauklerfest war die große Nacht, in der sich die Offiziere unter die Bürger Dresdens mischten. Jeder war dabei, auch König Friedrich August von Sachsen, sein ganzer Hofstab sowie der Kronprinz. Es floß reichlich Champagner am Tisch meines Vaters. Nach Mitternacht erschien ein Adjutant des Kronprinzen an seinem Tisch. Er kam im Auftrag seiner Kgl. Hoheit, der um die Ehre bat, meine Mutter in seine Loge, im ersten Rang, zu einem Tanz einzuladen. Mein Vater war sehr geschmeichelt und gab natürlich sein Einverständnis. Zwei Stunden vergingen. Meine Mutter war immer noch nicht zurück. Vaters Freunde am Tisch begannen, derbe Bemerkungen darüber zu machen. Er wurde immer nervöser. Schließlich stand er auf und stürzte auf die königliche Loge zu. Ein Offizier wollte ihm den Eintritt verwehren, aber er stieß ihn zur Seite, riß die Tür auf und sah in einer großen Gesellschaft den Kronprinzen, der gerade meine Mutter küßte.

Skandal! Ganz Dresden wußte am nächsten Morgen von dem Vorfall. Meine Mutter mußte noch in der gleichen Nacht das Haus verlassen. Sie kam bei einer armen Kusine, einer Freundin, unter. Mein Vater saß jeden Abend zu Hause und weinte, weil ihm meine Mutter diese Schmach angetan und ihn zum Gespött der ganzen Stadt gemacht hatte. Er hatte sofort die Scheidung eingereicht.

Seine Schwiegermutter kam aus Leipzig angereist. Sie warf sich weinend vor ihm auf die Knie. »Nur kein Skandal!« rief sie unter Tränen. Wochen vergingen. Wir Kinder, die Gouvernante und das Dienstmädchen gingen auf Zehenspitzen durch die Wohnung. Vater hatte sich eingeschlossen, und man hörte ihn jede Nacht schluchzen. Es war zum Verzweifeln. Seine Freunde besuchten ihn und versuchten, ihn von der Scheidung abzubringen. Endlich, endlich gelang es ihnen, ihn umzustimmen.

Wir standen im Eßzimmer, mein Vater, meine Brüder – der kleinste war zwei Jahre alt, an der Hand der Gouvernante – und ich. Meine Mutter erschien schwarzgekleidet, begleitet von der schüchternen kleinen Kusine, und bat mit tränenerstickter Stimme meinen Vater, sie wieder zurückzunehmen. Sie würde so etwas im Leben nie wieder tun. Auch mein Vater hatte Tränen in den Augen. Er vergab ihr, küßte sie auf die Stirn, und wir setzten uns glücklich an den Tisch. Neun Monate später wurde mein jüngster Bruder Rolf geboren. Er war ein bezaubernder, hübscher und weicher Junge. Er erschoß sich zwanzig Jahre später im Park von Versailles, als Hitler an der Macht war, aus Liebeskummer.

Wir machten jeden Sonntag Ausflüge in die Sächsische Schweiz, meistens in die Nähe von Bad Schandau, zuerst mit dem Schiff, dann bestiegen die Herren Esel, um die Edmundsklamm hinaufzureiten, während ihnen die Damen in ihren riesigen Hüten, korsettgeschnürt, in langen Kleidern, kichernd folgten. Wir Kinder trugen weiße Matrosenanzüge, lange schwarze Strümpfe und große runde Lackhüte. Ich haßte diese Ausflüge wie die Pest, sah schon am Sonntag früh um sechs Uhr aus meinem Schlafzimmer auf die Straße, und bei schlechtem Wetter war ich glücklich. Wenn es dann gegen neun Uhr schön wurde, ging der Ausflug doch wieder los.

Einmal legte ich mich in meinem weißen Matrosenanzug aus Protest in eine Pfütze, aber es nützte mir nichts. Ich mußte, schmutzig wie ich war, mitgehen, und mein Vater sagte allen, auch fremden Leuten, daß ich ungezogen und ein Verbrecher sei. Aber einmal hatte ich Glück. Da er mich trotz Schlägen und Drohungen nicht bändigen konnte, schloß er mich eines Tages in die Wohnung ein. Ich mußte den ganzen Tag allein bleiben, entführte eine wunderschöne Prinzessin, machte ihr in der Wäschekammer ein herrliches Bett und verbrachte den ganzen Tag damit, sie gegen ihre Verfolger (Piraten) zu verteidigen. Das war der schönste Tag meiner Kindheit und ich erinnere mich heute, nach über sechzig Jahren, an jede Einzelheit. Aber auch jetzt noch sehe ich mir die Berge lieber von unten an.

Von meiner Schulzeit sollte ich eigentlich besser nicht sprechen. Ich war einer der schlechtesten Schüler, nur gut in Deutsch und Turnen, schwänzte manchmal wochenlang, spielte den ganzen Tag Fußball, später Eishockey und fälschte die Unterschrift meines Vaters in den Zensurheften. Ich war auf etwa zehn Schulen, eine Art Schulreisender, und eines Tages landete ich in Bad Kösen auf einer Privatschule, wo ich immer hungrig war. Zu dieser Zeit rührte ich keinen

Alkohol an, was ich heute leider nicht mehr von mir sagen kann. Es gab dreimal in der Woche Biersuppe mit Würstchen, die ich nicht aß. Eines Tages, als ich mir endlich einen großen Teller mit Rotkraut auflud, fand ich einen Regenwurm darin. Da es kein elektrisches Licht gab, sondern nur Petroleumlampen, schmeckte das ganze Essen nach Öl: Die Küchenmädchen wuschen sich nie ihre Finger.

Ich fing ein sogenanntes »Verhältnis« mit einem kleinen Dienstmädchen an. Sie war sechzehn, ich drei Jahre jünger. Jeden Abend fand ich in meinem Bett ein dickes Brot mit Wurst und Margarine und manchmal schlich ich auf den Dachboden, wo ihr Bett in einem Verschlag stand. Ich faßte sie an den Busen und wir saßen in dieser Stellung stundenlang bei einer Kerze, ohne zu sprechen, zitternd und mit Herzklopfen, ohne uns zu rühren, immer in tödlicher Angst, entdeckt zu werden.

Zu jener Zeit kam es zwischen meinem Vater und mir zu einem endgültigen Bruch, den ich ihm nie, bis zu seinem Tode, verziehen habe. Wie gesagt, war diese Schule für mich eine Tortur. Endlich nahten die großen Ferien. Damals waren sie nur vier Wochen lang. Meine Kameraden reisten alle ab. Nur ich hatte keine Nachricht von meinen Eltern. Am Morgen des Ferienbeginns rief mich der Schulleiter. Er hatte einen Brief meines Vaters bekommen, der ihm mitteilte, daß er beschlossen habe, mich aufgrund meiner schlechten Zensuren nicht nach Hause kommen zu lassen. Ich mußte allein in Bad Kösen bleiben, schlief in einem großen Saal mit fünfzig Betten, ging über die Felder und konnte mit niemandem sprechen. Ich glaube nicht, daß irgendjemand je so unglücklich war wie ich. Das habe ich meinem Vater nie verziehen. Viel später, als ich Regisseur der UFA war, wollte er mit mir wieder zusammenziehen. Ich sagte ihm, daß ich ihm jede Summe der Welt zahlen würde, aber ein Leben zu zweit käme nie wieder in Frage. Als er im Sterben lag, hat er mit mir nicht mehr gesprochen. Er sah mich nur an und sagte später zu meinem jüngsten Bruder Rolf: »Robert wird nie mehr die Stimme seines Vaters hören!«

Aber er konnte manchmal auch Humor haben. Zu jener Zeit durften die Jungen und Mädchen zusammen keinen Sport treiben. Ich mußte meine Eltern um Erlaubnis bitten. Die Antwort meines Vaters kam auf einer offenen Postkarte, die der Schulleiter mit Erstaunen las. Er schrieb: »Wenn sie hübsch ist, kannst Du mit ihr spielen!«

Ich schwänzte also die Schule, war aber um acht Uhr in der Klasse, da unsere Namen aufgerufen wurden. Ich meldete mich. In der Pause um neun, die fünf Minuten dauerte, schloß ich mich ins Klo ein und verschwand dann eilig, um rechtzeitig zur Probe im Staatlichen Schauspielhaus zu sein. Meist zog ich als Gote verkleidet in einem Bärenfell um eine Mauer herum. Wir wechselten schnell unsere Waffen, Speere, Äxte, Dreisterne, während im Vordergrund, unsichtbar für uns, Theodor Becker, Maria Fein und Erich Ponto agierten. Ich trug einen zu kleinen Helm mit riesigen Adlerflügeln und eine Perücke. Außerdem hatte ich eine Brille und wußte nicht wohin damit, denn ich mußte ja die Waffen, meine Kopfbedeckung und das Bärenfell halten. Außerdem waren die Schuhe vier Nummern zu groß.

Eines Tages bekam ich meine erste Rolle in einer Dramatisierung von Knut Hamsuns »Gold«. Ich hatte einen Satz im zweiten Akt: »Der Mond hat einen Hof!« und schmuggelte zu diesem Anlaß meinen Bruder Curt ins Theater, damit er mich bewundere. Er saß wie ein Mäuschen in der letzten Reihe. Berthold Viertel war der Regisseur, autoritär und gefürchtet. Er saß an seinem Regiepult unter einer kleinen grünen Lampe. Plötzlich schrie er: »Licht!«. Er hatte meinen Bruder entdeckt. »Was machen Sie hier?« brüllte er. Mein Bruder stotterte verstört: »Ich bin der Bruder von meinem Bruder, der da oben auf der Bühne steht.« »Machen Sie sofort, daß Sie rauskommen, oder ich werfe Sie eigenhändig hinaus!« Mein Bruder schlich davon. Zwanzig Jahre später schrieb er in England für Gaumont-British einen Film, »Der Tunnel« nach Kellermann. Jemand schlug Berthold Viertel für die Regie vor. »Viertel kommt nicht in Frage«, sagte mein Bruder Curt.

2

Von der Schmiere ins Bankgewerbe

Später war ich auf der Schmiere. Wir zogen nach dem Ersten Weltkrieg in ganz Deutschland herum, spielten manchmal auf Tischen, ohne Vorhang und reisten jeden Tag mit der Eisenbahn vierter Klasse. Die Truppe war klein. Herr Direktor Tittel, etwa fünfzig Jahre alt, seine junge achtzehnjährige Frau, die die Naive spielte und die er jeden Tag aus Angst vor mir im Zimmer einschloß und mich nie mit ihr allein ließ. Dazu zwei Päderasten, der Tenor, ein Verwandter von Zirkus Renz, der ein Verhältnis mit der etwas verblühten Salondame hatte, und ich. In einer Operette von Kadelburg, »Comtess Guckerl«, spielte ich als General Suwatschew einen Achtzigjährigen, eine der Hauptrollen, und gleichzeitig begleitete ich die Sänger am manchmal sehr verstimmten Klavier, um dann schnellstens wieder auf die Bühne zu rasen, damit ich meinen Auftritt nicht versäumte.

Eines Tages befanden wir uns in der Nähe der holländischen Grenze in Quakenbrück, dem Geburtsort des ersten deutschen Reichskanzlers Friedrich Ebert. Man hatte aus Versehen die Plakate vom letzten Jahr angeschlagen, und es war keine einzige Karte verkauft worden, da alle das Stück schon gesehen hatten. Katastrophe! Die Mitglieder der Truppe machten sich auf, um neue Plakate zu kleben. Am Abend saßen wir mit einigen Einwohnern im einzigen Gasthof und tranken Apfelwein. Frau Direktor Tittel war, wie üblich, in ihrem Schlafzimmer eingeschlossen. Als alle schon sehr betrunken waren, stand der Herr Direktor auf und murmelte schwankend: »Ich hänge mich auf!« Alsdann verschwand er. Ich glaube, ich war der einzige, der seine Sinne noch einigermaßen beisammen hatte. Nach etwa fünf Minuten stand ich auf und suchte ihn. Ich hörte ein Röcheln in der

Toilette und kletterte hinüber. Er hing am Fensterkreuz. Nachdem ich ihn losgemacht hatte und er wieder zu Atem gekommen war, sagte er: »Das war wunderbar!« Er wollte sich sofort wieder aufhängen. Ich fischte den Zimmerschlüssel aus seiner Tasche und schleppte ihn dann in sein Schlafzimmer. Er fiel sofort angezogen aufs Bett und schlief laut schnarchend ein. In dieser Nacht bekam ich Besuch von Frau Direktor Tittel. Deshalb ist mir Quakenbrück heute noch in guter Erinnerung . . .

Wir spielten Sommertheater hinter einer Gastwirtschaft in Dresden. »Hammers Hotel«. Unser Regisseur war Komiker und Direktor aus Schleiz-Greiz-Lobenstein, einem früheren Fürstentum. Zwischen der Nachmittags- und Abendvorstellung zog man sich nicht um, und in der Herrengarderobe gab es nur zwei Gesprächsthemen: Rollen und Weiber. Eines Nachmittags erzählte unser Regisseur von seiner Lieblingsrolle, dem Striese in dem Stück »Der Raub der Sabinerinnen«. Er spielte einen Monolog vor, von dem er behauptete, daß das Publikum sich beinahe auf dem Boden wälzte und er drei Minuten lang nicht weiterspielen konnte. Plötzlich sah ich mein ganzes zukünftiges Leben vor mir. Ich war Komiker in Schleiz-Greiz-Lobenstein, spielte den Striese, extemporierte den blöden Satz, das Publikum brüllte für drei Minuten vor Lachen, und ich stellte mir vor, ich sei schon 55 Jahre alt. »Kein Beruf«, sagte ich mir und trat am nächsten Tag von der Bühne ab.

Es war der Beginn der Inflation, von der sich die heutige Jugend keine Vorstellung machen kann. Wenn man nicht das Essen vor zwölf Uhr bestellte, kostete es, wenn der neue Kurs herauskam, einige hundert Millionen mehr. Mein verstorbener Freund Erich Maria Remarque hat darüber ein Buch geschrieben. Es heißt »Der schwarze Obelisk«, spielt in Osnabrück, wo er seine Jugend verbracht hatte und enthält eine der bezauberndsten Liebesgeschichten, die ich je gelesen habe, sowie die Beschreibung der Inflation.

Mein Vater steckte mich in ein kleines Privatbankhaus, Gebrüder Mattersdorff. Herr Geheimrat Mattersdorff, ein sehr feiner, alter Herr, sagte eines Tages, daß er sein ganzes Leben zwei Eier zum Frühstück gegessen habe, sich jetzt aber nur mit einem begnüge, da alles zu teuer wäre. Ich kam in die Buchhaltung und sollte die Jahresbilanz nachrechnen. Es fehlte ein Pfennig. Ich kaufte mir einen Rechenschieber, worüber die anderen Buchhalter sich halb totlachten und machte mich an die Arbeit. Natürlich war mir der fehlende Pfennig absolut schnuppe. Ich hatte nur den einen Wunsch, an die Börse zu gehen. Bei jeder Gelegenheit bettelte ich Herrn Geheimrat darum an, und nach sechs Wochen gab er mir die Erlaubnis. Ich fühlte mich wie im Himmel, stand hinter meinem Börsenchef, notierte die Kurse und holte ihm Erfrischungen.

Dresden hatte eine kleine Börse, aber große Bankhäuser. Gebr. Arnold war das größte, dann kam Bondi & Maron. Wir standen etwa an fünfter Stelle. Verschiedene Aktien wie die der Chemischen Fabrik von Heyden GmbH und Elbeaktien wurden auch in Hamburg gehandelt. Ich drang darauf, ein direktes Telefon nach Hamburg einzurichten. Eines Tages klingelte es, und mein Chef schickte mich hinaus, um mich nach dem Kurs der Aktien von Heyden zu erkundigen. Sie standen in Dresden 19¼, in Hamburg 23 Prozent. Ich verkaufte 500 000 Stück. Als ich die Transaktion meinem Chef zuflüsterte, fiel er beinahe in Ohnmacht. Der junge Herr Maron vom Emissionsbankhaus verkaufte sie wieder zum Dresdner Kurs. Er konnte sich nicht vorstellen, daß Mattersdorff einen solchen Auftrag hatte, und ich sehe heute noch sein verblüfftes Gesicht, als mein Chef sie in Blöcken von hunderttausend akzeptierte. Unser höchster Auftrag bis dahin waren nur fünftausend Aktien. Wir machten einen Profit von etwa achtzigtausend Goldmark. Am Abend kontrollierte der Geheimrat alle Käufe. Als er auf diesen Posten stieß, fragte er, wer diesen Auftrag gegeben hätte. Mein Chef mußte zugeben, daß ich der Schuldige gewesen war, worauf er mir androhte, mir eine Ohrfeige zu geben und mich hinauszuwerfen, wenn so etwas noch einmal vorkäme.

Damals hatte ich eine bezaubernde Freundin, die im Telegrafenamt arbeitete. Den ganzen Tag kamen Telegramme an mich: »Ich liebe Dich . . . muß Dich heute abend sehen . . . Wann bist Du zu Hause . . . Vergiß mich nicht . . .«. Alle Telegrafenboten grinsten, wenn sie die Telegramme brachten. Wenn das Bankhaus Mattersdorff anrief und sie noch Dienst hatte, war sie immer am Apparat. Eines Tages hörte der Geheimrat, wie ich sie einen Dummkopf nannte. Er sprach von schwerer Beamtenbeleidigung und war außer sich über meine Frechheit. Sechs Monate später war ich selbst Chef eines Bankhauses: Moritz Schermer. Nach einigen Monaten besaß ich bereits fünf Filialen. Ich fuhr in einem großen Schlitten, von vier Apfelschimmeln gezogen, mit einer bezaubernden Freundin durch die Hauptstraßen. Mein Vater ärgerte sich beinahe zu Tode, als er das hörte, aber ich war viel zu sehr von mir eingenommen und lachte nur darüber. Meine Hauptklienten waren junge Mädchen und Frauen, die Freunde im Ausland hatten. Manche erhielten bis zu einhundert Pfund im Monat, womit man sich zu dieser Zeit eine Villa kaufen konnte.

Eine Kundin hieß Nuk. Sie war wunderschön, hatte Mandelaugen, einen englischen Freund und wegen ihrer Extravaganzen bereits Mitte des Monats kein Geld mehr. Ich schoß ihr immer etwas vor, aber am Ende des Monats war sie bei mir wie üblich in Schulden, da die Mark weiter entwertet worden war.

Kurz vor Neujahr wollte ich einige Tage verreisen. Ich traf Nuk auf dem Hauptbahnhof. Ihr englischer Freund konnte von seiner Familie nicht loskommen, und sie wollte allein in die Schweiz reisen. Ich machte ihr den Vorschlag, mit mir zu kommen, aber sie schüttelte den Kopf. »Ich weiß schon, was du von mir willst«, sagte sie. »Ich bleibe meinem Freund treu!« Ich beteuerte, daß ich nur nicht allein sein wollte. »Wenn du mir dein Ehrenwort gibst, daß du keinen Versuch machst, komme ich mit.« Wir schüttelten uns die Hand und fuhren nach Teplitz-Schönau, wo ich mit Mühe ein Doppelzimmer und ein anschließendes Einzelzimmer fand. Sie nahm das kleinere Zimmer. Wir packten aus, gingen

Abendbrot essen und dann wieder ins Hotel. Sie schloß die Tür ab, und ich schlief nebenan den Schlaf des Gerechten.

Wir fuhren Ski und rodelten. In der Neujahrsnacht hatte ich im größten Hotel einen herrlichen Tisch bestellt. Das neue Jahr brach an. Sie küßte mich kurz. Junge Herren kamen an unseren Tisch und baten um die Erlaubnis, mit meiner »Frau Gemahlin« zu tanzen, was ich großmütig gestattete. Um zwei Uhr morgens saß sie allein am Tisch, wies sämtliche Aufforderungen zurück und erklärte ein bißchen betrunken, diese Nacht nur noch mit mir tanzen zu wollen. Wir gingen wie üblich durch den Schnee nach Hause. Der Himmel war voller Sterne. Nuk verschwand in ihrem Zimmer, schloß aber diesmal die Tür nicht ab.

Ich schlief ein.

Zwei Tage später fuhren wir nach Dresden zurück. Sie kam nicht mehr in mein Büro. Als ich sie einige Wochen später zufällig traf, behauptete sie, krank gewesen zu sein. Ich wußte, daß sie log.

Und wieder einige Wochen später wurde die Mark stabilisiert, und ich war in einer schrecklichen Geldklemme. Ich mußte einige Tage vor meinen Gläubigern verschwinden. Ich traf Nuk auf der Straße und lud sie ein. Sie nahm an, selbstverständlich unter der Voraussetzung, daß ich mich weiterhin wie ein Kavalier benähme. Wir fuhren nach Bad Schandau in ein Riesenhotel, wo außer uns nur noch zwanzig Gäste wohnten. Wir spielten Domino und Karten, aßen und lasen Zeitungen. Draußen war es sehr kalt. Nuk wollte nicht spazieren gehen. Endlich war es zweiundzwanzig Uhr. Sie sagte, daß sie müde sei und schlafen wolle. Aber sie bat mich, noch eine Zigarette bei ihr zu rauchen. Nach einer halben Stunde erschien ich. Wir rauchten noch zehn Zigaretten, und dann wünschte ich ihr gute Nacht. Als ich zur Tür ging, sagte sie leise: »Robert!«. Ich drehte mich um. Sie saß in ihrem Bett in einem reizenden Nachthemd, sah mich an und sagte: »Du bist das größte Rindvieh, das ich kenne!« Ich antwortete: »Ich weiß!« und verließ stolz das Zimmer.

Etwa sechs Jahre später in Berlin, als ich durch ein Nachtlokal ging, hielt mich jemand am Ärmel fest. Ich drehte mich um. Es war Nuk. Sie war zum zweiten Mal verheiratet und bereits wieder in Scheidung. »Wie geht es dir, Nuk?« fragte ich. Sie erwiderte, daß sie sich langweile und wollte mich treffen. Ich erklärte ihr, daß ich sie gern zum Essen einladen würde. »Nein«, sagte sie, »wir müssen noch etwas nachholen!« »Einmal im Leben habe ich mein Ehrenwort gehalten«, sagte ich, »du willst doch nicht, daß ich es nun nach sechs Jahren breche!« Ich küßte ihr die Hand und ließ sie verdutzt sitzen.

Ich war völlig pleite. Die Deflation war da. Ich versuchte alles mögliche. Radelte in die Umgebung von Dresden und versuchte, russische Zigaretten zu verkaufen. Ich bewohnte ein kleines Zimmer am Rangierbahnhof. Manche Tage hatte ich nichts zu essen. Ich saß am Fenster und las die Namen der Rangierlokomotiven, die »Scharnhorst«, »Gneisenau« und »Lützow« hießen. Der Name meines Vermieters war Sperling. Später erfuhr ich, daß er zwei Raubmorde verübt hatte und hingerichtet worden war.

Im Jahre 1923 traf ich im Café einen Herrn, der F. W. Koebner hieß. Er suchte mit seinem Freund Hubert Miketta einen Geldgeber, um ein Magazin zu gründen. Eine ganz neue Idee. Ich hatte zwei Mark in der Tasche, erklärte mich aber bereit, das Unternehmen zu finanzieren. Ich ging zum Bankhaus Mattersdorff und sprach mit dem Sohn Hans. Der Geheimrat war inzwischen gestorben. Ich malte Hans die Gewinnchancen in so glühenden Farben aus, daß ich ihn überzeugte. Er gab mir einen Kredit von zwanzigtausend Mark. Dann ging ich zu der größten Druckerei, Gebr. Lehmann. Ich war so überzeugt von diesem Unternehmen, daß sie sich bereit erklärten, die erste Nummer der Zeitschrift zu finanzieren. Sie hieß »Das Magazin«, hatte einen kleinen weißen Engel als Schutzmarke, und Koebner, Miketta und ich arbeiteten an der ersten Nummer. Das Unternehmen hieß »Verlag Das Magazin Robert Siodmak«.

Ich mietete ein kleines Büro »An der Mauer« in Dresden, engagierte eine Sekretärin, die natürlich bildhübsch war, von Orthographie keine Ahnung hatte und auch nicht tippen konnte. Dann kam ein Freund von mir, Hubert Heller, ein Verwandter des Bankiers Arnold, dazu. Später oblag ihm die Aufgabe, Gläubiger abzuwimmeln, was er mit größtem Geschick tat, während ich in einem Wandschrank saß. Zu dieser Zeit brachten Gebr. Ullstein auch ein Magazin des gleichen Formats heraus, das »Uhu« hieß. Da sie mit der Bahnhofshandlung Stielke in Geschäftsverbindung waren und Millionen in die Propaganda steckten, verschwand mein Magazin unter dem Tisch, und ich bekam die meisten Exemplare zu meinem Entsetzen zurück. Ich hielt drei Nummern durch, machte ungefähr 750 000 Mark Schulden – dann war ich am Ende. Eine Papierfirma, Gebrüder Heumann, übernahm das Unternehmen, liierte sich mit einer großen Druckerei, Selle-Eisler in Berlin, wo sie bis zum Kriegsausbruch Millionen verdienten. Aber ich saß wieder einmal auf der Straße, während F. W. Koebner und Miketta Chefredakteure blieben und später »Die Elegante Welt« und »Er + Sie« übernahmen.

In der Zwischenzeit traute ich mich kaum mehr auf die Straße oder nach Hause, schlief mit meiner hübschen Sekretärin, der ich natürlich kein Gehalt zahlte, im Büro auf einem kleinen, harten Sofa, das selbst für eine Person zu schmal war. Eines Sonntagmorgens fuhr sie erschreckt auf. Es war Sommer gegen fünf Uhr früh. Die Rathausglocke läutete. »Ich muß sofort nach Hause«, sagte sie. »Mein Gott, Vater geht um sechs Uhr angeln, und ich muß noch Würmer suchen.«

Später habe ich die Herren Stielke und Ullstein kennengelernt und ihnen von der Geschichte meines unglücklichen Magazins erzählt. Irgendwo gibt es eine Gerechtigkeit. Ich glaube fest daran. Mein Freund Hubert Heller hatte von seinem Vater eine Million Goldmark geerbt, die von seinem Onkel, dem Bankier Arnold, verwaltet wurde. Der kaufte ihm für weniges Geld seine Hypotheken ab, und für seine Million erhielt Hubert etwa dreihunderttausend Mark über zehn Jahre und war immer pleite. Aber die Gerechtigkeit will, daß Bankier Arnold nach dem Zweiten Weltkrieg und der Teilung Deutschlands alles in Dresden verlor, während mein Freund Hubert jedenfalls zum Teil in den Genuß seines Geldes kam.

3

Endlich Berlin

Ich ging nach Berlin. Mein Bruder Curt kam mit mir. Er hatte eine reizende Freundin, eine junge Schweizerin namens Henrietta, von der ich noch später erzählen werde. Heute sind sie schon vierzig Jahre verheiratet. Mein Bruder Curt wohnt unterhalb Sequoia Parc in Kalifornien in einem herrlichen Haus, zu dem zweiundsiebzig Morgen Land gehören. Er ist ein sehr erfolgreicher Schriftsteller und Professor an der Stanford University in Kalifornien. Seine Romane haben Millionen-Auflagen.

Über Berlin in den zwanziger Jahren brauche ich wohl nicht viel zu berichten; es gibt schon eine ganze Menge Bücher darüber. Wir saßen im Romanischen Café an der Gedächtniskirche, wo alle Berühmtheiten verkehrten: Ernst Toller, Hasenclever, Anton Kuh, Billy Wilder, der damals Eintänzer im Hotel Eden war, Hans Tasiemka, Zuckmayer, Egon Friedell, Hans Lustig, der berühmte Kritiker, und viele andere. Else Lasker-Schüler besaß nur ein einziges Kleid. Sie war sehr arm. Eines Tages wollte sie Berlin bei Nacht sehen, und ein Bekannter lud sie ein. Sie erschien in ihrem Kleid, mit einem Plaid über der Schulter und einem kleinen Handkoffer, um vorzutäuschen, daß sie gerade von der Bahn komme und keine Zeit zum Umziehen gehabt habe . . .

Ich fuhr mit meinem Freund Tommy Salomon, einem Sohn sehr reicher Eltern, der nie in seinem Leben gearbeitet hat. Er besaß einen Cadillac mit einer Fehlkonstruktion. Wenn wir drei Kilometer damit fuhren, verbrauchte er dreißig Liter Benzin!

Ich war sehr arm. Der Oberkellner im Romanischen Café – er hieß Nitz – gab mir täglich Kredit für eine Tasse Kaffee. Stammgäste, die in der Malerecke saßen, waren Orlik, Pechstein, Slevogt, Jäckel und Flechtheim. Da war auch das Original Höxter, der aber wirklich nie einen Pfennig verdient hatte, die »rote Lotte«, Rolli Gero, der mit Pem das »Unmögliche Kabarett« im Topkeller machte, und Otto Katz, der später in Prag hingerichtet wurde; Victor Skutetzki, später ein erfolgreicher Produzent in London, eröffnete das erste Negerlokal in Berlin.

Robert Liebmann, der Chefdramaturg der UFA, war auch da mit seinem Mitarbeiter Müller, der maßlos übertrieb: »Ich bin in ein Meer von Öl getreten«, sagte er, wenn er einen Fleck auf der Hose hatte. Und angeblich hatte er seit seinem fünfzehnten Lebensjahr kein Auge mehr geschlossen. Eines Tages schimpfte Billy Wilder laut auf Robert Liebmann, den er nicht kannte. Er behauptete, daß Liebmann keinem jungen Talent Arbeit gäbe. Darauf drehte sich vor ihm ein großer schwarzer Mann um, fixierte den frechen Billy und sagte: »Mein Name ist Liebmann. Kommen Sie morgen in mein Büro.« So erhielt Billy seinen ersten Filmauftrag, an dem ich auch mitarbeitete.

Ich machte die Bekanntschaft von Dr. Herbert Nossen. Er schrieb Untertitel für amerikanische Stummfilme, war ungeheuer beschäftigt und kassierte für jeden Film zweitausendfünfhundert Mark. Eines Tages bat ich ihn, mich auch an einem Film arbeiten zu lassen. Er akzeptierte und versprach mir zweihundertfünfzig Mark – ein Vermögen für mich. Es war ein Film von Lewis Milzstone. Als er herauskam, schrieb ein Kritiker: »Dr. Nossen hat seit acht Monaten zum erstenmal gute Titel geschrieben.« Nossen zahlte mir fünfundzwanzig Mark und warf mich hinaus.

Ich wurde dann Regieassistent von Kurt Bernhardt. Wir machten einen Film mit Albert Steinrück: Das letzte Fort«. Ich führte auch einmal Regie in einer kleinen unwichtigen Szene mit Alexander Granach und Fritz Odemar, dem Vater von Erich Ode, der später den »Kommissar« spielte. Ich saß atemlos beim Schnitt des Films dabei, ging auch in die Kopieranstalt, drehte die Kamera mit der Hand und lernte so die Geheimnisse des Films kennen.

Ich hatte einen Onkel in Berlin, Heinrich Nebenzahl. Er produzierte alle Harry-Piel-Filme, und wenn deren Lizenz nach sieben Jahren ablief und wieder an ihn zurückfiel, ließ er sich von Dr. Nossen zwei alte Filme zusammenschneiden und machte daraus einen neuen. Das war möglich, da Harry Piel immer die gleichen Schauspieler verwendete. Allerdings konnte es vorkommen, daß die Akteure den Ort ihres Verbrechens in einem Auto verließen und mit einer Droschke ankamen. Aber das machte nichts. Dr. Nossen erhielt für eine solche Arbeit sechstausend Mark, arbeitete einige Monate nicht daran und schnitt dann den Film an einem einzigen Vormittag zusammen. Nebenzahl merkte nichts. Ich erbot mich, die gleiche Arbeit für die Hälfte zu machen und setzte mich arbeitseifrig am nächsten Tag hin. Nach drei Stunden war ich fertig, ließ die Titel kopieren und führte den Film am nächsten Morgen vor. Er war völlig in Ordnung, aber mein Onkel weigerte sich, mir für einen halben Tag dreitausend Mark zu bezahlen. Er gab mir nur dreihundert. Seit diesem Augenblick habe ich gelernt, nicht mehr so schnell zu arbeiten ...

Im selben Jahr waren mein Bruder Curt und ich am Ende unserer Reserven. Es war Winter, bitter kalt, wir hatten unsere Mäntel versetzt und standen schlotternd vor Hunger und Kälte in der Neujahrsnacht in einem Torbogen, eng beisammen, um uns warm zu halten. Aus einer Bar, etwa fünfzig Meter von uns entfernt, traten Leute in Frack, die Frauen in Abendkleidern, heraus. Es entstand eine Schlägerei. Wind wirbelte den Schnee durch die Straße. Plötzlich flog meinem Bruder ein Tausendmarkschein mitten ins Gesicht, und weiteres Geld wurde durch die Straße geweht. Wir hatten plötzlich zweitausendvierhundert Mark, aber es gelang uns nicht, den Verlierer festzustellen. Er war mit dem Auto davongefahren. Pech!

Wir hatten eine Geschichte zusammen geschrieben, die »Die Brüder« hieß, und sie an die dramaturgische Abteilung der UFA geschickt. Einige Monate später saß ich in miserabler Stimmung im Café »Mokka Efti« in der Friedrichstraße und wartete auf die Rückkehr meines Bruders, der zur UFA gegangen war, um sich zu erkundigen. Nach zwei Stunden erschien er und sagte großmäulig: »Warum hast du dir nicht etwas zu essen bestellt?« Er zog zweitausendfünfhundert Mark aus der Tasche. Natürlich ist der Film nie gemacht worden. Egal – die Idee war verkauft.

Ein anderes Mal besaßen wir fünfzig Pfennig. Wir würfelten, wer essen sollte. Mein Bruder gewann. Er ging zu Aschinger und kaufte sich zwei Bouletten. Er aß eine davon mit viel Brot, das es umsonst gab. Der Oberkellner hatte ein gutes Herz. Er warf die Boulette, die er mir bringen wollte, mit allen anderen Abfällen zusammen in ein großes Paket, da er glaubte, daß es für einen Hund sei. Ich blieb wieder hungrig.

4

»Menschen am Sonntag«

Eines Tages machte ich Nebenzahl den Vorschlag, selbst Regie zu führen und einen Film für fünftausend Mark zu drehen. Das war ein gefundenes Fressen für meinen Onkel, der sonst zweihunderttausend Mark für einen Harry-Piel-Film ausgab. Er gab mir fünfzig Mark a conto, und ich durfte anfangen. Wir saßen alle im Romanischen Café, mein Bruder Curt hatte die Idee, die aber nie aufgeschrieben wurde. Dabei waren Edgar Ulmer, ein Österreicher, der bei »Universal« in Amerika als Architekt gearbeitet hatte, Moritz Seeler, der die Publicity übernahm, Billy Wilder und ich.

Der Film sollte »Menschen am Sonntag« heißen und beschrieb eine bitter-süße Liebesgeschichte, die sich irgendwo am Wannsee abspielte, wo Millionen badeten, während die große Stadt Berlin ganz leer war. Natürlich konnten wir uns nicht erlauben, richtige Schauspieler zu engagieren, sondern nur Dilettanten. Es ist durch Zufall der erste neu-realistische Film geworden. Eine Umfrage der Zeitschrift »Esquire« reihte ihn später unter die zehn besten Filme aller Zeiten ein.

Natürlich ging es nicht ganz einfach. Edgar Ulmer, mein Co-Regisseur, machte mir den Vorschlag, die Regie Rochus Gliese, einem bekannten Architekten, zu übertragen, womit ich zähneknirschend einverstanden war, da der Produzent Nebenzahl sich weigerte, noch weitere fünfzig Mark zu geben, bevor ich ihm ein Drehbuch vorlegen konnte. Und ich hatte keines. Gliese verschoß am ersten Drehtag so viel Negativ, daß ich ihn hinauswarf. Dann beleidigte ich die Frau von Edgar Ulmer, die Amerikanerin war und ihr Land immer nur »God's own country« nannte. Sie verschwand dann mit Ulmer drei Tage später nach Amerika. Billy Wilder gab nur einen einzigen Gag dazu. Moritz Seeler verließ entrüstet die Kompanie, und ich blieb mit dem Kameramann Eugen Schüfftan, meinem guten Freund, mit dem ich später noch vier weitere Filme in Frankreich und Hollywood drehte, allein übrig. Fred Zinnemann war Kamera-Operateur. Er legte den Film ein und aus und verschwand einige Wochen später nach Amerika, wo er schließlich eine Weltkarriere machte.

Aber bevor wir anfangen konnten, mußten wir die Schauspieler haben. Eines Tages sah ich auf der Straße einen schönen jungen Mann, der mir ungeheuer gefiel. Er war der Sohn der Kammersängerin Mafalda Salvatini. Ich bestellte ihn in mein Büro. Er erschien mit einer jungen Dame, Frau Dr. Babs Simon, die zuerst fragte, wieviel ich bezahlen könnte. Da ich keinen Pfennig hatte, versuchte ich ihr zu erklären, daß es sich um einen kooperativen Film handele und die Schauspieler aus den eventuellen Erträgen bezahlt würden. Sie stand entrüstet auf und verließ mit ihm das Zimmer. Heute ist Rolf Gérard, wie er sich nennt, einer der berühmtesten Opern-Architekten und seit über zwanzig Jahren an der Metropolitan Oper in New York. Wir sind immer noch gute Freunde.

Ich fand einen Herrn von Waltershausen, heute im diplomatischen Dienst in Bonn, die junge Schallplattenverkäuferin Brigitte Borchert aus der Tauentzienstraße in Berlin, eine junge, schwarzhaarige Schauspielerin namens Christel Ehlers, die später als schönste Spanierin gekrönt wurde und einen jovialen Taxifahrer, Erwin Splettstößer.

Von allen verlassen und dauernd in Geldnöten, filmten Schüfftan und ich sechs Monate in und um Berlin. Manchmal kostete die Taxe, die mit unserem ganzen Kamerazubehör beladen war, bereits fünfundzwanzig Mark, bevor ich fünfzig Mark bei einem Freund auftrieb. Ein anderes Mal verloren wir Aufnahmen, die acht Wochen gedauert hatten. Der schlimmste Augenblick kam,.als die unbezahlten Schauspieler meuterten und ich ins Wasser springen wollte, um allemn ein Ende zu machen. Aber mein Verstand sagte mir, daß ich eigentlich schon am Boden des Sees sei, und tiefer konnte es ja nicht gehen.

Während meiner Arbeit nahm mich einmal ein Regie-Assistent mit zur UFA, wo von Sternberg mit Marlene Dietrich den »Blauen Engel« drehte. Ich sah von weitem die ganzen Koryphäen der UFA: Erich Pommer, den großen Produzenten, Friedrich Holländer, der »Ich bin von Kopf bis Fuß auf Liebe eingestellt« geschrieben hatte, Günther Rittau, den besten Kameramann der UFA, und Fritz Thiery, den ersten genialen Tonmeister. Alles das erschien mir unerreichbar und das Ziel meines Lebens.

Ein Jahr später war ich bei der UFA, und Erich Pommer bot mir den Jannings-Film »Stürme der Leidenschaft« mit Anna Sten an. Ich lehnte zuerst ab, da ich mit dem alternden Jannings nicht arbeiten wollte. So geht es einmal im Leben.

Der Film »Menschen am Sonntag« war endlich fertig. Es war September. Ich führte ihn Hans Brodnitz, dem Leiter der Berliner Uraufführungstheater vor, dem er sehr gefiel. Aber vor Februar des nächsten Jahres hatte er keinen Termin frei. Das hieß sechs Monate warten, ohne einen Pfennig zu besitzen. Plötzlich tauchte Moritz Seeler wieder auf. Auch ihm gefiel der Film, und endlich kam der Tag der Premiere. Der Film lief in der Filmbühne der UFA am Kurfürstendamm an. Premiere war um fünf Uhr nachmittags. Am Morgen hatten wir eine kurze Musikprobe mit Paul Dessau als Dirigenten. Die Uraufführungskopie war schrecklich. Schüfftan und ich fuhren in die Kopieranstalt und beschworen den Inhaber, eine neue Kopie zu ziehen. Er war hart, glaubte nicht an den Film und wies uns ab. Erst als wir ihm sagten, daß auch sein Renommee auf dem Spiel stünde, erklärte er sich einverstanden.

Diesen Tag werde ich in meinem Leben nicht vergessen. Die beiden Mädchen aus der Kopieranstalt brachten die neue Kopie zwanzig Minuten vor Beginn der Vorstellung. Ich riß aus der alten Kopie sämtliche schlechten Szenen heraus und ersetzte sie durch die neuen. Noch heute wundere ich mich, daß keine verkehrt eingeklebt war. Dann ging ich um die Ecke nach Hause, nahe der Meinekestraße, zog mich um und ging dann zögernd zum Kino zurück. Es war einige

Minuten vor Schluß der Vorstellung. Ich traute mich nicht in den Saal. Plötzlich winkte mir der Geschäftsführer aufgeregt zu. Ich raste die Treppen hinauf. Die Leute klatschten wie verrückt, und die Schauspieler verbeugten sich auf der Bühne. Moritz Seeler wollte mich auch vor den Vorhang zerren, aber ich stieß ihn zurück, da er mich die ganze Zeit hatte sitzen lassen. Wie ein Lauffeuer ging die Nachricht des Erfolgs herum. In zwanzig Minuten waren Tausende da, die den Film sehen wollten. Die Leute standen bis zur Joachimsthaler Straße. Seeler drohte, mich zu erschießen, falls ich nicht mit ihm auf die Bühne käme. Schließlich willigte ich ein. Als ich mir nach der letzten Vorstellung mühsam den Weg durch den Bühneneingang bahnte, mir Hunderte von Leuten die Hand schüttelten und gratulierten, sagte eine junge Dame zu mir: »Ich bin der größte Dummkopf, den es gibt!« Es war Frau Dr. Simon, die heute seit beinahe vierzig Jahren meine Frau ist.

Am nächsten Morgen las ich die Kritiken in allen Zeitungen. Sie standen zum Teil auf der ersten Seite. Ich schloß mich in die Toilette ein und weinte vor Erleichterung.

Am gleichen Nachmittag rief die UFA an und engagierte mich.

5

Aufstieg bei der UFA

Zuerst kam ich in die dramaturgische Abteilung unter Leitung von Dr. Fritz Podehl. Ich wollte natürlich Regie führen und nicht hinter einem Schreibtisch sitzen. Ich las Tausende von lausigen Einsendungen, bis ich eines Tages auf eine vierseitige Novelle stieß, die »Der Mond« hieß. Ich ließ den Autor kommen, einen kleinen Ungarn, der im Monat fünfzig Mark verdiente und mit seiner Mutter lebte, während ich ein Gehalt von tausend Mark hatte. Ich fragte, ob er bei der UFA arbeiten wolle, sprach mit Herrn Podehl, meinem Chef, der sofort bereit war, meinen Vertrag zu lösen, da mir die Produktionsleitung einen Regie-Auftrag geben wollte. Am Sonnabend morgen kam der kleine Ungar. Ich bat ihn, sich an meinen Platz zu setzen und den Vertrag zu unterschreiben. Er tat es und fing an zu weinen. Sein Name war Emmeric Preßburger. Er wurde später sehr berühmt und schrieb und produzierte für die Rank Organisation mit Michael Powell die besten Filme: »Die roten Schuhe«, »Colonel Blimp«, »Schwarze Narzissen« und viele andere berühmte Drehbücher.

Als ersten Regie-Auftrag bei der UFA drehte ich einen Kurzfilm: »Kampf mit dem Drachen«. Hedwig Wangel spielte die böse Vermieterin und der leider früh verstorbene Felix Bressart den Untermieter. Die Dreharbeit dauerte einen Tag, und die Musik wurde gleichzeitig mitaufgenommen, da man noch nicht mischen konnte. Die Idee stammte von meinem Bruder Curt. Es war ein Riesenerfolg. Der Kurzfilm bekam alle Akkoladen, während der Hauptfilm mit einigen Zeilen abgetan wurde.

Emmeric Preßburger schrieb mit Irmgard von Cube meinen ersten abendfüllenden Spielfilm »Abschied«. Ich habe zufällig ein altes Buch, »Der Kunstwart«, vom 28. April 1931 entdeckt und eine Kritik darin gefunden. Ich möchte einige Sätze daraus zitieren:

»Es ist erfreulich, berichten zu können, daß der beste Tonfilm seit den »Dächern von Paris« von dem deutschen Regisseur Robert Siodmak (bekannt geworden durch seinen ersten Film aus der Wirklichkeit, ›Menschen am Sonntag‹) mit einem deutschen Ensemble junger und zumeist noch unbekannter Künstler (darunter die hochbegabte Biggy Horney) gedreht wurde und daß die UFA allen üblichen geschäftlichen Erwägungen zum Trotz die Produktion ermöglicht hat. Das ist ihr hoch anzurechnen, und sie hat für einige ihrer Sünden Buße getan. Denn der Unterbringung des Filmes setzte sich in der Tat der Widerstand aller entgegen, die durch ihre Betätigung im Filmgeschäft jedes Empfinden für den Gegenstand ihres Geschäftes, den Film, verloren haben. Es ging ganz ähnlich wie bei den ›Dächern von Paris‹, die zuerst auch als ›publikumsunwirksam‹ galten, bis man sich plötzlich darum riß, den Film geliehen zu bekommen. In Berlin und Frankfurt a. M. gab es noch verständige Lichtspieltheaterbesitzer, die ›Abschied‹ übernahmen und ihn dann zur Belohnung ihres Mutes wochenlang laufen lassen konnten; bereits in München fand sich kein einziges Kino, das ein solches Risiko eingehen wollte. Darauf wurde der Film in einem großen Lichtspielhaus durch die Münchner Liga für unabhängigen Film im eigenen Betriebe vorgeführt. Dieses Eingreifen einer jener ›Ligen‹, die nun in allen größeren Städten bestehen, ist das zweite filmpolitisch lehrreiche und glückliche Moment der Angelegenheit. Es hat gezeigt, daß, wenn Produktion nur guten Willens ist, jetzt auch Organisationen vorhanden sind, einem wertvollen Film gegen alle Widerstände der ›der Geschäftserfahrenen‹ beim Publikum zum Erfolg zu verhelfen.

Wie Siodmak im übrigen das Neben- und Durcheinander einer Großstadtpension aus Dialog-, Bild- und Tonfetzen in intuitiv gestalteter tonfilmischer Einheit erstehen läßt, ist gänzlich neu und zugleich schon vollendet . . .

Besonders beachtlich ist, daß bei der solcherart ›kollektiven‹ Kunst die Einzel-Psychologie keineswegs zu kurz kommt, daß vielmehr in wenigen Sätzen, ja Worten, sich oft ein vollständiger Charakter enthüllt . . . Zum Schlusse sei von den zahllosen glänzenden Einfällen, aus denen sich dieser Film zusammensetzt, nur einer noch erwähnt: die schönste Liebesszene, die es je auf der Filmleinwand gab. In ihr sind die Liebenden überhaupt nicht zu sehen, nur ein paar Zigaretten verlöschen in einem häßlichen Aschenbecher, und aus dem Dunkel hört man leise zuerst, dann stärker die benommenen Stimmen der Erwachsenen.«

Mein Freund Jan Lustig, der bekannte Kritiker des Ullstein-Blattes »Tempo«, schrieb kurz und bündig: »Es gibt kein Kammerspiel im Tonfilm!«

Manchmal im Leben hat man ein schlechtes Gewissen. Ich lebte zu jener Zeit mit einer reizenden Freundin zusammen, die auch Schauspielerin war. Selbstverständlich machte ich mit ihr eine Probeaufnahme, die sehr gut ausfiel, und es lag an mir, mich zwischen Brigitte Horney und ihr zu entscheiden. Ich wählte Biggy. Als ich nach Hause kam, war meine schöne blonde Freundin ausgezogen. Viele Jahre später, als ich den »Bambi« in Karlsruhe erhielt, rief sie mich an. Sie war mit einem Regisseur vom Stadttheater verheiratet, hatte zwei Söhne, war abgearbeitet, lebte in nicht sehr guten Verhältnissen und war eine gute Mutter. Bei diesem Besuch kamen mir Gewissensbisse, ob ich recht gehandelt und ihr nicht ihre ganze Karriere verdorben hatte.

Mein zweiter Film bei der UFA war bereits eine Erich-Pommer-Produktion: »Der Mann, der seinen Mörder sucht.« Die Titelrolle spielte der junge Heinz Rühmann. Ernst Neubach, der sich die Idee aus einem Roman von Jules Verne, »Abenteuer eines Chinesen in China«, »geborgt« hatte, Friedrich Holländer, der außerordentlich witzig ist und auch die Musik schrieb, Billy Wilder und meine Kleinigkeit arbeiteten am Drehbuch. Wir fanden es ungeheuer komisch und bogen uns beim Schreiben vor Lachen. Auch Erich Pommer gefiel es, nur dem Publikum nicht. Es war seiner Zeit weit voraus. Philippe de Broca hat die gleiche Idee vor einigen Jahren noch einmal übernommen und einen großen Erfolg damit gehabt: »Les Tribulations d'un Chinois en Chine« (»Die tollen Abenteuer des Monsieurs L.«, 1965). Im übrigen wurde auch »Menschen am Sonntag« noch einmal in London unter dem Titel »Bank Holiday« (1938) von Sir Carol Reed und später in Italien als »Domenica d'Agosto« (1949) von Luciano Emmer verfilmt, natürlich, ohne daß man mich gefragt oder mir etwas bezahlt hätte.

Der nächste Film war »Voruntersuchung« mit Albert Bassermann, Gustav Fröhlich und Hans Brausewetter, der am letzten Tag des Krieges durch eine verirrte Bombe in Italien umkam. Das Stück war nach einer Idee von O. E. Hesse von dem berühmten Strafanwalt Dr. Max Alsberg für die Bühne geschrieben worden. Liebmann, Müller und ich hatten es völlig umgearbeitet. Albert Bassermann war einer der diszipliniertesten Schauspieler, mit denen ich bis dahin gearbeitet hatte. Er war mit einer Jüdin verheiratet. Er ging mit ihr nach Amerika, als Hitler an die Macht kam. Ich beschäftigte ihn später in zwei kleinen Filmen in Hollywood. Er war der Träger des Iffland-Ringes, eine Auszeichnung, die nur der jeweilige größte Schauspieler seiner Generation trug. Er bat mich, dafür zu sorgen, daß ihn Werner Krauß nach seinem Tode nicht bekomme, da dieser ein wilder Nazi war. Aber ich konnte es nicht verhindern. Krauß erhielt den Ring. Jetzt besitzt ihn der österreichische Schauspieler Josef Meinrad.

Bassermann starb im Flugzeug nach dem Kriege auf der Rückreise in sein geliebtes Deutschland. Seine Frau Else hielt ihren toten Mann für Stunden im Arm, ohne daß jemand im Flugzeug etwas ahnte. Alle glaubten, er schliefe.

Dr. Alsberg sagte, als ihm der Film vorgeführt wurde: »Das ist das beste Stück, das ich je geschrieben habe!« Er bedankte sich nicht einmal bei mir. Ich bekam eine Einladung zu einem Fest, um sein Meisterstück zu feiern, ging aber nicht hin, sondern schickte seiner Frau nur hundert Rosen. Während der Hitler-Zeit verübten beide Selbstmord.

Ich habe einmal Gelegenheit gehabt, Dr. Alsberg im Gerichtssaal als Strafverteidiger zu hören. Er sprach sehr langsam, und man hatte das Gefühl, daß er keine Konzeption habe. Aber plötzlich hakte er an einem Punkt ein, den die Anklage übersehen hatte und gewann durch brillante Intelligenz und Präzision fast alle Prozesse, obwohl ich in diesem Fall von der Schuld des Angeklagten überzeugt war.

*

Über meinen fünften Film muß ich etwas ausführlicher berichten. Es war »Stürme der Leidenschaft« mit Emil Jannings, dem berühmtesten Schauspieler der Welt zu dieser Zeit. Er war gerade triumphal aus Amerika zurückgekehrt, nachdem »Der blaue Engel« mit Marlene Dietrich ein Welterfolg geworden war. Die UFA und Erich Pommer hatten ihn unter Vertrag. Wie gesagt, ich war so eingebildet durch meine Erfolge, daß ich mit Jannings nicht arbeiten wollte. Vielleicht hatte ich auch ein bißchen Angst vor ihm und wußte nicht, ob ich mich als junger Regisseur bei ihm durchsetzen konnte.

Erich Pommer, Robert Liebmann, der Chefdramaturg der UFA, sein Mitarbeiter Hans Müller und ich fuhren nach St. Gilgen am Wolfgangsee, wo Jannings mit seiner Frau, der Schauspielerin Gussy Holl, einen wunderbaren Besitz hatte. Wir wurden als Freunde Erich Pommers großartig empfangen, obwohl man uns niemals Erfrischungen anbot, denn Jannings war als berühmter Geizhals verschrien. Ich erinnere mich noch, als Jannings eines Tages gegen ein Uhr verschwand, nach einer Stunde zurückkam und rülpste. Während dieser Zeit wartete ich im Garten. Gegen drei Uhr hatte ich auch Hunger und bat ihn um ein Stück Brot. Jannings rief: »Gussy, haben wir nicht ein Stück Kuchen für Siodmak?« Ihre Antwort war: »Er ißt keinen Kuchen.« Dabei hatte sie mich nur einmal gesehen.

Wir sprachen über das Manuskript. Jannings, ein Hüne von einem Mann, war äußerst jovial. Er klopfte mir auf die Schulter und versicherte mir, wie gerne er mit mir arbeiten würde. Die Unterhaltung verlief in vollem Einvernehmen, und wir trennten uns nach zwei Tagen, um das Drehbuch zu schreiben. Liebmann und Müller konnten nicht in Berlin arbeiten, aus Furcht vor Unterbrechungen, und so fuhren wir nach Paris. Aber erst einmal aßen und tranken wir auf Kosten der UFA sechs Wochen lang in den besten Restaurants. Es war meine erste Reise nach Paris. Schließlich machten wir uns an die Arbeit.

Nachdem wir das Drehbuch beendet hatten, schickten wir es an Pommer nach Berlin und wollten uns anschließend in St. Moritz treffen. Aber es kam anders. Pommer beorderte uns sofort nach Berlin zurück. Als wir in seinem Büro erschienen, war er weiß wie ein Laken und händigte uns einen Brief von Jannings aus, voll von Beleidigungen über das Drehbuch. Ich möchte den Inhalt nicht wiederholen, aber das Wort »Scheiße!!« war noch das harmloseste. Pommer, dem das Buch gefiel, hatte einen Plan. Wenn Jannings definitiv den Film nicht machen wollte, kam nur ein anderer in Frage: Hans Albers, der damals in »Liliom« von Molnár Triumphe feierte. Albers befand sich in Salzburg und war von dem Manuskript begeistert. Er wartete nur noch auf Bescheid.

Pommer, Liebmann, Müller und ich fuhren wieder nach St. Gilgen. Aber Jannings, der ein schlauer Fuchs war, hatte Lunte gerochen. Er befürchtete, daß Albers die Rolle bekommen würde. »Ich sterbe wie ein deutscher Soldat auf dem Schlachtfeld«, sagte er. »Ich spiele!« Man begann über Änderungen zu reden, die minimal waren. Ich saß wie ein kleines Mäuschen da und sagte kein Wort. Nach etwa drei Stunden schienen alle zufriedengestellt zu sein, und ich wagte zu sagen: »Herr Jannings . . .« Jannings drehte sich langsam zu mir um. Er warf mir einen Blick zu, der mich noch kleiner werden ließ. »Sie«, sagte er, »Sie – Wer sind Sie denn eigentlich? Ich habe Sie ja noch nie gesehen. Sie müssen sich immer im Hintern von Pommer versteckt haben.«

Ich fuhr gebrochen nach Berlin zurück und überlegte verzweifelt, was ich machen könnte. Endlich schrieb ich Jannings einen Brief, in dem ich ihm erklärte, wie stolz ich wäre, mit dem größten Schauspieler der Welt zusammenzuarbeiten. Ich erinnerte ihn daran, daß er mich in seinem Vertrag als Regisseur akzeptiert hätte und daß wir nie zu einem guten Resultat während vier Monate Zusammenarbeit kommen könnten, wenn wir auf diese Weise beginnen würden. Er kam nach Berlin, entschuldigte sich, sagte, daß er es nicht so gemeint hätte, und wir machten Probeaufnahmen für die Kostüme und Schminke. Alles schien in bester Ordnung.

Der erste Drehtag von »Stürme der Leidenschaft« kam heran. Die gesamte Direktion der UFA, Pommer, Corell, Schmidt und andere waren im Studio. Jannings spielte einen Mann, der wegen eines Überfalls im Gefängnis saß. Er war der Chefkoch, und hinter Fenstern standen die Gefangenen, etwa fünfhundert, um ihr Essen in Empfang zu nehmen. Wir alle waren ein bißchen aufgeregt, denn ein Jannings-Film war die Lokomotive für alle anderen Filme der UFA dieser Saison. Man wünschte sich alles Gute, sagte »Toi – Toi – Toi«. Wir probierten. Dann war alles bereit. Ich sagte: »Abläuten!« Ein Mann kam mit einer großen Klappe. Ich sagte: »Bitte!« Alle standen mucksmäuschenstill. Jannings fing an. In der zweiten Zeile seines Textes extemporierte er. In einem Tausendstel einer Sekunde sprang ich von meinem Stuhl auf. Ich schrie: »Halt!!!« Es war reiner Instinkt. Und zu Jannings rief ich: »Herr Jannings – Sie werden kein Wort weglassen oder zusetzen – Sie werden genau das sagen, was wir probiert haben. Verstanden!«

Jannings sah mich völlig entgeistert an. So etwas war ihm noch nie passiert. Sein Mund stand offen. Er war sprachlos. Ich rief: »Abläuten!« Er drehte die Szene wieder, noch immer nicht begreifend, was eigentlich geschehen war. Die ganze Direktion war verschwunden. Ich hatte gewonnen und war der Chef. Drei Tage später bot er mit das »Du« an.

Durch Jannings lernte ich die bekanntesten Schauspieler kennen: Conrad Veidt, Werner Krauß und viele andere. Ich war plötzlich an der Spitze der Regisseure im deutschen Film.

Der nächste Film hieß »Quick«. Es war ursprünglich ein französisches Lustspiel und handelte von einem Clown, der auf der Bühne brillierte, aber im Leben ein bescheidener Bürger war, den niemand erkannte. Erich Pommer hatte dafür Werner Krauß und Maria Barth engagiert. Maria Barth war eine berühmte, kapriziöse und schöne Schauspielerin. Dr. Hans Müller und ich sollten das Manuskript schreiben. Es war wieder eine Erich-Pommer-Produktion. Müller ging zum Portier seines Hotels am Bahnhof Friedrichstraße und sagte: »Herr Kovaç, ich brauche zwei Zimmer, etwa zwei Stunden von Berlin entfernt!« »Sehr wohl, Herr Doktor«, erwiderte Kovać, »dann fahren Herr Doktor in den Preußischen Hof!« Das Hotel war in Stettin.

Als ich bereits alles ausgepackt hatte, war Müller immer noch nicht zufrieden. Der Hotelpage mußte in allen Zimmern, die neben dem seinen lagen, die Toiletten ziehen und das Badewasser laufen lassen, denn, wie ich schon sagte, hatte er angeblich seit seinem fünfzehnten Lebensjahr nicht mehr schlafen können und war außerordentlich nervös. Außerdem arbeitete er an einer neuen Version der Operette »Im weißen Rößl« für Erik Charell und Robinson, die beide dadurch Millionäre wurden.

Es war fünf Uhr früh und noch Nacht, als Müller an meine Tür klopfte. Ich fuhr aus tiefstem Schlaf empor. »Aufstehen!!« befahl er. »Wir haben nicht viel Zeit. Ich habe Pommer das Drehbuch in vier Wochen versprochen.« Er hatte das Königin-Luise-Zimmer gemietet, einen Konferenzsaal mit achtzig Stühlen um einen langen grünen Tisch. An der Wand hing ein großes Bild der Königin. Ich kann auf nüchternen Magen nicht arbeiten, und wir bekamen kein Frühstück vor sieben Uhr. Unsere Zusammenarbeit an diesem Morgen war auch dementsprechend. Wir saßen an dem Riesentisch und sollten ein Lustspiel schreiben. Mir gefiel keiner von Müllers Einfällen, und ich hatte auch keine Ideen um diese Zeit. Müller bestand darauf, zu arbeiten. Er hatte Pommer das Manuskript versprochen. Um zehn Uhr zwang ich ihn, mit mir an die frische Luft zu gehen. Es war eine Katastrophe. Überall las man: Pommersche Meierei, Pommersche Vereinsbank, Pommern-Stube! Ich hatte vergessen, daß wir in Stettin in Pommern waren. Ich bestand darauf, einen anderen Arbeitsort zu suchen, und wir schrieben verbissen an dem Manuskript. Es war, als ob man jeden Tag beim Zahnarzt wäre.

Zwei Wochen später wurden wir nach Berlin gerufen. Werner Krauß sollte einen U-Boot-Kommandanten in einem der ersten nationalen Filme der UFA (»Morgenrot«) spielen. Damit war unser Plan ins Wasser gefallen. Ich schlug aus Verzweiflung Hans Albers und Lilian Harvey vor. Aber da der blonde Hans mit seinen großen blauen Augen ein schöner Mann war, der nicht als Bürger unbekannt in eine Gesellschaft kommen konnte, mußten Müller und ich noch einmal von vorn anfangen und alles ändern. Es war ein Alptraum.

Endlich waren wir mit der Umarbeitung fertig. Harvey und Albers hatten noch nie zusammen gespielt, und während Lilian jeden Morgen pünktlich kurz vor neun fertig war, kam Albers erst in seinem Mercedes mit »Tatü-Ta-Ta« und brauchte eineinhalb Stunden, um sich als Clown zu schminken. Die beiden waren wie Hund und Katze zueinander.

Eines Tages sollte Albers auf einem Riesen-Banjo, das im Studio aufgebaut war, einige Tanzschritte machen. Er hatte die Nacht vorher natürlich wieder einmal zuviel getrunken. Als das Licht anging, konnte er nichts mehr sehen und brüllte mich aus etwa zehn Meter Höhe an. Die rund achthundert Statisten waren ganz still. Ich machte das Licht aus, er kletterte von seinem Banjo herunter und knallte die Tür hinter sich zu. Ich ließ gerade einen Sicherheitsgurt befestigen, als er wieder erschien. Er sagte: »Was soll der Unsinn? Ich mache es auch so!« Da er sehr sportlich war, kletterte er ohne Hilfe hinauf und sagte, um mir noch eines auszuwischen: »Mit Jannings hätten Sie das nicht gemacht!« Ich erwiderte ganz ruhig: »Nein, Herr Albers – Jannings ist ein Künstler, und Sie sind nur ein Akrobat!« Die Statisten lachten, er aber sagte nichts mehr, da er ein Galerieschauspieler war und sich vor seinem Publikum nicht blamieren wollte.

Wir wurden aber trotzdem Freunde. Ich besuchte ihn nach dem Krieg am Starnberger See in seiner schönen Villa, wo er mit Hansi Burg lebte, die ihn ein Leben lang geliebt hat. Sie war seinetwegen in die Armee eingetreten und bei der Invasion in englischer Uniform als erste nach Bayern zurückgekehrt, um ihren geliebten Hans wiederzutreffen. Er lebte mit einer anderen Frau zusammen. Hansi war erstarrt, aber Albers sagte nur: »Schmeiß sie raus, wenn du es fertig bringst!« Natürlich flog die andere.

Albers spielte mir sämtliche Platten vor, die er während des Krieges gemacht hatte. Nach etwa zwei Stunden entschuldigte er sich, daß er nur von sich gesprochen habe, und sagte: »Nu laß uns doch auch mal von dir sprechen, Robert! Wie hat dir denn mein letzter Film gefallen?« Später, um zu zeigen, wie körperlich fit er noch war, sprang er mit einem Kopfsprung in den Starnberger See.

Und wieder viel später, 1954, drehte er einen Film mit Heinz Rühmann. Da er zu faul war oder auch sein Gedächtnis nachgelassen hatte, wurde der gesamte Dialog auf schwarze Bretter geschrieben, von denen er während des Spielens ablas. Einmal blieb Heinz Rühmann stecken. Albers sagte: »Mensch, warum schreibst du dir denn deinen Dialog nicht auf wie ich?« Worauf Rühmann trocken erwiderte: »Wo denn, es ist ja schon alles voll!«

*

Während ich an »Quick« arbeitete, kam Frau Dr. Babs Simon wieder in mein Leben. Sie war unglücklich in einen anderen Mann verliebt, einen Amerikaner, der sehr musikalisch, aber anscheinend ein Sadist war und später Leiter der »Ford-Foundation« wurde. Sie verlor so viel an Gewicht, daß es mir auffiel, und ich beschloß, mich um sie zu kümmern, um sie von ihren Problemen abzulenken. Ihr Mann, Dr. Max (Maggi) Simon war ein bekannter Internist. Ich holte sie jeden Nachmittag mit dem Auto ab, und wir fuhren ins Freie.

Einmal, als sie mich im Hotel besuchte, fand sie ein Horoskop über mich. Es sagte, daß ich vor die Hunde gehen würde, wenn ich nicht die richtige Frau fände ... Sie beschloß, daß sie diese Frau war, um mich vor dem Alkohol und meinen vielen Verhältnissen zu retten. Im Grunde interessierte sie mich als Frau nicht, obwohl sie wunderschön war und alle Menschen sie um ihre Ehe mit Dr. Simon beneideten.

Ich nahm sie eines Nachts in den jetzigen Zoo-Palast mit, um die Kopie von »Quick« anzusehen. Der Film hatte am nächsten Tag Premiere. Als er zu Ende war, fragte ich sie, wie er ihr gefallen habe. Ihr Kommentar war: »Grauenhaft!« Entweder habe ich eine masochistische Ader, oder ich hatte das Gefühl, daß endlich jemand aufrichtig zu mir war. Ich sah sie seit diesem Tag mit anderen Augen an. Während einer »Elektra«-Aufführung nahm sie meine Hand und sagte leise: »Laß uns zusammenbleiben!« Einen Satz, den sie bis auf den heutigen Tag bestreitet ...

Ich ging zu ihrem Mann. Wir sprachen uns aus. Dann fingen er und meine jetzige Frau zu weinen an, denn sie hatten sich beide sehr gern. Sie beschlossen, sich im Norden Berlins scheiden zu lassen, um keinen Skandal hervorzurufen. Sie wohnte während dieser Zeit noch immer bei ihm, damit die Leute nichts merkten.

Eines Tages erzählte mir Babs eine sehr komische Geschichte. Noch während der Scheidung, nach dem Mittagessen, legte sich Dr. Simon hin. Babs saß bei ihm. Sie fingen ein bißchen zu schmusen an. Plötzlich klingelte es. Es war gegen zwei Uhr, und ich wollte sie zu unserer täglichen Ausfahrt abholen. Maggi, ihr Mann, sprang wie von einer Tarantel gestochen auf und rief: »Großer Gott, Robert!« Obwohl er noch mit ihr verheiratet war.

Ich hatte beschlossen – Hitler stand vor der Tür –, meinen letzten Film »Brennendes Geheimnis« nach der Novelle von Stefan Zweig mit meinem Freund Willi Forst und Hilde Wagner zu beenden und dann nach Frankreich zu gehen. Der Film hatte das Pech, am Tage des Reichstagsbrandes uraufgeführt zu werden. Ganz Berlin lachte über den Zufall.

Goebbels schrieb im »Völkischen Beobachter« eine großartige Kritik, verlangte aber gleichzeitig, daß der Film abgesetzt werde, da er familienzerstörend sei. Der Film verschwand nach drei Tagen von der Leinwand, und ich mußte weg, da die SA hinter mir her war.

Ich besaß keinen Paß, denn im Jahre 1916, als Amerika in den Ersten Weltkrieg eintrat, wurden alle Amerikaner aufgefordert, in die Staaten zurückzukommen. Da ich nicht volljährig war und mein Vater ein gutes Einkommen in Dresden hatte, verblieb die ganze Familie während des Ersten Weltkrieges in Deutschland. Wir mußten uns alle wöchentlich einmal bei der Polizei melden, aber nur einige Monate lang. Nach dem Krieg nahm meine Familie die deutsche Staatsangehörigkeit an, außer mir. Ich hatte für Jahre immer die größte Mühe, ein Visum zu bekommen, um in ein anderes Land zu reisen. Vier Monate vor Ausbruch des Zweiten Weltkrieges traf ich eine Bekannte in Paris, die sich von mir verabschiedete. Sie ging mit ihrem Mann nach Amerika. Ich war erstaunt, wie sie das geschafft hatte. Sie war in den USA geboren – wie ich auch. Ich schrieb nach Washington und bekam meinen Paß einen Tag vor Kriegsausbruch wieder. Babs konnte auch mitfahren. Das nennt man Glück. Ich hatte mich fünfundzwanzig Jahre lang umsonst mit diesem Problem geplagt.

Mein Bruder hatte einen Roman »F. P. 1 antwortet nicht« geschrieben. Ich sollte ihn verfilmen. Aber die UFA konnte mich nicht mehr durchsetzen. Ich bekam als Jude keine Arbeitserlaubnis. Karl Hartl drehte ihn, sehr erfolgreich, mit Hans Albers.

Es gelang mir, ein Visum nach Frankreich zu bekommen und ich verließ bei Nacht und Nebel Berlin.

6
Flucht nach Paris

Jetzt rächte es sich, daß ich in der Schule so faul gewesen war. Nach sieben Jahren Französisch-Unterricht konnte ich überhaupt nichts und traute mich nicht einmal, »bonjour« zu sagen. Fritz Kortner erzählte mir später, daß es ihm genauso ergangen sei. Er war drei Wochen in Frankreich. Als er nach England fuhr – er sprach auch kein Wort englisch – und die französische Küste langsam verschwand, sagte er: »Ade Mutterlaut!« Er probierte immer das Wort »the«, wobei man mit der Zunge anstoßen muß. Er sagte, daß sein letzter Seufzer »the« sein würde. Aber er, ein großer Schauspieler, war später erfolgreich in England. Er spielte »Abdul Hamid«, den letzten Tyrannen des ottomanischen Reiches, nach einer Idee von mir, machte den Film aber mit einem englischen Regisseur. Später ging er nach Amerika, wo er weniger Erfolg hatte.

Über Kortner gibt es eine Unmenge Anekdoten. Man nannte ihn nach seiner Rückkehr nach Deutschland »Mimoses«, aber man konnte sein unglaubliches Talent nicht verleugnen. Er war einer der Großen der deutschen Bühne. Einmal erzählte er mir eine seiner komischen Geschichten. Er kam nach dem Krieg nach Wien und traf vor dem Stephansdom eine kleine alte Frau, die die Hände zusammenschlug und sagte: »Herr Kortner, daß ich Sie im Leben noch einmal treffe, das ist das größte Glück für mich!« Kortner konnte sich natürlich nicht an sie erinnern. »Ich bin doch die Mizzi und Sie haben sich während der Hitlerzeit öfter in meinem Zimmer versteckt!« Sie war zu jener Zeit eine der Damen gewesen, die auf der Kärntnerstraße spazieren gingen und durch langsames Gehen versuchten, schnell vorwärts zu kommen. »Natürlich! Mizzi!« sagte Kortner, »ich erinnere mich ganz genau!«, obwohl er keine Ahnung hatte. »Was machen Sie denn jetzt?« »Ich arbeite in der Herrentoilette im Café Parzival – wissen Sie, Herr Kortner, da ist man doch wenigstens a bisserl dabei!«

Einmal wollte er, daß ich, mit ihm in der Hauptrolle, Regie führen sollte. Ich sei der einzige Regisseur, zu dem er eVertrauen hätte. Ich dankte ihm dafür, lehnte aber ab. Das Leben ist zu kurz, und ich wollte mir diese Bürde nicht aufladen.

Ich hatte bei meinen UFA-Filmen einen Regieassistenten namens Henri Chomette, den Bruder von René Clair. Wir nannten ihn »Clair obscur«. Als ich nach Paris kam, stand er mit einigen Freunden vor dem Studio mit großen Plakaten, auf denen sinngemäß zu lesen stand: »Siodmak go home!« Zum Glück hatte ich eine fabelhafte Verbindung im Justizministerium, einen freundlichen alten Herrn mit einer »petite amie«. Ich beschäftigte sie immer in einer kleinen Rolle. »Le dîner est servi, Monsieur!«. Und alle Eingaben, die gegen mich gemacht wurden, landeten in der Schublade meines Freundes im Ministerium, bis der Film beendet war. Wenn ich ihm mitteilte, daß ich fertig sei, schickte er einige Beamte ins Studio, um festzustellen, ob ich arbeitete. Aber zu diesem Zeitpunkt war ich längst nicht mehr dort. Mein »Freund« Henri Chomette starb später in Algerien an einer Blutvergiftung.

*

Mein erster Film in Frankreich war ein typisches Boulevard-Stück: »Le sexe faible« (»Das schwache Geschlecht«) von Edouard Bourdet, das bereits achthundert Aufführungen am Theater hinter sich hatte. Die Besetzung war fabelhaft. Pierre Brasseur war dabei, doch die Hauptrolle spielte eine etwa sechzigjährige Schauspielerin, Madame C. Sie hatte fünf Söhne im Stück und alle an reiche Frauen aus Südamerika, Spanien und aus anderen Ländern verheiratet. Daher der Titel: »Das schwache Geschlecht«. Gemeint waren die Männer.

Am 14. Juli ist Nationalfeiertag in Frankreich. Am nächsten Tag machen alle Geschäfte zu. Paris wird ganz leer, man sieht nur noch Fremde. Wenn man zu dieser Zeit krank wird, kann man sich gleich beerdigen lassen, denn es gibt keinen Arzt in ganz Paris.

Wir fingen am 16. Juli an. Es war unerträglich heiß. Nach der Mittagspause klagte Madame C. über fürchterliche Kopfschmerzen. Sie konnte sich an den Text nicht mehr erinnern, da er von zweieinhalb Stunden auf etwa hundertdreißig Minuten gekürzt war und bat weinend, sie aus dem Vertrag zu entlassen. Bourdet beruhigte sie. Wir ließen sie nach Hause gehen und hofften, daß sie sich am nächsten Tag besser fühlen würde. Aber tags darauf zur gleichen Zeit gab es dasselbe Theater. Bourdet telefonierte die ganze Nacht mit allen Ferienorten, um einen Ersatz für sie zu finden. Ohne Erfolg. Aber am dritten Tag fühlte sie sich wohl und arbeitete den ganzen Tag, ohne sich zu beschweren. Gott sei Dank, dachte ich, wir sind über den Berg! Aber am vierten Tag passierte das gleiche wie an den ersten zwei Drehtagen. Ich mußte sie wieder nach Hause gehen lassen.

Was war mit ihr los? Am ersten Tag ging es nicht, am zweiten Tag auch nicht, am dritten Tag war sie in Ordnung und der vierte war wieder eine Katastrophe. Plötzlich kam mir zum Bewußtsein, daß wir tags zuvor Komparserie im Studio hatten. Das war des Rätsels Lösung: Sie brauchte Publikum. Ich bat meinen Assistenten Heinz (jetzt Henri) Baum, nach Paris zu fahren und mit einem etwa fünfunddreißigjährigen Mann zurückzukommen. Ich beschrieb ihn genau, blond, blauäugig, fesch, nicht zu groß, keine erste Klasse, etwa Typ Maurice Chevalier.

Zu meiner großen Erleichterung fand er ihn auch. Es war Mittagspause. Ich schickte den jungen Mann in das gegenüberliegende Restaurant und bat ihn, die Bekanntschaft meiner Hauptdarstellerin Madame C. zu machen, aber ihr natürlich nicht zu sagen, daß ich ihn geschickt hatte. Sie kam nach dem Essen in Begleitung des jungen Mannes zurück und bat mich, ob er einmal bei den Aufnahmen zusehen dürfe. Selbstverständlich bekam er die Erlaubnis. Am gleichen Nachmittag bekam sie wieder ihre Zustände. Der junge Mann erkundigte sich besorgt nach ihrem Befinden. »Non, non, Monsieur, es geht schon vorbei!« Sie drehte ohne Murren bis zum Schluß des Tages.

Ich nahm den jungen Mann unter Vertrag. Niemand wußte davon. Der Film ging ohne Schwierigkeiten zu Ende. Als Madame C. nach einigen Jahren starb, hinterließ sie ihm ein großes Vermögen.

Als Regisseur muß man manchmal auch Psychologe sein.

*

Wenn man mit einem Menschen zusammen lebt, nachdem man so lange Junggeselle war, ist das eine schwierige Sache. Die erste Nacht, das erste – das fünfte – das siebente – das dreizehnte und schließlich das fünfundzwanzigste Jahr bringen immer Komplikationen. Es handelt sich dabei meistens um Kleinigkeiten. Wer schläft wie lange? Wer benutzt zuerst die Toilette und das Badezimmer? Wer will noch länger im Bett lesen? Alle diese Sachen sind irritierend und man muß sich aneinander gewöhnen. Ich erinnere mich noch daran, wie ich Babs am »Gare du Nord« abholte. Sie hatte sich der deutschen Mode entsprechend gekleidet, und ich bekam einen Schreck. Sie sah im Vergleich zu den eleganten französischen Frauen absolut teutonisch aus. Was habe ich mir da eingebrockt, dachte ich.

Unser erstes Jahr, wo wir im kleinen Hotel »Napoleón« wohnten, war auch dementsprechend. Ich war nicht gewohnt, einer Frau den Hof zu machen. Als sie noch Frau Dr. Simon war, hatte sie mich oft eingeladen. Nach einiger Zeit gab sie mir zart zu verstehen, daß ich ihr niemals eine Kleinigkeit, Konfekt oder Blumen geschickt hätte. Sie bekam einen großen Kaktus von mir.

Frauen lieben Szenen. Sie wollen sich zanken, weinen und sich dann wieder versöhnen. Männer sind Feiglinge. Sie hassen es, wenn eine Frau weint und gehen Auseinandersetzungen aus dem Wege. Männer lügen manchmal, ohne Grund, nur um einem Krach zu entgehen und wenn man sie dabei erwischt, werden sie rechthaberisch und streiten alles ab.

Nach meinem ersten Film »Le sexe faible« hatte ich keinen neuen Auftrag. Ich legte mich jeden Nachmittag gegen zwei Uhr hin und schlief bis sechs. Wahrscheinlich nur, um meinen Sorgen zu entgehen. Babs war außer sich. Sie war zu jung und temperamentvoll, um mit einem Siebenschläfer zusammen zu leben.

Eines Tages kam mein Bruder Curt am Nachmittag. Ich schlief wie üblich. Sie beklagte sich bitter bei ihm über mein Verhalten. Er hatte eine glänzende Idee. »Warum schüttest Du nicht kaltes Wasser über sein Gesicht?« »Großartig«, sagte Babs, nahm einen ganzen Eimer Eiswasser, kam in mein Zimmer und begoß mich damit. Ich blinzelte nicht einmal, erhob mich und ging stumm ins Badezimmer, wo ich mich abtrocknete – zog mich an und verschwand für drei Tage. Als ich zurückkam, stand sie am Fenster wie eine Schifferbraut und war selig.

Für Babs war ich immer das ungezogene Kind, das über alles stolpert, alles falsch macht. »Robert, Du rauchst zuviel – Robert, Du trinkst zuviel – Robert – Robert!!«

Eines Tages kamen zwei amerikanische Bekannte aus New York. Sie hatten Paris nie gesehen und ich wollte es ihnen bei Nacht zeigen. Im Juni ist Paris immer wundervoll beleuchtet. Wir fuhren los. Ich zeigte ihnen die herrlichen Gebäude, die im Licht strahlten, La Madeleine, die Place de la Concorde, die Champs-Élysées, das Grabmal des Unbekannten Soldaten, die Tuilerien. Dann standen wir vor der Kathedrale »Notre Dame«, die sich in der Seine spiegelte. Ich sagte: »Kinder, das könnt Ihr nicht gut vom Auto aus sehen!« Alle stiegen aus. Ich war der erste oben am Quai. In diesem Moment wurde das Licht ausgeschaltet. Babs rief empört: »Robert!!« – als ob ich über das Hauptkabel von Paris gestolpert sei.

Da wir nicht immer genügend Geld hatten, zogen wir unserem Geldbeutel entsprechend dauernd um. Einmal wohnten wir in einem herrlichen Appartement unterhalb der »Moulin de la Galette« am Montmartre. Die Wohnung, vier Zimmer, war mit wunderbaren Möbeln »French Provincial« eingerichtet. Das kleine Haus, dessen erste Etage wir bewohnten, war ein Traum. Unsere Wirtin hieß Colette, eine ältere Dame, die ein bewegtes Leben verbracht und sich von dem Geld, das ihr ihre Liebhaber gegeben hatten, hierher zurückgezogen hatte, um ihren Lebensabend zu verbringen. Über uns wohnte ein alter General mit einer Krankenschwester. Er hatte »Tabes«, die von einer alten Geschlechtskrankheit herrührte. Die ganze Nacht lief das Wasser. Ich weiß heute noch nicht, warum. Wenn er mit baumelnden Hosenträgern langsam die Treppe herunterhumpelte, sagte Madame Colette: »Ah, le pauvre, – il se démineralise!« In ihren Augen verlor er täglich mehr Mineralien.

Colette hatte etwa zwanzig Katzen, mehrere Vögel und eine Schildkröte, die »Coralie« hieß und immer kam, wenn wir am Tisch saßen. Sie liebte Salat und grunzte vor Vergnügen beim Fressen. Da Colette, wie alle Damen dieses Milieus, ein gutes Herz hatte, wohnten im Keller ein Maler und zwei Mädchen, die von zu Hause weggelaufen waren. Sie waren in anderen Umständen. Keiner zahlte Miete, außer uns – und Colette war bei mir immer in der Kreide.

Eines Tages kam ein neuer Gast, Monsieur Robert. Er wog etwa zwei Zentner, war Flieger und bereitete sich vor, an einem Non-Stop-Flug Paris – Dakar teilzunehmen. Er sollte beim Abflug von Paris zwanzigtausend Francs erhalten und versprach Madame Colette die Hälfte davon. Sie witterte ein großes Geschäft, und er durfte wochenlang gratis bei ihr wohnen und essen. Sie bat mich um einen Vorschuß, da sie ihn noch mit Reiseproviant versehen mußte. Obwohl ich die Miete schon drei Monate im voraus bezahlt hatte, gab ich ihr zweitausend Francs. Davon kaufte sie eine Unmenge Konserven, denn Monsieur Robert war ein starker Esser.

Eines Nachts fuhren sie um drei Uhr früh nach Le Bourget, dem Flughafen von Paris. Von dort aus sollte der Non-Stop-Flug nach Dakar starten. Das Flugfeld war von einem Militärkordon umgeben. Monsieur Robert wollte nur hineingehen, seine zwanzigtausend Francs kassieren, um dann sofort Madame Colette die Hälfte zu bringen. Stattdessen flog er davon, ohne zurückzukommen. Colette wünschte ihm, daß er sich das Genick bräche. Sie war außer sich. Am Abend lasen wir in den Zeitungen, daß er in Nizza notgelandet war. Er erschien zwei Tage später wie ein geprügelter Hund, brachte die Koffer mit der Verpflegung zurück und holte sich seine Sachen ab.

Als ich etwas später einige Freunde einlud, machte Madame Colette aus den Konserven ein herrliches Abendbrot. Sie verlangte tausend Francs dafür ... Auf meinen Einwand, daß ich doch schon dafür bezahlt hätte, erwiderte sie: »Non, Monsieur, dieses Geld haben Sie mir persönlich geliehen. Das hat nichts mit der Miete zu tun!«

Später mußten wir leider ausziehen, da sie das Haus nicht mehr erhalten konnte. Wir zogen in die Rue des Sablons in der Nähe der Avenue Victor Hugo. Colette hatte uns einen herrlichen französischen Tisch mitgegeben. Jeden Monat erschien sie und borgte sich hundert Francs gegen das Möbelstück aus. Eines Tages, als wir aus den Ferien zurückkamen, fanden wir den Tisch nicht mehr vor. Colette hatte ihn hinter unserem Rücken abgeholt und war damit verschwunden. Den Wert des Möbels hatte ich zehnmal überzahlt.

Mein Französisch wurde natürlich immer besser, und fünf Jahre später verstand ich sogar den Dialog meines ersten Films »Le sexe faible«. Ich fand ihn sehr komisch ...

Wir heirateten erst im Jahre 1935 in Paris. Mein Schwiegervater, der damals noch in Berlin war, hatte Babs Vorwürfe gemacht, daß sie mit einem Mann »in Sünde« zusammenlebe. Er glaubte kaum noch daran, daß ich sie jemals heiraten würde. Ich schrieb ihm einen Brief, worin ich ihre sämtlichen Fehler aufzählte, bat aber trotzdem um die Erlaubnis, sie heiraten zu dürfen. Postwendend kam die Antwort: ich durfte! Und so heirateten wir. Ich habe es bis heute nicht bereut, obwohl Zeiten kamen, wo ich sie manchmal umbringen wollte. Und sie mich wahrscheinlich auch.

Robert Siodmak Anfang der dreißiger Jahre *(Archiv Curt Siodmak)*

»Menschen am Sonntag« (1929): Christel Ehlers, Brigitte Borchert

»Abschied« (1930): Edmée Symon, Gisela Draeger *(National Film Archive, London)*

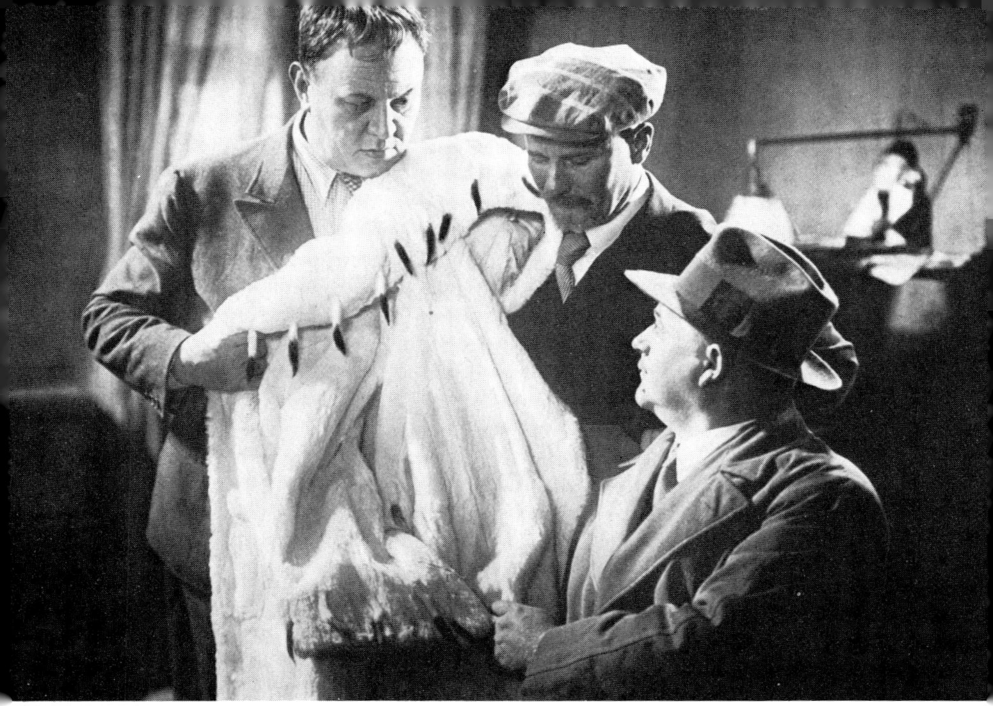

»Stürme der Leidenschaft« mit Emil Jannings *(links) (National Film Archive)*

»Quick«: Hans Albers und Lilian Harvey *(National Film Archive)*

Hilde Wagener in »Brennendes Geheimnis« *(National Film Archive)*

7

Meine französische Karriere

1934 machte ich mit der siebzehnjährigen Danielle Darrieux ein Musical: »La crise est finie« (»Die Krise ist vorbei«). Der Film wurde nach den üblichen Schwierigkeiten endlich in dem riesenhaften Paramount-Theater aufgeführt. Dieses Kino hat ungefähr zweitausend Sitzplätze. Die Kritiken waren lauwarm.

Am nächsten Nachmittag standen mein Bruder Curt und ich gegenüber dem Kino auf der Avenue de l'Opéra. Wir wollten die Besucher zählen, die hinein gingen. Fünf Minuten verstrichen. Ein Mann ging an die Kasse. Nach drei Minuten verließen zwei Leute das Theater. Mein Bruder sagte: »Wenn jetzt noch einer rausgeht, ist das Kino leer!«

Aber eine Woche später standen die Leute Schlange. Sie schlugen sich beinahe um die Plätze. Der Geschäftsführer war schweißgebadet und wußte nicht, wie er den Andrang bewältigen sollte. Ich ging stolz zu ihm und bemerkte herablassend, daß kein Kritiker etwas vom Film verstünde. Die Mundpropaganda allein hätte diesen Erfolg gebracht. Er sah mich zynisch an: »Sie müssen wohl nicht ganz bei Trost sein! Alle wollten nur die Wochenschau sehen, die die Ermordung des französischen Außenministers Barthou und des Königs von Serbien in Marseille zeigt!«

*

Zwei Jahre später machte ich einen Film mit Louis Jouvet, Edwige Feuillère und Fernand Gravey: drei Top Stars. Er hieß »Mr. Flow«, ein Lustspiel. Der Autor war Henri Jeanson, ein Journalist, der schon während des Ersten Weltkrieges im »Canard enchaîné«, einer humoristischen und kritischen Zeitschrift, unter der Überschrift »Les Opinions du Général X« (»Meinungen des General X«) über den Krieg schrieb. Er war zu dieser Zeit erst sechzehn Jahre alt, aber seine Analysen waren so brillant, daß sich ganz Paris den Kopf darüber zerbrach, wer der General sein könnte. Er war später ein gefürchteter Kritiker mit beißendem Humor und einer der besten Freunde von Marcel Achard, der heute Mitglied der »Académie Française« ist. Eines Tages verriß er, trotz seiner Freundschaft mit Achard, dessen neues Stück. Achard sah ihn mit mir auf den Champs Élysées und gab ihm einen Tritt in den Hintern. Jeanson fiel beinahe hin, ging aber weiter, ohne sich umzudrehen, denn er hatte immer Angst vor seinen Feinden. Ein anderes Mal war ich so wütend auf ihn, daß ich ihm eine Ohrfeige geben wollte. Er schützte sein Gesicht mit beiden Händen und sagte: »Du wirst doch keinen Feigling schlagen!«

Er war der schnellste Schriftsteller, den ich kannte und schrieb eine Szene von acht Seiten in einer Stunde. Jeder Satz war brillant. Er schrieb unter anderem »Pépé le Moko« für Jean Gabin, der einen Flüchtling spielte, der sich in der Casbah von Algier vor der Polizei versteckt und vor Sehnsucht nach Paris beinahe stirbt. In einer Liebeserklärung sagt er den wundervollen Satz zu einer schönen Prinzessin, seiner Geliebten: »Tu sens le Métro«.

Einmal brauchte ich Jeanson dringend für eine Änderung im Drehbuch. Er versprach, Punkt fünfzehn Uhr da zu sein. Natürlich kam er nicht. Acht Tage später klingelte es an meiner Tür. Es war Jeanson. Er lächelte mich an: »Na, bin ich nicht pünktlich, es ist genau drei Uhr?« Ich erwiderte wütend: »Du wolltest doch schon vor acht Tagen kommen!« Seine klassische Antwort: »Ich habe drei Uhr gesagt, aber nicht an welchem Tag!«

Einige Monate vor Ausbruch des Zweiten Weltkrieges schrieb er einen Artikel im »Canard enchaîné«, in dem er alle französischen Generäle als Idioten bezeichnete. Unglücklicherweise stand man kurz vor dem Krieg. Deshalb kam er nicht vor ein Zivil-, sondern vor ein Kriegsgericht.

Als ihn der Oberstaatsanwalt, selbst ein General, fragte, ob er auch jetzt noch, nachdem er Auge in Auge mit Generälen stünde, der gleichen Meinung sei, sagte Jeanson: »Jetzt bin ich erst recht davon überzeugt, nachdem ich sie persönlich gesehen habe.« Er bekam ein Jahr Gefängnis, und viele Prominente unterzeichneten eine Petition, um ihn freizubekommen. Aber es gelang nicht. Der Militär-Gouverneur von Paris weigerte sich kategorisch, ihn zu entlassen und hoffte, daß die Deutschen ihn aufhängen würden. Jeden Tag standen die Filmproduzenten vor dem Gefängnis. Gegen acht Uhr früh kam ein Wärter und händigte jedem zwei Seiten Dialog aus. Jeanson weigerte sich, mehr zu arbeiten, bis er eine bessere Zelle bekam und die Produzenten ihm Leckerbissen schickten. Er wollte vor allem Kaviar. Dafür bekamen die Produzenten täglich je eine Seite Dialog mehr und zogen zufrieden ab. Jeanson saß im Gefängnis, bis die Deutschen einmarschierten. Ein deutscher General befreite ihn, da er Jeansons Meinung über die französischen Generäle teilte.

Yves Mirande, ein anderer sehr bekannter Schriftsteller, schrieb auch für mich. Jeden Morgen vor Drehbeginn mußte ich ihn in seiner Wohnung aufsuchen und er las mir die Szene, die ich an diesem Tage drehen sollte, vor. Mirande schrieb etwa vier Drehbücher zur gleichen Zeit. Er saß im Bett und trug eine Zipfelmütze. Sein Bett war mit handgeschriebenen Seiten übersät. Er gab in jedem Film den Hauptdarstellern aus Bequemlichkeit die gleichen Namen. Sehr oft kam es vor, daß er sich in den Seiten irrte und sagte: »Mon Dieu, das ist ein anderer Film und gehört gar nicht in deine Geschichte!« Dann fing er an zu suchen, bis er die richtige Seite fand.

*

Zu dieser Zeit, um 1936, kam Mervyn LeRoy, der berühmte amerikanische Regisseur, mit dem Onkel seiner Frau, Jack L. Warner, nach Paris. Meine Frau und ich lernten sie kennen, und obwohl ich arm und sie beide Dollar-Millionäre waren, zahlte ich immer die Rechnung für sie, ohne daß sie einmal versucht hätten, nach ihrem Portemonnaie zu greifen.

Sie wollten einige Muster meines Films »Mr. Flow« sehen, und Jack Warner bot mir einen Hollywood-Vertrag an. Er müßte allerdings erst seinen Bruder Major Albert Warner fragen – was, wie ich später erfuhr, nicht stimmte. Mervyn LeRoy flüsterte mir zu, nicht mit Jack Warner abzuschließen. Er hatte im Sinn, eine eigene Produktion zu machen und wollte mich persönlich engagieren.

Als ich später in Hollywood war und kein Engagement finden konnte, fragte mich Paul Kohner, mein Agent, ob ich nicht irgendjemanden in Hollywood kennen würde. Ich erzählte ihm von meiner Bekanntschaft mit Mervyn LeRoy. Wir fuhren in das MGM-Studio, wo Mervyn »Waterloo Bridge« mit Vivian Leigh und Robert Taylor drehte. Als es hell wurde, sagte Kohner: »Mervyn, hier ist ein alter Bekannter von dir aus Paris – Robert Siodmak!« LeRoy strich sich über die Stirn und murmelte: »Entschuldige, aber ich kann mich nicht erinnern!« Damit verschwand er. Ich sah ihm sprachlos nach.

Ich traf LeRoy in den nächsten Jahren auf vielen Parties, wurde ihm immer wieder vorgestellt, aber er erkannte mich nie. Es wurde mir schließlich klar, daß ich ihm zu unwichtig war. Erst als ich Erfolg hatte, begegnete ich ihm einmal in den RKO-Studios. Er begrüßte mich freudestrahlend, schlug mir auf die Schulter und sagte: »Robert, erinnerst du dich noch an unsere netten Zeiten in Paris? Komm, sieh dir einmal die Muster des Films an, den ich gerade drehe!« Ich antwortete ihm mit dem Zitat aus Götz von Berlichingen . . .

Ein französischer Produzent namens Millakowsky, der wenig Geld, aber viel Phantasie hatte, rief mich eines Tages an und fragte mich, ob ich eine Lieblingsidee hätte. Ich schlug vor, »Le rouge et le noir« von Stendhal zu verfilmen, den weltberühmten Roman, der zu Napoleons Zeiten spielt. Er bedauerte, den Inhalt vergessen zu haben und wollte das Buch sofort noch einmal lesen. Nach zwei Tagen rief er mich an und bat mich, in sein Büro zu kommen. Er sagte, daß ihm auf meine Anregung hin eine wundervolle Idee gekommen sei. Er verriet mir auch den Titel: »Roulette!« . . .

Wenn ein Produzent eine Idee hatte, ging er zu einem berühmten Schauspieler wie Raimu, Chevalier oder Harry Baur und erzählte ihm in glühendsten Farben die Story des Films, den er drehen wollte. Alle akzeptierten im Prinzip und verlangten eine Anzahlung von etwa fünfzigtausend Francs gegen ein Gehalt von zweihunderttausend. Sie wußten genau, daß von zehn Filmen neun nicht gemacht wurden, hatten aber auf alle Fälle schon fünfzigtausend Francs kassiert! Mein Freund Millakowsky verkaufte dann, mit dem Vertrag des Schauspielers in der Hand, den zu drehenden Film für eine Million an einen Pariser Verleih, gegen dreihunderttausend Francs in bar und den Rest in Wechseln. Der Star bekam seine Anzahlung. Ich hatte hundertfünfundzwanzigtausend Francs Gehalt, bekam eine a-conto-Zahlung von fünfundzwanzigtausend. Der Schriftsteller erhielt etwa zehntausend und den Rest steckte sich der Produzent erst einmal in die Tasche. Das war sein sicherer Verdienst.

Während wir an dem Drehbuch schrieben, machte er Verträge mit den anderen Regionen in Frankreich, den Kolonien und Süd-Amerika, und wir fingen an zu arbeiten. Nach drei Wochen war das Geld zu Ende, aber der Film nur zu zwei Dritteln fertig. Die Schauspieler weigerten sich natürlich, weiter zu drehen. Auch das Studio und Kodak, der Negativ-Lieferant, verlangten ihr Geld. Der Film wurde gestoppt, was zu erwarten gewesen war. Jetzt kamen die Haie, offerierten dem Produzenten, den Film zu Ende zu finanzieren, gegen eine imaginäre Beteiligung für ihn und drückten die Gagen aller Mitarbeiter. Mir zum Beispiel boten sie fünfundzwanzigtausend Francs weniger, aber ich hatte schon vorher damit gerechnet und diese Summe bei Vertragsabschluß aufgeschlagen. Die Arbeit wurde nach einigen Tagen wieder aufgenommen und der Film zu Ende gedreht. Jeder hatte Geld daran verdient.

Dasselbe passierte bei den Dreharbeiten von »Mr. Flow«. Während ich in glühender Sommerhitze in Paris saß und wartete, daß es weiterginge, fuhr meine Frau an die Riviera, da sie die Spannung nicht aushalten konnte. Ich räumte alle Möbel meiner Wohnung aus, um eine Dekoration damit einzurichten.

In »Mr. Flow« spielt Edwige Feuillère eine elegante Diebin. Der Koffer, den sie immer mit sich führt, ist mit Einbruchs-Werkzeugen gefüllt. Schließlich gibt sie dieses Leben auf, da sie sich in Fernand Gravey verliebt hat. Er entdeckt den Koffer im Auto und will ihn aus dem Fenster werfen. Aber sie hält ihn zurück und öffnet den Koffer. Er ist voll mit Damenhöschen, Frou-frous und anderen unaussprechlichen Dingen, und meine Frau rief während der Premiere ganz laut und erstaunt: »Mein Nachthemd!«

*

Eines Tages las ich in einen Roman von O. P. Gilbert. Er hieß »Mollenard« und erzählte die Geschichte eines französischen Kapitäns, der bei einer großen Compagnie Maritime in Dünkirchen angestellt ist und im südchinesischen Meer Güter von Hafen zu Hafen bringt. Natürlich schmuggelt er auch Waffen und Heroin. Eines Tages explodiert eine Zeitbombe auf seinem Schiff. Es versinkt. Die Mannschaft, die sehr an ihm hängt, sagt aus, das Schiff sei auf ein Riff gelaufen. Sie halten wie Pech und Schwefel zusammen. Kapitän Mollenard ist verheiratet. Er haßt seine Frau und hat zwei Kinder, ein kleines, etwa vierzehn Jahre altes Mädchen und einen pickeligen, sechzehnjährigen Sohn. Der große Empfang, den seine Schiffahrtsgesellschaft bei seiner Ankunft gibt, und bei dem man ihn als Helden feiern will, endet mit einem Fiasko. Mollenard kann die verlogenen Reden nicht mitanhören und marschiert mit seiner gesamten Mannschaft während der Feierlichkeiten ab. Er hat eine panische Angst, einen Schlaganfall zu bekommen und von seiner gehaßten Frau zu Tode gepflegt zu werden. Was auch im Film geschah. So viel von der Geschichte.

Mir fiel ein wunderbarer Schluß ein. Ich ging zu O. P. Gilbert und erzählte ihm das neue Ende. Gilbert hatte bereits Duvivier, dem großen französischen Regisseur, eine Option auf seinen Roman gegeben, aber mein Schluß gefiel ihm so sehr, daß er mir die Rechte gab, für die ich achtzehntausend Francs, mein ganzes Geld, bezahlte. Zu diesem Zeitpunkt kamen die Eltern meiner Frau aus Berlin mit zehn Mark in der Tasche an. Ihr ganzes Vermögen war in Deutschland von Hitler beschlagnahmt worden.

Ich konnte den Film achtzehn Monate lang nicht unterbringen. Eines Tages lud ich Raimu, einen der größten französischen Schauspieler, ins »Maxim« ein. Er aß und trank auf meine Kosten, hatte auch das Buch gelesen und zum Schluß hatte er Tränen in den Augen, als ich ihm mein Ende erzählte. Ich war erleichtert und glaubte, mit ihm einen Vertrag abschließen zu können. Er wischte sich die Tränen aus den Augen und bedauerte, die wunderbare Rolle nicht spielen zu können, denn nur der Gedanke, ein Kapitän zu sein, mache ihn bereits hier im Restaurant seekrank. – Er hatte genau gewußt, daß er die Rolle nicht übernehmen würde, aber bei »Maxim« hatte er auf meine Kosten gerne gegessen und getrunken. Er war sehr geizig.

Endlich erklärte sich Harry Baur bereit, die Rolle zu übernehmen. Pathé gab mir daraufhin einen Vertrag, und meine Sorgen schienen vorbei zu sein.

Wir starteten in Dünkirchen, wo es von 365 Tagen ungefähr an 300 Tagen regnet. Der Himmel war blau. Die Sonne schien. Die ganze Pariser Presse und alle Einwohner der Stadt standen am Quai. Alle Schauspieler waren bereit. Die Kamera auch. Nur einer fehlte: mein Hauptdarsteller Harry Baur. Es verging eine halbe, dann eine ganze Stunde. Kein Harry Baur. Meine Frau und ich wurden immer nervöser. Ich schickte einen Assistenten ins Hotel, wo Harry Baur wohnte. Er kam nicht zurück. Endlich entschloß ich mich, selbst hinzugehen. Meine Frau, die auf der Schiffsbrücke stand, erzählte mir später, daß sie an meiner Glatze, die ganz weiß war, bereits von weitem erkannte, daß etwas Fürchterliches passiert sein mußte. So war es auch. Harry Baur hatte, wie in der Geschichte, an diesem Morgen einen Schlaganfall erlitten. Wir brachen die Dreharbeiten ab. Am gleichen Abend brachten alle Zeitungen in Paris einen Bericht von dieser Katastrophe auf der ersten Seite.

Um fünf Uhr nachmittags wurde ich in das Hotel gebeten. Ich fand Harry Baur in einem langen Hemd aus Flanell, mit einer Zipfelmütze aus dem gleichen Stoff, wie in einem Stück von Molière. Er erwartete mich, stand erst auf einem Bein, dann auf dem anderen, um mir zu beweisen, daß er sein Gleichgewicht wieder erlangt hätte und sagte: »Voilà, Monsieur Siodmak, ich bin wieder gesund!« Am nächsten Tag fingen wir an zu drehen und er hielt bis zum Schluß eisern durch.

Einmal drehte ich mit meinem ganzen Stab auf einem leeren Frachtdampfer. Wir wollten zwar am gleichen Abend in den Hafen zurück, gerieten aber in einen schrecklichen Sturm. Das Schiff trieb wie ein Kork auf den Wellen. Die gesamte Mannschaft war seekrank, einschließlich des Kapitäns, nur meine Hauptdarsteller hielten aus: Harry Baur, Albert Préjean, der Kameramann Eugen Schüfftan und ich. Wir hatten nur für einen Tag Proviant mitgenommen, konnten aber nicht Anker werfen, da die Wellen etwa sechs Meter hoch waren. Der zweite Tag verging ebenso. Keine Aussicht, in den Hafen zu kommen. Alle lagen wie Leichname herum und sahen grün oder gelb aus. Am dritten Tag setzte mir der Kapitän seine Mütze auf: »Mr. Siodmak, ich weiß nicht mehr, was ich machen soll. Nehmen Sie mal das Steuer!« Ich brüllte meine Kommandos in den Maschinenraum: »Starbord – Backbord, langsam – Volldampf!« Selbstverständlich hatte ich keinen blassen Schimmer von Navigation. Am Abend beruhigte sich das Meer etwas. Der Kapitän weigerte sich, in den Hafen einzufahren. Die Wellen waren dort noch zwei Meter hoch. Da ich nichts verstand und mir der Gefahr nicht bewußt war, bugsierte ich das Schiff hinein. Wie mir das gelungen ist, weiß ich bis heute noch nicht.

Der Film war fertig. Ich führte ihn bei Pathé vor. Die Direktion war begeistert. Endlich kam der Tag der Premiere.

»Tout Paris«, einschließlich des Präsidenten Lebrun, war da. Die Garde Républicaine stand am Eingang, etwa hundert Mann stark. Die Soldaten trugen ihre Parade-Uniform. Glänzende Säbel blitzten. Die Kameras der Wochenschau surrten.

Blitzlichter flammten auf. Die gesamte französische Presse war da. Im Anschluß an die Premiere hatte Pathé ein großes Diner Chez Maxim's vorbereitet. René Clair, Duvivier, Charles Spaak und die Großen des französischen Films schüttelten mir die Hände. Ich saß mit meiner Frau Babs, der ich für mein letztes Geld ein Abendkleid gekauft hatte, im Ecksitz der ersten Reihe auf dem Balkon, einige Plätze vom Präsidenten, Mauriac und anderen Größen entfernt.

Es wurde dunkel. Der Film, der über zwei Stunden lief, begann. Nach etwa fünf Minuten wurde das Publikum unruhig und fing an zu flüstern. Ich wußte gar nicht, was los war. Plötzlich zupfte mich jemand am Ärmel. Es war der Tonmeister. Er machte mir ein Zeichen, mit ihm ins Parkett zu kommen und sagte: »Verstehen Sie eine Silbe?« Da ich den Film auswendig kannte, nickte ich nur verstört.

Eine schreckliche Sache war geschehen. Nur die Leute, die in der Mitte des Theaters saßen, konnten den Dialog hören, für die anderen war der Film völlig stumm. Die Akustik war unmöglich. Ich weiß nicht, wie ich diese zwei Stunden überstanden habe. Es waren die schlimmsten meines Lebens. Niemand konnte den Saal verlassen aus Achtung vor der Anwesenheit des Präsidenten und der Honoratioren. Endlich war der Film zu Ende. Die Leute klatschten etwa drei Sekunden lang, dann verließen sie stumm den Saal.

Draußen hatte es zu regnen begonnen. Meine Frau und ich standen allein auf der Straße. Sie weinte. Die Schminke begann ihr über das Gesicht zu laufen, und ihre schöne Frisur wurde klitschnaß. Wir beschlossen, natürlich nicht zum Empfang ins Maxim zu gehen, sondern schlichen in unser armseliges Hotel, das jetzt »Schweizer Hof« heißt. Das Leben war zu Ende.

Am nächsten Tag lasen wir begeisterte Kritiken in allen

Blättern. Zum Glück hatten die Rezensenten in der Mitte des Saales gesessen und den Dialog wie den Film verstanden. Wieder einmal war das Leben lebenswert. Am gleichen Tag noch wurde die Akustik im Theater verbessert. Neue Lautsprecher wurden eingebaut, und der Film war ein großer Erfolg.

8

Die bitteren Jahre

Wenn ich die Seiten, die ich bisher geschrieben habe, noch einmal durchlese, so scheint es mir, als habe ich meistens Anekdoten erzählt. Sie zeigen wenig von der Bitterkeit dieser Zeit.

Wir lebten in Frankreich. Ich hatte keinen Paß, meine Frau nur einen deutschen, der jederzeit ungültig erklärt werden konnte. Mein Aufenthalt war nur geduldet. Keine Arbeitserlaubnis. Die Tage, die wir im Justizpalast verbracht haben, kann ich gar nicht zählen. Wir saßen zu Hunderten auf Holzbänken, Menschen aller Nationen, die, wie ich, nicht wußten, ob die Aufenthaltserlaubnis verlängert würde. Wenn sie verweigert worden wäre, konnte man nirgends hingehen, da kein Land jemandem mit einem sogenannten Nansen-Paß aufnahm. Auf der anderen Seite lag Deutschland. Hitler wurde immer mächtiger. Die Franzosen wollten keinen Krieg. Sie hatten genug von 1914–1918. Wenn man vom Elsaß sprach, das Hitler annektieren wollte, sagten sie bloß: »Je m'en fous!« Sie würden es ihm ohne Kampf geben.

Man mußte eine Sprache erlernen, mit deren Feinheiten und Eleganz man nie völlig vertraut wurde. Von den wenigen Produzenten, die einen kannten, mußte man sich die Restgage zum Schluß beinahe erbetteln. Manchmal schickte ich Babs hin, der man es schwerer verweigern konnte. Man war dauernd in Sorge um eine neue Arbeit.

Wir wohnten in einem kleinen Hotel, bei Madame Guerin, wo wir immer mit der Miete im Rückstand waren. So mußten wir dort die billigen Speisen essen, immer in Angst, hinausgeworfen oder angezeigt zu werden. Die Fremdenpolizei paßte auf uns auf.

Ich glaube, ich war in den sieben Jahren nur zwei Mal im Haus einer französischen Familie zum Essen eingeladen. Das war bei meinem Freund Charles Spaak, dem Vater von Cathérine, mit dem ich öfter arbeitete. Dann war ich einmal bei Darius Milhaud, dem berühmten Komponisten, der die Musik eines meiner Filme schrieb. Nur das Essen war sehr schlecht, soweit ich mich daran erinnere.

Aber ich kämpfte mich verbissen durch alle Hindernisse, bis ich nach einigen Jahren wieder zu den Spitzen-Regisseuren zählte.

Ich erinnere mich noch mit Schrecken daran, als 1939 Mitte August die Generalmobilmachung kam. Die jungen Leute wurden einberufen. In leerstehenden Geschäften in ganz Paris wurden die alten Uniformen von 1914 aufgestapelt. Sie waren nicht gereinigt und trugen manchmal noch Blutspuren mit Einschüssen vom letzten Krieg. Die Hosen waren rot, statt feldgrau, die Schuhe völlig vertrocknet und knochenhart. Die Einberufenen waren haßerfüllt. Sie wollten ganz einfach nicht kämpfen, und es war ihnen ganz gleich, ob die deutsche Wehrmacht ganz Frankreich überrollte. Es war zu dieser Zeit unmöglich, ein deutsches Wort zu sprechen. Alle hatten tödliche Angst vor einer Revolution oder davor, den Deutschen in die Hände zu fallen, besonders die Juden. Es konnte jede Stunde losgehen.

Einmal saßen wir verzweifelt in unserem Hotelzimmer. Unsere Aufenthaltserlaubnis war wieder einmal abgelaufen und wir mußten am nächsten Morgen auf die Polizei. Ein Bekannter rief uns an. Er war glücklich. Er hatte eben im Polizeipräsidium angerufen. »Alle unsere Sachen sind in Ordnung«, sagte er selig. Der Beamte am Apparat hatte gesagt: »Ne quittez pas!« (Bleiben Sie am Apparat.) Er hatte verstanden »Sie brauchen das Land nicht zu verlassen!« (quitter). Ich versuchte, ihm seinen Irrtum klarzumachen. Vergeblich. Glücklicherweise haben wir damals alle die Verlängerung bekommen. Aber bis auf den heutigen Tag glaubt er mir nicht, daß ich besser französisch spreche als er.

Zwischen 1934 und 1936 fuhr meine Frau manchmal nach

Berlin, um ihre Eltern zu besuchen. Sie wagte sich kaum auf die Straße, aber einmal begegnete sie unserem guten Freund Willi Forst, mit dem ich »Brennendes Geheimnis« in Berlin gedreht hatte. Er lud sie zu einer Party ein. Es war nichts zu machen, er bestand darauf, erschien am Abend in einem roten Sportauto und hupte so stark, daß alle Leute aus den Fenstern sahen.

Die Party war in vollem Schwung, als sich plötzlich die Tür öffnete und General Ernst Udet mit etwa 20 SS-Offizieren erschien. Meine Frau erstarrte vor Angst, aber Udet küßte ihr die Hand, obwohl er wußte, daß sie Jüdin war und befahl seinem Adjutanten, sie dauernd zum Tanz aufzufordern. Er tanzte zuerst mit ihr. Forst freute sich diebisch darüber, während meine Frau nach einigen Stunden, ohne sich zu verabschieden, aufatmend verschwand. Sie hat diese wundervolle Geste Willis nie vergessen.

*

Kurz vor dem Krieg bekam ich den Auftrag, einen Film zu drehen. Er sollte »Pièges« (Fallen) heißen. Ich brachte eine ufabelhafte Besetzung zusammen: Maurice Chevalier, Erich von Stroheim, Pierre Renoir. Aber ich konnte für die schwierige weibliche Hauptrolle niemanden finden. Ein Starlet wollte ich nicht nehmen, sondern suchte eine Unbekannte. Ich sah auf der Straße ein junges Mädchen, das mir gefiel und sprach sie an. Es stellte sich heraus, daß sie eine junge Schauspielerin war, die gerade aus Algerien kam und einen Freund in der Fremdenlegion hatte. Ich bat sie, in mein Büro zu kommen und mir eine Szene vorzulesen. Sie war sehr begabt. Ich rief Maurice Chevalier an, dem es ganz gleichgültig war, wer spielte. Er war schließlich der Star. Wir hatten nicht einmal Zeit, Probeaufnahmen mit ihr zu machen. Meine Frau und ich verbrachten den ganzen Tag damit, ihr bei Balmain, Schiaparelli und Worth in größter Eile Kleider zu bestellen. Außerdem hatte sie sich in Algier eine Dauerwelle machen lassen, und ihr ganzes Haar war struppig wie Eisendraht. Man mußte ihr jeden Tag zweimal den Kopf waschen.

Ich lernte Stroheim gut kennen. Er hatte immer ein kleines Schweinchen bei sich, das sehr zutraulich und sauber war und das er jeden Tag in Barbizon, in der Nähe von Paris, an einer Leine spazierenführte. In den glorreichen Anfangszeiten des Films war er der größte Regisseur in Hollywood. Er trug einen Monokel, wie ein deutscher Offizier, nannte sich »von« Stroheim, obwohl er nie adlig war und hatte einen österreichischen OttakringerAkzent. Er arbeitete, wie es ihm gefiel und drehte an seinem letzten Film bei Universal ein ganzes Jahr. Eines Tages erschien bei dem gefürchteten Stroheim ein junger Mann und erklärte ihm kurz und bündig, daß er erwarte, daß Stroheim seine Arbeit noch in der gleichen Woche beende, andernfalls der Film von einem anderen Regisseur fertiggestellt würde. Stroheim sah den jungen Mann an, als ob dieser verrückt geworden sei. »Kein Mensch hat das Recht, einen Finger an meinen Film zu legen oder die Muster zu sehen!« donnerte er. »Ich habe alle Muster gesehen«, sagte der junge Mann höflich. »Am Sonnabend dieser Woche ist Ihr Vertrag zu Ende. Ich bin der neue Produktionschef der Universal!«

Es war Irving Thalberg. Er war damals zweiundzwanzig Jahre alt und wurde einer der Größten in Hollywood. Er war später bei MGM und heiratete Norma Shearer. Sein Name ist in keinem der berühmten Filme von MGM zu sehen. Er stand nie im Vorspann. Er starb mit 37 Jahren.

Stroheim hat nie wieder einen Vertrag als Regisseur bei einer anderen Firma erhalten. Er stand auf der »schwarzen Liste« und verließ Amerika, um im Ausland als Schauspieler zu arbeiten. Billy Wilder holte ihn später für seinen berühmten Film »Sunset Boulevard« mit Gloria Swanson nach Hollywood zurück.

Endlich fing der Film »Pièges« an. Die Arbeit ging leicht vonstatten. Ich hatte zum Glück zwei Produzenten, Michel Safra und André Paulvé, die genügend Geld hatten. Das war eine Sorge weniger, aber der Krieg drohte. Wir wurden im Juni 1939 fertig. Wegen der Mobilmachung mußte ich mit einem Vorführer den Film allein mischen. Die Premiere war ein großer Erfolg. Die junge Schauspielerin, die Marie Déa hieß, wurde als »die Entdeckung des Jahres« gefeiert. Später hatte sie nie mehr einen großen Erfolg. Ich habe sie vor einigen Jahren in Paris getroffen. Sie sang in einem kleinen Nachtlokal in Montmartre.

Im übrigen wurde der Film während des Krieges von der deutschen Besatzungsmacht meinetwegen verboten, hatte aber eine glorreiche zweite Premiere im Jahre 1946.

Meine Finanzen waren in Unordnung. Alles, was ich verdiente, ging für den Lebensunterhalt drauf. Meine Schwiegereltern, die ich sehr gern hatte, lebten auch bei uns. Besonders liebte ich meine Schwiegermutter, die »Pillchen« genannt wurde, und einmal sagte ich zu meiner Frau wütend: »Warum kann ein Mann keine Schwiegermutter haben, ohne verheiratet zu sein!«

*

Ödön von Horváth, den ich nicht persönlich kannte, hatte einen Anti-Nazi-Roman geschrieben, der »Das Zeitalter der Fische« hieß. Darin behauptete er, daß alle Nazis keine menschlichen, sondern Fischaugen hätten. Ich war hingerissen von diesem Roman. Manchmal will man dem Autor persönlich schreiben, aber man tut es nie. In diesem Fall schrieb ich ihm einen Brief voller Komplimente und wir blieben in Verbindung. Eines Tages bat ich ihn, nach Paris zu kommen. Ich wollte den Roman verfilmen. Es verging ein ganzes Jahr, bis er mir telegraphierte, daß er jetzt Zeit habe.

Eines Morgens stand ein großer, dunkelhaariger Mann von etwa fünfundvierzig Jahren schwer atmend vor meiner Tür. Wir wohnten zu dieser Zeit in Passy, in Paris, im siebten Stock, Square Henri Pathé. Es war Horváth. Ich wunderte mich, warum er nicht den Fahrstuhl genommen hatte. Er sagte, daß er sich Bewegung verschaffen müsse, da er zu dick wäre.

Manchmal im Leben trifft man einen Menschen, für den man vom ersten Augenblick an eine große Sympathie empfindet. Das war zwischen Horváth, meiner Frau und mir der Fall. Wir waren während seines Pariser Aufenthaltes unzertrennlich. Am zweiten Tag erzählte er uns, daß ihm ein Wahrsager die Karten gelegt hätte. Er sollte nicht länger als fünf Tage in Paris bleiben. Es könnte ihm ein Unglück passieren, aber danach würde er weltberühmt werden. Er fuhr nie im Taxi oder im Flugzeug, nahm nie einen Fahrstuhl, sondern benutzte nur die U-Bahn, zu der er zu Fuß ging. Vier Tage vergingen. Wir wurden wirklich Freunde fürs Leben. Er erzählte die skurrilsten Geschichten. Am fünften Tag, am Nachmittag, brachte ich ihn ins Kino »Marignan« auf den Champs-Élysées. Ich versorgte ihn noch mit einer guten Zigarre. Er sah sich den Walt-Disney-Film »Schneewittchen und die sieben Zwerge« an. Meine Frau kam auch hin, obwohl sie den Film bereits gesehen hatte. Es war der 1. Juni 1938.

Dann saßen wir im Café Marignan. Babs fand es viel amüsanter, sich mit Horváth zu unterhalten, als mit anderen Leuten. Es wurde sieben Uhr. Ich schlug Ödön vor, ihn mit dem Auto nach Hause zu fahren, da er sich noch Notizen über das zu schreibende Drehbuch machen wollte. Er beabsichtigte, am nächsten Tag nach Wien zurückzufahren. Ödön winkte ab: er würde nie ein Auto besteigen. Er ging zu Fuß zu den Champs-Élysées, um von dort die Métro nach St. Germain-des-Prés, wo er in einem kleinen Hotel wohnte, zu nehmen. Wir wollten uns später am Abend noch einmal treffen. Meine Frau und ich fuhren nach Hause. Etwa eine halbe Stunde später rief die Polizei bei uns an: »Kennen Sie einen gewissen Herrn von Horváth?« Er hatte einen Unfall gehabt. Wir wollten sogleich ins Hospital fahren – aber er war schon tot . . . Meine Frau fing an zu weinen – ich auch. Es war ein fürchterlicher Schock.

Was ich jetzt erzähle, ist ehrenwörtlich wahr.

Es war eine laue Sommernacht. Kein Lüftchen wehte. Ödön ging langsam die Champs-Élysées entlang in Richtung Place de la Concorde. Plötzlich stürzte ein großer Baum um. Die Leute, die in der Nähe waren, liefen davon. Horváth blieb erstarrt stehen: »Das ist der Unfall«, muß er im letzten Augenblick gedacht haben. Der Baum fiel langsam, langsam auf ihn zu. Horváth rührte sich nicht. Er wurde von dem Baum erschlagen.

Noch in der gleichen Nacht ging ich in Ödöns Hotel. Auf dem Schreibtisch lag ein Zettel, auf dem zu lesen war: »Ich stehe am Rande des Meeres – ein Schiff mit weißen Segeln läuft aus. Fünf Jahre später kommt es mit schwarzen Segeln zurück, ohne daß eine Seele an Bord ist.«

Am gleichen Tag berichtete »Paris-Soir« von einem Schiff mit schwarzen Segeln, das ohne Besatzung in Marseille eingelaufen war . . .

Ich habe mir am nächsten Tag den gestürzten Baum betrachtet. Obwohl er bereits unter Louis Philipp gepflanzt und mehrere hundert Jahre alt war, war das Holz überhaupt nicht morsch. Ich kann es mir bis auf den heutigen Tag nicht erklären.

*

Ich wartete auf meinen Paß, denn ich wollte nach Amerika und hatte bereits für den 15. August 1939 zwei Karten gebucht. Meine Frau bestand darauf, erst am 30. August auf einem französischen Schiff, der »Champlain«, zu fahren, weil das Essen dort besonders gut wäre. Das wurde uns beinahe zum Verhängnis.

Inzwischen arbeitete ich an einer aufregenden Geschichte mit holländischem Hintergrund, die »Chinin« (das Mittel, das man gegen Malaria gibt) heißen sollte. Etwa vierzehn Tage vor unserer Abreise rief mich ein holländischer Produzent aus Amsterdam an. Eine etwa fünfzigjährige Schauspielerin, die auf der Bühne noch eine achtzehnjährige Naive spielte, wollte einen Film, mit sich selbst in der Hauptrolle, finanzieren. Er kam nach Paris, um mit mir zu verhandeln. Es war ein unmöglicher Vorschlag.

Ich erzählte ihm von meiner Idee »Chinin«. Er wurde sehr aufgeregt und glaubte, daß die holländische Regierung dieses Unternehmen finanzieren würde. Am gleichen Abend flog er nach Amsterdam zurück und rief mich zwei Tage später an. Er hatte das Geld dafür. Ich reiste auch nach Holland und da ich ein Prinzip habe: »Es ist nur persönliche Faulheit, nicht mehr zu verlangen«, forderte ich zwanzigtausend Dollar, eine unerhörte Summe in dieser Zeit. Davon zehntausend in einem Scheck auf eine New Yorker Bank und den Rest in zehn Raten à tausend Dollar monatlich.

Ich mußte nach Amerika und versprach, im April des nächsten Jahres (1940) nach Europa zurückzukommen, um den Film zu machen. Er hatte Einwände, glaubte wie alle an den kommenden Krieg, aber ich wies darauf hin, daß die Deutschen auch 1914 Holland nicht angegriffen hätten und es völlig ungefährlich sei. Endlich sah er meine Argumente ein, und ich verließ glücklich mit zehntausend Golddollar in einem Bankscheck auf New York das gastliche Holland. Wir haben später zwei Jahre in Amerika davon gelebt. Den Rest hat er natürlich nie gezahlt und später auf die Anzahlung verzichtet. Der Film wurde nie gemacht.

*

Ich glaube, ich habe einen sechsten Sinn. Meine Frau behauptet es auch. Sie hatte eines Tages eine wunderschöne Wohnung gefunden und fuhr mit mir hin. Die Lage war herrlich. Von der riesenhaften Terrasse aus konnte man ganz Paris überblicken. Zum Schluß zeigte mir Babs freudestrahlend mein zukünftiges Schlafzimmer. Ich ging hinein und plötzlich überkam mich ein schreckliches Gefühl. Mir wurde beinahe schlecht. Ich weigerte mich, die Wohnung zu nehmen. Meine Frau war außer sich, denn sie gefiel ihr sehr. Als wir die Treppe hinunterkamen, wandte sie sich an die Concierge und sagte ihr bedauernd, daß mir das Schlafzimmer unheimlich sei. Die Concierge sah mich mit großen Augen an. Es stellte sich heraus, daß der vorherige Besitzer darin Selbstmord verübt hatte.

Als ich noch bei der UFA war, machten wir eines Nachts

Außenaufnahmen. Es wurde sehr kalt, und ich war nicht warm genug angezogen. Man brachte mir eine pelzgefütterte Jacke. Nach etwa einer halben Stunde wurde ich immer nervöser. Ich fing an zu schreien und benahm mich wie ein Verrückter. Alle sahen mich verwirrt an. Sie hatten mich noch nie in einem solchen Zustand gesehen. Schließlich brüllte ich: »Wem gehört denn diese verdammte Jacke?« Sie war das Eigentum von Fritz Lang, und ich hatte instinktiv seine Nervosität gespürt.

Gegebenheiten in meinem Leben, an die ich oft denken muß:

- Ich habe einen Tag, nachdem Hitler an die Macht kam, Deutschland verlassen,
- bin einen Tag vor Kriegsausbruch nach Amerika gefahren,
- habe Hollywood, ein Jahr bevor CinemaScope erfunden wurde, aufgegeben und bin nach Europa zurückgegangen.

9

Der weite Weg nach Hollywood

Ich möchte hier eine Emigranten-Geschichte einflechten, die fast zu schön ist, um wahr zu sein, aber die wir zum Teil selbst miterlebt haben.

In Wien hatte eine ältere Dame, Frau Jedlaçek, am »Graben« ein Juweliergeschäft, das die Familie bereits von ihrem Großvater geerbt hatte. Sie lebte in guten Verhältnissen, hatte eine Tochter, Lilian mit Namen, die mit dem Komponisten Kreidl verheiratet war. Außerdem gab es noch einen Sohn von etwa fünfunddreißig Jahren, der nie arbeitete. Kreidl saß täglich an seinem Klavier und komponierte. Er hatte keine Ahnung, was in der Welt vorging. Das einzige, was ihn interessierte, waren die Mahlzeiten. Er war klein und fett.

1938 überfiel Deutschland die Österreichische Republik. Ein SA-Mann wurde als Aufpasser in das Geschäft gesetzt. Frau Jedlaçek freundete sich mit ihm an. Der SA-Mann erlaubte ihr nach einigen Wochen, ein paar wertvolle Schmuckstücke nach Hause zu nehmen, denn er wußte, daß das Geschäft über kurz oder lang enteignet würde. Für dieses Geld kaufte Frau Jedlaçek eine kostbare Geige. Sie versteckte im Regenschirm ihres Sohnes einen Klumpen Gold und verkaufte das Haus. Zuerst ging sie mit ihrer Tochter auf das französische Konsulat, um sich Visa nach Frankreich zu besorgen. Der Konsulatsbeamte bedauerte. Er war vor einigen Tagen abgesetzt worden, und seine Unterschrift war ungültig. Aber er unterschrieb, auf inständiges Bitten, trotzdem die Pässe.

Die junge Frau Kreidl kannte einen Zollbeamten, der ein Schulfreund von ihr war. Natürlich war er bereits auch ein Nazi, aber er sagte ihr, wann er Dienst an der Grenze hatte.

Er riet ihr, alle Kostbarkeiten in einen bestimmten Koffer zu packen. Er würde dann alles sorgfältig versiegeln. Ich muß gestehen, daß nur eine Frau sich auf einen solchen Plan einlassen kann.

Die Familie ging zum Bahnhof. Kreidl hatte die Stradivari unter dem Arm, sein Schwager trug den Regenschirm mit dem Goldklumpen. Später erfuhr ich: Sie kamen zur deutschen Grenze. Der Zollbeamte fuhr sie barsch an und fragte, ob sie etwas zu verzollen hätten. Sie deuteten schüchtern auf die Koffer, die in Wien bereits versiegelt worden waren. Der deutsche Beamte war zufrieden. Aber den jungen Jedlaçek ritt der Teufel. Er machte seinen Regenschirm auf. Etwas fiel heraus. Es war das Gold. Jedlaçek: »Da ist doch etwas heruntergefallen!« Er begann zu suchen. Die beiden Frauen saßen erstarrt da. Der Beamte: »Machen Sie keine Witze mit mir. Ich habe nichts gehört!« Damit verließ er das Abteil. Als man Jedlaçek dann erklärte, daß seine Mutter einen Klumpen Gold im Schirm versteckt hatte, fiel er in Ohnmacht.

Die Familie kam an die französische Grenze. Ihr Visum war natürlich nicht in Ordnung. Sie mußten durch Spanien über die Berge gehen und landeten schließlich doch in Frank-reich. Frau Jedlaçek verkaufte die Stradivari und einigen Schmuck. Sie mieteten sich ein kleines Haus. Der Komponist saß wieder hinter seinem Flügel und arbeitete. Alles war in Ordnung. Wir waren öfters bei ihnen eingeladen, und es gab immer ein hervorragendes Wiener Essen.

Ich begegnete Frau Kreidl auf der Avenue de l'Opéra. Ich hatte gerade meine Schiffskarten abgeholt. Es war am 30. August 1939. Ganz Paris war in Panik. Man offerierte mir ein Vermögen für meine Schiffskarten, was ich natürlich ablehnte. Frau Kreidl begrüßte mich herzlich: »Servus, Herr Siodmak«. Ich sagte ihr, daß ich am nächsten Tag nach Amerika fahren würde. Sie war erstaunt. »Wissen Sie nicht, daß es in den nächsten achtundvierzig Stunden zum Krieg kommen kann?« »Jessas na«, sagte sie, »da müßte man doch eigentlich auch wegfahren!« Ich machte sie darauf aufmerksam, daß es unmöglich sei, Karten und Visum zu bekommen.

Sie meinte: »Wir haben schon Karten für morgen, ich wollte sie gerade zurückgeben. Mein Mann glaubt nicht an einen Krieg!« Ich sah sie an, als ob sie verrückt geworden wäre. Als sie mein Gesicht sah, sagte sie: »Na, wenn Sie so seriös sind, Herr Siodmak, fahr'n wir natürlich auch!« Auf dem Schiff nach Amerika lernten sie einen netten, alten Herrn kennen, der Mitleid mit ihnen hatte und ihnen fünfhundert Dollar monatlich anbot, bis Kreidl Arbeit gefunden hätte. Sie landeten in New York.

Etwa drei Jahre später erhielt ich einen Anruf von Kreidl in Hollywood. Er beklagte sich, sagte, daß ihm New York nicht gefalle, obwohl seine Kompositionen von Toscanini, Hindemith und allen großen Dirigenten aufgeführt wurden. Er wollte nach Kalifornien kommen, um dort weiterzuarbeiten. Ich sagte ihm, daß er dort einen schweren Stand haben würde, da es fünfhundert Komponisten gebe, von denen nur etwa vierzig unter festem Vertrag stünden.

Etwa zwei Monate später rief er mich aus Hollywood an. Er war doch, gegen meinen Rat, gekommen. Als ich ihn fragte, was er nun machen wolle, sagte er in seinem österreichischen Akzent: »I hob scho einen Job!« Es stellte sich heraus, daß er sich bei seiner Ankunft nach dem größten Studio erkundigt hatte. Man erklärte ihm: »MGM«. Er ging zur Musik-Abteilung. Als der Leiter erfuhr, daß er Wiener war, fragte er Kreidl, ob er auch einen Walzer auf Lager hätte. Kreidl setzte sich ans Klavier, spielte ihm ein Stück vor . . . und wurde sofort engagiert. Er erhielt als Anfangsgehalt zweihundertfünfzig Dollar wöchentlich.

Wieder einmal machte es sich die Familie bequem, diesmal in Hollywood, und es gab wie immer gutes Wiener Essen. Frau Jedlaçek und ihre Tochter begannen, kleine Perltaschen mit der Hand herzustellen. Sie fanden reißenden Absatz. Bald hatten sie wieder ein Juweliergeschäft in Beverly Hills und viele Kunden.

Nach zwei Jahren sagte mir Kreidl: »I bin nicht mehr bei MGM. Ich bin weggegangen! Meine Nerven konnten es nicht mehr aushalten. Wann an Schlachtschiff in den Hafen kommt, mußte ich an Walzer komponieren, und wann's hinausfährt, auch. Haben'S nicht einen anderen Job für mich?« Ich bedauerte. Bei Universal, wo ich angestellt war, hatten wir etwa acht Komponisten unter Vertrag. »Macht nichts!« meinte Kreidl, »I hob scho sechs Verträge!«

Ein Jahr später traf ich Frau Jedlaçek auf der Straße und erkundigte mich nach Kreidls Wohlbefinden. »Es geht ihm gut«, sagte sie, »er hat den Film aufgegeben und gibt jetzt Fortgeschrittenen Harmonie-Unterricht.« Er hatte auch genug Schüler, an deren Namen sie sich nicht genau erinnern konnte. »Ich glaube, Strawinsky oder so ähnlich ist auch dabei!« Ich lachte.

Kreidl starb an einem Herzschlag. Die Wiener Küche war wohl doch auf die Dauer zu fett gewesen. Er war durch das Leben wie ein reiner Tor gegangen, ein Parzival, immer unzufrieden, mit dem Schicksal hadernd, weil er sein geliebtes Österreich verlassen mußte.

*

Als wir im Jahre 1939 mit der »Champlain« nach Amerika fuhren, war das Schiff bereits verdunkelt. Anstelle von achthundert Passagieren waren wir etwa dreitausend. Man schlief in Badewannen, auf dem Billardtisch oder auf der Erde. Das Essen war ungenießbar, die französische Mannschaft meistens betrunken und schrecklicher Laune, denn sie mußte wieder nach Frankreich zurück. Es gab keine Nachrichten. Wir konnten in Southampton nicht anlegen, weil bereits U-Boot-Fallen gelegt waren. Wir wußten von nichts. Es wurde geflüstert, daß der Krieg ausgebrochen und etwa sechzig Meilen entfernt von uns ein englisches Schiff versenkt worden sei. Es war die »Athenia«, wie es sich später herausstellte.

Wir lernten ein junges amerikanisches Ehepaar kennen, das gerade von der Hochzeitsreise in Frankreich nach Amerika zurückkehrte. Die junge Frau hatte acht Schiffskoffer mit neuen Kleidern aus Paris und dreihundert Paar Handschuhe. Sie aßen Kaviar von morgens bis nachts und tranken Champagner. Sie luden uns ein, den ersten Abend in New York mit ihnen zu verbringen. Etwa sechs Stunden vor der Ankunft in Amerika wurden die Luken geöffnet. Ein Anschlag verkündete, daß die deutsche Wehrmacht in Polen eingefallen sei und bereits Gdingen und Danzig überrollt hätte. Man rechnete damit, daß Polen nur etwa acht Tage aushalten könne.

Wir fuhren im Hafen von New York an der Freiheitsstatue vorbei. Babs war so aufgeregt, daß sie es nicht einmal bemerkte. Wir wurden getrennt. Bei der Landung kam ich, als Amerikaner, glatt durch. Babs mußte mit anderen Reisenden durch die Fremden-Abteilung. Ganz New York war in Licht gebadet. Wir, die wir aus dem verdunkelten Erdteil kamen, trauten unseren Augen nicht. Am Abend, im Theater, wurde »Hellzapoppin« gegeben, eine völlig verrückte Art von Varieté. Der Vorhang hob sich. Auf eine Leinwand wurde eine deutsche Wochenschau projiziert. Hitler und Mussolini waren in »jiddisch« synchronisiert. Das Publikum brüllte vor Lachen. Wir saßen beide wie erstarrt da. Natürlich wußten wir von der rGefahr, die über die Welt kommen konnte. Aber die Amerikaner hatten keine Ahnung.

Vier Jahre später war das junge Ehepaar bei uns zu Besuch in Hollywood. Er war bei der Marine Leutnant und durch die ganze Hölle des Krieges gegen Japan gegangen. Er war verwundet worden, hatte Urlaub und sagte zu mir, während ich etwa zweihundert Gäste hatte: »Habt Ihr denn keine Ahnung, was sich in der Welt abspielt?«

Wir waren also endlich in New York. Leider hatten wir unsere Schwiegereltern in Paris zurücklassen müssen. Meine Schwiegermutter »Pillchen« kam in den ersten Tagen in ein französisches Lager, »Camp de Gurs«, mit etwa dreißigtausend Frauen. Mein Schwiegervater blieb allein in der Wohnung zurück. Er war schon über 65 Jahre alt und wurde nicht inhaftiert. Beim Einmarsch der Wehrmacht in Paris floh er mit tausenden anderen und wurde etwa vierzig Kilometer von der Hauptstadt von jungen, ich glaube italienischen, feschen Fliegern erschossen, für die es ein Vergnügen war, die endlosen Kolonnen der Flüchtlinge zu mitraillieren.

*

Wir kauften uns in New York einen gebrauchten Ford mit riesigen Ballonreifen, die damals Mode waren, für hundert Dollar und begaben uns auf die lange Reise nach Kalifornien, die neun Tage dauerte. Ich nahm selbstverständlich an, daß Hollywood mich mit offenen Armen erwarte und war sehr ungeduldig. Meine Frau Babs saß am Steuer quer durch ganz Amerika. Wir konnten kein Wort Amerikanisch. Einmal, in einer kleinen Stadt, als ich Eier zum Frühstück haben wollte und versuchte, mich mimisch verständlich zu machen, bekam ich ein Huhn. Die Amerikaner waren sehr freundlich zu uns und versuchten, uns auf alle mögliche Art zu helfen. Wir waren zweimal bei jüdischen Familien eingeladen, die mit unserem Schicksal als Emigranten Mitleid hatten und uns über die Lage in Deutschland ausfragten. Sie hatten auch noch Angehörige dort und waren sehr besorgt.

Einmal war es unerträglich heiß. Meine Frau trug ein Korsett mit langen Stäben, die sie sehr drückten. Da ich es besonders eilig hatte, nach Hollywood zu kommen, verbot ich ihr, anzuhalten, griff ihr unter den Rock und zog unter größten Schwierigkeiten einen Stab von etwa dreißig Zentimetern heraus. Als ich mich schweißtriefend an der anderen Seite zu schaffen machte, bemerkte ich plötzlich einen Wagen, der mit uns auf gleicher Höhe fuhr und dessen Insassen gespannt meine Bemühungen verfogten. Ich kann mir lebhaft vorstellen, was sie sich gedacht haben . . .

Endlich, endlich kamen wir eines Abends in Los Angeles an. Der Hollywood Boulevard nahm überhaupt kein Ende. Er ist etwa vierzig Kilometer lang und wir hatten noch nie eine solch lange Straße gesehen. Wir landeten glücklich vor dem Haus meines Bruders Curt, der schon drei Jahre vorher nach Amerika ausgewandert war. Wir wurden von ihm und seiner Frau Henrietta auf das herzlichste empfangen.

10

Mein Bruder Curt

Mein Bruder Curt ist mit einer Schweizerin verheiratet. Er lernte sie kennen, als sie siebzehn Jahre alt war. Sie stammt aus einer Familie De Perrot aus Neuchâtel und ist mit ihm, wie auch meine Frau mit mir, durch dick und dünn gegangen. Jahrelang, als wir noch in Berlin lebten und es uns sehr dreckig ging, sorgte sie für uns beide. Sie ist ungeheuer erfindungsreich, musikalisch, malt, wäscht, putzt, kocht, kann alles reparieren, webt und klöppelt sogar. Sie ist bei allen Menschen beliebt und hat einen unbestechlichen Charakter.

Da ich einige Zeit mehr verdiente als mein Bruder, kam sie eines Tages zu mir und bat mich, ihnen kein Geld mehr zu geben. Sie wollte lieber verhungern als von jemand abhängig zu sein, und sie wollte meinen Bruder zwingen, auf eigenen Füßen zu stehen. Als es uns sehr schlecht ging, kauften wir im KaDeWe, einem Warenhaus in Berlin, für achtundsechzig Pfennig zwei Pfund Blutwurst. Es gab zwei Tage lang Blutwurst-Suppe, Blutwurst-Hamburger . . .alles aus Blutwurst. Ich weiß nicht mehr, was alles sie daraus gezaubert hat.

Es war am Weihnachtstag 1929. Er fiel auf einen Donnerstag. Das bedeutete fünf Feiertage. Die Stadt lag voller Schnee, und alle machten ihre Weihnachtseinkäufe. Wir hatten noch vierzehn Pfennig in unserem Besitz, nicht fünfzehn, sonst hätten wir die U-Bahn nehmen können. Mein Bruder hatte am Morgen seine Brille zerbrochen und war blind wie eine Schleiereule. Wir machten uns beide um acht Uhr früh »per pedes« auf den Weg, um zu einem Verlag zu gehen, der im Norden von Berlin lag. Curt hatte dort vor Wochen eine Kurzgeschichte eingereicht. Unsere einzige Hoffnung bestand darin, daß man sie angenommen hatte.

Nach etwa vierstündigem Marsch waren wir da. Es war etwa sieben Minuten vor zwölf. Mein Bruder raste die Treppen hinauf in die Redaktion. Ich blieb unten im Zahlraum sitzen. Der Zeiger rückte immer weiter vor. Eine Minute vor zwölf. Der Kassierer begann, den Geldschrank abzuschließen und seinen Mantel anzuziehen. Ich bat ihn inständig, noch zwei Minuten zu warten. Er wartete bis fünf Minuten nach zwölf, dann verlor er die Geduld. Seine Frau stand vor der Tür. Sie wollten noch Weihnachtseinkäufe machen. Er war schon auf dem Weg zum Ausgang, als mein Bruder laut trampelnd die Treppe herunterstürzte. Er hatte eine Anweisung über fünfhundert Mark. Ich erwischte den Kassierer gerade noch rechtzeitig. Da er in Weihnachtsstimmung war und mir meine Verzweiflung vom Gesicht ablesen konnte, kam er zurück und gab uns das Geld. Ein Vermögen. Henrietta kochte uns das herrlichste Essen. Wir hatten sogar einen kleinen Weihnachtsbaum und waren zum Schluß alle selig betrunken.

Mein Bruder hatte einen Roman geschrieben: »Helene droht zu platzen«, die Geschichte eines Hochofens. Curt hatte einen Freund, Martin Stiebing, der beim Scherl-Verlag in der Roman-Abteilung arbeitete und ihm zu verstehen gab, daß Scherl dringend einen neuen Roman brauche, da ein bekannter Schriftsteller mit der Lieferung im Rückstand sei. Mein Bruder reichte sein Werk ein und da die Redaktion unter Druck stand, bekam er zwanzigtausend Mark dafür. Er wechselte den Scheck in Hundertmarkscheine um und legte die ganze Wohnung bis zum Eingang damit aus. Als Henrietta nach Hause kam, tanzten sie mit bloßen Füßen glückselig darauf herum. Von da an ging es ihnen besser. Was mein Bruder schrieb, verkaufte er. Sein letzter Roman in Deutschland hieß: »F.P.I. antwortet nicht«. Er wurde, wie ich bereits erwähnt habe, bei der UFA von Karl Hartl verfilmt. Dann kam Hitler.

Plötzlich machten die meisten meiner Bekannten einen großen Bogen um mich und begaben sich auf die andere Straßenseite, wenn sie mich sahen. Ich habe eine wundervolle Eigenschaft: Wenn mir ein Bekannter etwas Böses antut, fällt bei mir eine Klappe im Gehirn zu. Nach zwei Tagen kann ich mich nicht mehr an seine Telefonnummer erinnern und vier Wochen später erkenne ich ihn nicht mehr auf der Straße, als ob ich ihn nie zuvor gesehen hätte.

Eines Tages ging ich über den Kurfürstendamm. Vor mir ging ein wunderschönes schwarzhaariges Mädchen. Es setzte sich in ein Café. Ich machte seine Bekanntschaft. Am Nachmittag gingen wir in den Berliner Zoo und am Abend zog es bereits auf meine Bude.

Sie war Ungarin und am Tag unserer Bekanntschaft aus Budapest angekommen. Sie kannte keinen Menschen in Berlin. Ihre Koffer standen noch am Bahnhof. Täglich nahm sie etwa fünf heiße Bäder und verschwand wieder im Bett. Das dauerte etwa vier Wochen lang. Plötzlich sagte sie zu mir: »Robert . . . habe ich einen Bekannten getroffen . . . aus Budapest . . . ist Cousin von mir! Möchte gern mit ihm Abendbrot essen.« Ich erlaubte es ihr . Nach zwei Tagen rief ein anderer »Cousin« an, und sie traf immer mehr ungarische Verwandte.

Eines Abends klingelte es. Vor der Tür stand ein neuer »Cousin«. Zufällig handelte es sich um einen Bekannten von mir – genauso ein »Cousin«, wie ich es war! Ich stellte meine letzte Flasche Schnaps auf den Tisch, wünschte ihr viel Vergnügen und verlangte, daß sie aus meiner Wohnung verschwinde. Als ich nach Hause kam, war sie nicht mehr da. Sie nannte sich Magyar Lilly.

Nach etwa sechs Wochen befand ich mich auf einem Spaziergang mit meinem Bruder Curt. Eine größere Gesellschaft – die Damen in Abendkleidern – ging an uns vorbei. Eine davon gefiel mir besonders gut. Mein Bruder sah mich erstaunt an. »Das war doch die Lilly«, sagte er. Ich hatte sie nicht mehr erkannt. Aber da sie mein Typ war, war sie mir aufgefallen . . .

Einige Jahre später, in Paris, schlug ich ein Filmbuch auf. Ein wunderschönes schwarzhaariges Mädchen sah mich erotisch an. Wieder war es Lilly, nur unter einem anderen Namen, wie mir mein Bruder sagte. Freud hat den Ausdruck »Verdrängung« dafür gefunden.

*

Mein Bruder und Henrietta gingen – wie ich – nach Frankreich. Dort konnte Curt kein Geld verdienen. Sie legten sich eine Sparbüchse zu, in die sie jeden Centime, den sie entbehren konnten, hineinwarfen. Sie nannten sie »General Bumm«.

Henrietta war nach zehn Jahren Ehe plötzlich in anderen Umständen. Sie war glücklich. Als sie etwa im achten Monat war, hatte sie das Gefühl, mein Bruder interessiere sich für eine andere Frau. Da sie glaubte, sich wegen ihres dicken Bauches nicht verteidigen zu können, war sie eines Tages plötzlich verschwunden. Mein Bruder war verzweifelt. Er setzte Himmel und Hölle in Bewegung, um sie zu finden. Vergeblich. Ich machte ihn darauf aufmerksam, daß auch »General Bumm« nicht mehr da sei. Das war ein Zeichen, daß sie sich nichts antun würde. Nach drei Wochen erreichte ihn ein Telegramm aus London: »Wenn du deinen Sohn sehen willst, komm ins General-Hospital.«

Sie lag mit fünfzig anderen Frauen in einem großen Saal und hatte ihm einen Stammhalter geschenkt. Er wurde auf den Namen Geoffrey getauft. Es stellte sich nachher heraus, daß Henrietta mit dem Schiff nach England gefahren war. Sie hatte fünf Wörter englisch gelernt, die sie immerfort wiederholte: »I want an English son!« (»Ich möchte einen englischen Sohn haben!«). Der Beamte durfte sie von Rechts wegen nicht hereinlassen. Es war gegen das Gesetz. Er versuchte, ihr auseinanderzusetzen, daß es unmöglich sei. Sie wiederholte eigensinnig wie ein Maulesel: »I want an English son!« Endlich gab er nach. Er hatte schwächere Nerven als Henrietta. Wahrscheinlich hat sie auch seinen Patriotismus erweckt.

Mein Bruder fand bald Arbeit in London. Eines Tages schloß das größte Studio »Gaumont British«, wo er engagiert war, seine Pforten. Er saß auf der Straße. Henrietta drängte ihn, nach Hollywood zu fahren. Sie hatten etwa dreihundert Pfund Sterling Ersparnisse und teilten sich das Geld. Curt reiste mit einem Freund, George Arliss, in das gelobte Land. George Arliss hatte den gleichen Namen wie ein berühmter englischer Schauspieler. In Amerika angekommen, telegrafierte Arliss an das Beverly Wilshire-Hotel in Hollywood, um ein Zimmer zu bestellen. Die Direktion glaubte, daß der berühmte Schauspieler auf den Weg nach Kalifornien sei. Man reservierte den beiden, zu ihrem Entsetzen, eine Suite, die fünfundachtzig Dollar täglich kostete.

In seiner Verzweiflung ging mein Bruder zum »Hollywood Reporter«, der großen Filmfachzeitschrift, und erzählte dort, daß er nach Amerika gekommen sei, um ein Buch zu schreiben, das »Ten Men behind the Screen« heißen sollte. In anderen Worten, er wollte über die zehn berühmtesten Männer schreiben, die Hollywood gegründet hatten. Innerhalb vierundzwanzig Stunden riefen alle großen Firmen an. Er interviewte: L. B. Mayer, William Fox, Carl Laemmle von Universal, der aus Laupheim in Bayern stammte, und Adolph Zukor, den Chef der Paramount.

Zukor fragte ihn, ob er auch Film-Schriftsteller sei und eine Geschichte habe. Paramount hatte zu dieser Zeit eine junge Schauspielerin engagiert: Dorothy Lamour. Zukor dachte vage an einen Dschungel-Film mit wilden Tieren. Die Hauptdarstellerin sollte einen Schimpansen als Begleiter haben. Ich habe einmal versucht, mit einem Schimpansen bei Paramount zu spielen. Er schüttelte mir freundlich die Hand, aber erwischte dabei meinen Ärmel, so daß die ganze Jacke in Fetzen ging. Dorothy Lamour hatte sich immer vor ihm gefürchtet, wenn er versuchte, sie liebevoll zu umarmen.

Noch in der gleichen Nacht setzte sich mein Bruder an die Schreibmaschine und kam – bereits am nächsten Tag – mit einem Exposé zu Zukor. Es hieß »Her Jungle Love« (1938) und entsprach genau der Vorstellung von Paramount. Friedrich Holländer schrieb die Musik dazu. Der Weltschlager

»Moonlight and Shadows« wird heute noch gespielt. Curt erhielt zehntausend Dollar für das Manuskript, konnte aber das Geld nicht kassieren, da er keine Arbeitserlaubnis hatte. Er mußte erst über die Grenze nach Mexiko und von da aus seine Einreisebewiligung nach den USA beantragen.

Aufgrund dieses ersten Erfolges schrieb er sechs weitere Geschichten, die alle verkauft wurden. Plötzlich war er ein Krösus. Henrietta hatte bereits in Paris für Kleider und alle notwendigen Sachen ihr ganzes Geld ausgegeben, bevor er nur seinen ersten Vertrag hatte. Sie war von allem Anfang an völlig überzeugt, daß mein Bruder in Hollywood reüssieren würde. In ihren Augen konnte es gar nicht anders kommen. Für sie war er ein Genie.

Als sie schließlich mit ihrem zweijährigen Sohn Geoffrey in Hollywood ankam, holte sie mein Bruder in einem großen Buick ab. Er hatte ein herrliches Haus mit Swimming-Pool gemietet. Ein Diener öffnete die Tür. Henrietta hatte gar nichts anderes von ihm erwartet und war in keiner Weise erstaunt.

Zu diesem Zeitpunkt war mein Bruder bei Paramount bereits mit einer wöchentlichen Gage von tausend Dollar engagiert. Er war lange Jahre im Film sehr erfolgreich. Er hat ungefähr fünfunddreißig Drehbücher geschrieben, die alle verfilmt worden sind. Später spezialisierte er sich auf Horror-Filme (»The Invisible Man Returns«, »The Wolf Man« und dergleichen) und war der Erste in diesem Genre.

Manchmal, wenn ich für einige Wochen nach Kalifornien reise, um Henrietta und meinen Bruder zu besuchen, atme ich auf. Dort fühle ich mich wohl und Henrietta umsorgt mich, als ob ich ihr Lieblingskind wäre. Sie backt sogar frisches Brot für mich zum Frühstück. Ich sehe nie, wie und wann sie kocht. Sie hat eine erstaunliche Phantasie, scheint alles »mit der linken Hand« zu machen, ist nie in Eile, selbst wenn sie zwanzig Gäste hat.

11

Kleine Brötchen bei Paramount

Trotz all meiner Eile, nach Hollywood zu kommen, mußte ich über ein Jahr auf meinen ersten Film warten. Aber ich hatte Geld, die zehntausend Dollar im Bankscheck aus Holland. Mein Bruder Curt arbeitete als Schriftsteller bei Universal. Wie alle seiner Kollegen schrieb er die Drehbücher in einem kleinen hölzernen Bungalow, in dem es so heiß war, daß man beinahe erstickte. Ich besuchte ihn dort oft. Mein Agent Paul Kohner konnte nichts für mich finden. Ich hatte nur die Kopie meines letzten französischen Films »Pièges« bei mir. Kein Mensch sprach französisch. Niemand wollte sich den Film ansehen.

Eines Tages kam ein schöner junger Mann in das Arbeitszimmer meines Bruder. Er wollte die Schreibmaschine auswechseln. Da er beide Hände voll hatte, öffnete ich ihm die Tür. Er drehte sich dankbar und sagte: »Your brother?« Mein Bruder nickte. Als er den Raum verlassen hatte, sagte Curt: »Wenn der eines Tages Produzent sein wird, wird er dir seinen ersten Film anbieten.« Ein halbes Jahr später heiratete er Deanna Durbin, den größten Star der Universal, die mit sechzehn Jahren unter Henry Kosters Regie »Hundred Men and a Girl« gemacht hatte und während ihrer Glanzzeit rund fünfzehntausend Briefe pro Woche erhielt.

Der junge Mann bot mir seinen ersten Film als Regisseur an, aber es wurde nichts daraus. Seine Ehe mit Deanna Durbin dauerte nur acht Wochen.

Es gab ein Studio in Hollywood, »Republic Pictures«. Dessen Produzent Sol Siegel wurde von Paramount engagiert. Er begann sofort sechsundzwanzig billige, schnell gedrehte »B«-Filme vorzubereiten, kaute immer an einer Zigarre, die er, wenn sie halb aufgegessen war, ausspuckte. Eine Unter-

Robert Siodmak Mitte der dreißiger Jahre in Paris *(Archiv Curt Siodmak)*

»La crise est finie« mit Danielle Darrieux *(rechts)* *(National Film Archive)*

»Mr. Flow« mit Louis Jouvet *(rechts)* *(National Film Archive)*

Harry Baur *(links)* und Marcel Dalio in »Mollenard« *(National Film Archive)*

Marie Déa und Maurice Chevalier in »Pièges« *(National Film Archive)*

Die Brüder: Robert und Curt Siodmak *(Archiv Curt Siodmak)*

redung in seinem Büro mit den Regisseuren und Schriftstellern dauerte nie länger als fünf Minuten. In einer Ecke saß der Schriftsteller, ein schüchterner Mann, von Siegel, wie alle anderen, terrorisiert. Er trug eine dicke Brille, sah wie eine fette Eule aus und blinzelte immer, als ob ihm das Licht weh täte. Später schrieb er »The Moon is blue« als Theaterstück. Otto Preminger machte einen Film daraus, und F. Hugh Herbert wurde Millionär.

Mein Agent Paul Kohner hatte einen Bekannten bei Paramount, Preston Sturges. Jener war französischer Abstammung und ein wohlbekannter Regisseur. Ich trug ihm meine Sorgen vor. Er nahm sofort das Telefon zur Hand und verlangte Sol Siegel zu sprechen. Siegel war auch gleich am Apparat und Sturges sagte ihm: »Ich habe den größten europäischen Regisseur in meinem Büro, ein Genie. Sie müssen ihm einen Film geben.« Da Sturges meinen Namen noch nie gehört hatte, buchstabierte er ihn von einem Zettel, den ich ihm hingeschoben hatte. Siegel akzeptierte sofort und so kam ich zu meinem ersten Film. Er hieß »West Point Widow«. F. Hugh Herbert schrieb das Manuskript. Als ersten Assistenten bekam ich einen baumlangen Texaner, Buddy Coleman, und als Kameramann Theodor Sparkuhl, der aus Deuschland stammte, aber schon lange in Amerika lebte. Die Besetzung war Durchschnitt und die Schauspieler wurden in etwa zehn Minuten besetzt, ohne daß jemand etwas dagegen zu sagen wagte. Kein Mensch fragte mich um meine Meinung, kein Mensch hatte Respekt vor mir.

Am zweiten Drehtag sagte Coleman vor allen Leuten zu mir: »Du solltest in die Abendschule gehen und englisch lernen, bevor du hier Filme machst!« Ich erwiderte höflich: »Buddy, gestern war der erste Drehtag. Ich habe bereits fünfundzwanzig Worte gelernt und heute kommen fünfundzwanzig neue dazu. In fünf Jahren werde ich so gut englisch sprechen wie du und in zehn Jahren ein besseres Englisch, als du es jemals lernen wirst!«

Am selben Tag weigerte sich mein deutscher Kameramann, Herr Sparkuhl, eine Einstellung zu drehen wie ich sie wünschte. Er sagte zynisch: »Solche Einstellungen macht man in Deutschland, aber nicht in Amerika!« Ich mußte einen Experten aus dem Schneideraum kommen lassen. Er war völlig mit mir einig. Sparkuhl sagte, daß er mir von nun an keine Ratschläge mehr geben würde. Es war mir nur recht, daß er den Mund hielt.

Am dritten Drehtag befanden wir uns auf einer großen Straße, die im Paramount-Studio aufgebaut war und New York darstellte. Sie bestand schon seit zwanzig Jahren und wurde für viele Filme benutzt. Ich hatte gerade eine Einstellung beendet. Das Manuskript beschrieb einen Autounfall. Die Ambulanz kam mit heulenden Sirenen auf den Tatort zugerast, gefolgt von Polizeiautos.

Als ich meine Kamera wieder aufstellen wollte, stand plötzlich ein kleiner Mann vor mir und brüllte mich an: »Halt! Diese Einstellung wird nicht gedreht!« Ich sah ihn verblüfft und verärgert an. »Warum nicht?« fragte ich. »Weil ich es Ihnen befehle! Sind Sie so blöde oder taub, daß Sie mich nicht verstehen?« In meinem Gehirn fing es an, wie in einem Computer zu arbeiten. Ich verstand blitzschnell, daß der kleine Mann mich nur provozieren wollte, da mich Sol Siegel loszuwerden versuchte. »Wenn das ›deutsche Genie‹ frech wird, schmeiß ihn hinaus«, muß er wohl gesagt haben.

Ich sah den kleinen Mann an und sagte ruhig: »Dann muß ich die vorherige Einstellung wiederholen, sonst kann man den Film nicht schneiden!« Er drehte sich wortlos um und ging davon. Am gleichen Abend kam er zu mir. Er war ein Associate-Producer von Siegel. Er hieß Colbert Clark und sagte: »Siodmak, warum haben Sie nicht versucht, mir eine Ohrfeige zu geben? Ich hätte es jedenfalls getan, wenn man mich vor allen Leuten so angebrüllt hätte.« Meine Antwort: »Ihr wollt ja keinen Siodmak-Film – Ihr wollt nur einen Paramount-›B‹-Dreck.«

Das war Sol Siegels erster Film in diesem Studio. Durch Zufall arbeitete ich 1948 wieder für ihn, als er bei Fox war. Er trug einen blauen, gutgeschnittenen Anzug, kam gegen zehn Uhr ins Studio, wagte mich in meiner Arbeit nicht zu stören und sagte mir einmal, wie froh er sei, daß es ihm damals nicht gelungen war, mich bei Paramount hinauszuekeln. Später war er Produktionschef bei MGM.

1949 kehrte ich zu Paramount in einem großen Cadillac zurück. Ich sollte einen Film für Hal Wallis drehen. Die Türen öffneten sich weit, um meinen Wagen hineinzulassen. Ich bekam ein Riesenbüro mit zwei Sekretärinnen. Der zweite Assistent, »Chico«, ein reizender Kerl, sagte, daß mir Buddy Coleman als erster Assistent zugeteilt worden sei. Aber Buddy bat mich durch ihn, einen anderen zu nehmen. Ich ließ ihn zu mir ins Büro kommen. »Warum willst du nicht mit mir arbeiten?« fragte ich. Er stand wie ein Häufchen Elend vor mir, obwohl er beinahe zwei Meter groß war. »Ich habe mich doch damals so schrecklich gegen dich benommen, Bob!« Ich tat erstaunt, als ob ich mich nicht mehr daran erinnern könnte. »Na, wenn du nicht willst, brauchst du nicht mit mir zu arbeiten!« sagte ich großmütig. Beinahe hätte er mir die Hand geküßt. Er lud mich zu einem Whisky ein und ging erleichtert davon.

Es gibt manchmal kleine Freuden im Leben.

Im übrigen arbeitete auch einmal Jan Kiepura bei Paramount. Er war unverträglich zu allen Kollegen und verbat sich, daß jemand im Studio rauchte oder sich bewegte, wenn er spielte. Ernst Lubitsch, der zu dieser Zeit Produktionschef bei Paramount war, ließ ihn zu sich kommen und machte ihm Vorhaltungen über sein unmögliches Benehmen. Kiepura ließ sich davon nicht beeindrucken. Er sagte zu Lubitsch: »Lesen Sie einmal, wenn Sie überhaupt lesen können, meinen Vertrag durch! Ich habe alle Rechte und kann machen, was ich will!«

Lubitsch ließ ihn einige Tage später zu sich kommen. »Ich habe den Vertrag durchlesen lassen«, sagte er ironisch. »Es steht nichts darin, daß Sie singen müssen. Alle Ihre Lieder sind gestrichen.« Kiepura wurde bleich und benahm sich von diesem Moment an besser.

12

Ein neuer Start bei »Universal«

Eines Tages rief das Universal-Studio an. Das war 1943. Ich stieg in mein Auto und fuhr hin. Als ich das Drehbuch las, brach ich beinahe zusammen. Es war ein Horrorfilm. Universal bot mir einen Vertrag an, der mit hundertfünfundzwanzig Dollar wöchentlich anfing und sich nach sieben Jahren bis auf tausendeinhundert Dollar steigerte. Natürlich hatten sie ein Optionsrecht, das alle sechs Monate erneuert werden konnte – oder auch nicht. Für diesen Film, der »Der Sohn von Dracula« hieß, wurden mir für meine ganze Arbeit fünfhundert Dollar angeboten.

Ich ging gebrochen nach Hause. Zweimal im Leben, zuerst in Deutschland, dann später in Frankreich, hatte ich mich an die Spitze gearbeitet und jetzt mußte ich wieder einmal ganz von unten anfangen.

Ich war verzweifelt, wollte den Film nicht machen und sprach mit Babs darüber. Meine Frau ist sehr klug und steht mit beiden Beinen auf der Erde. Deshalb liebe ich sie. Sie ist eine gute Psychologin und weiß genau, wie sie mich zu behandeln hat. Sie sagte: »Robert, du weißt, daß diese Firma für Horrorfilme bekannt ist. Sie zahlt dem Regisseur dafür hundertfünfundzwanzig Dollar wöchentlich. Ich zwinge dich natürlich nicht, den Vertrag anzunehmen, aber ich bin überzeugt, daß du ein viel besserer Regisseur als die anderen bist. Das werden sie sofort bemerken und einsehen, daß sie sich etwas Gutes für billiges Geld eingehandelt haben.«

Da ich im August, im Zeichen des Löwen, geboren bin und leicht auf Schmeicheleien fliege, schluckte ich dieses Kompliment wie Honig. Ich nahm den Vertrag an und drehte den Film in sechzehn Tagen, obwohl er sehr kompliziert war. In Europa war das Negativ immer das teuerste. Während die amerikanischen Regisseure etwa zwanzigtausend Meter und mehr pro Film verdrehten, verbrauchte ich nur etwa sechstausend bei einer Endlänge von zweitausendfünfhundert Metern. Ich schnitt den Film während des Drehens bereits in der Kamera. Mein Cutter, ein Amerikaner, war außer sich. Er beklagte sich bei der Direktion, kam aber nach zwei Tagen zu mir ins Studio und sagte: »Wie haben Sie das bloß gemacht? Ich habe alle Aufnahmen, die ich brauche. Es fehlt nichts!« Für ihn war das unverständlich, eine Art Zauberei.

Babs behielt recht. Universal nahm die Option auf. Nach jedem Fall wurde mir ein neuer Vertrag mit erhöhter Gage gegeben, so daß ich nach fünf Jahren siebentausendfünfhundert Dollar pro Woche und einen Bonus von hunderttausend Dollar bekam. Allerdings zahlte ich achtundachtzig Prozent Steuern, was mir gar nicht gefiel.

Die Amerikaner haben eine richtige Einstellung zu ihren Mitarbeitern. Sie sollen nicht fühlen, daß sie unterbezahlt sind. Ein Regisseur, der unzufrieden ist, kann seiner Firma während des Drehens mehr Schaden bereiten, als ihr lieb ist: sei es durch langsames Arbeiten oder schlechte Laune, denn jeder Tag kostet Tausende von Dollars. Die Studios machen aber auch Fehler. Meistens bekommt der Regisseur ein fertiges Manuskript vorgelegt. Die Hauptrollen sind dann schon besetzt. Da ich meinen Beruf zur kreativen Seite des Films rechne und dem Publikum zeigen möchte, wie ich mir einen Film vorgestellt habe, war ich immer in einer seelischen Klemme. Die Direktion hatte, dem Vertrag gemäß, das Recht, die endgültige Fassung, die ihrer Meinung nach die richtige war, vorzuführen. Dem Regisseur waren dadurch die Hände gebunden. Ich saß zum Schluß oft zähneknirschend im Kino, weil es nicht der Film war, den ich mir vorgestellt hatte. Sehr oft wurde von einem anderen Regisseur ein neuer Schluß gedreht, ohne daß man mich gefragt hätte.

Ich entwickelte eine Technik, die zwar etwas heimtükkisch war, aber zum Erfolg führte. Jeden Film, der mir angeboten wurde, nahm ich an. Etwa acht Tage vor Drehbeginn ging ich zu meinem Produzenten, der nur einen Bruchteil meines Gehaltes verdiente und erzählte ihm von einer Hauptszene, die mir eingefallen war und natürlich viel interessanter als das Original sein mußte. Der Drehbuchautor und ich machten uns dann an die Arbeit. Wenn man eine wesentliche Szene im Film verändert, fällt die ganze Geschichte wie ein Kartenhaus zusammen, denn natürlich müssen überall Änderungen vorgenommen werden. So kam es immer vor, daß ich bei Drehbeginn kein vollständiges Manuskript hatte. Der Autor saß neben mir im Studio, und wir erfanden neue Situationen. Der Produzent, der Angst hatte, seine Stellung zu verlieren, ließ uns allein. »Laß Siodmak machen, was er will. Er weiß schon, wie er den Film zurechtbiegen kann!« Auf diese Weise hatte ich mehrere größere Erfolge und wurde immer selbstsicherer. Selbst die großen Chefs wagten schließlich nicht mehr, mir hineinzureden. Ich hatte wieder einmal meinen Kopf durchgesetzt.

*

Meine Stärke ist Atmosphäre im Film. Wenn ich, wie Hitchcock, mein ganzes Leben nur Kriminalfilme gemacht hätte, wäre mein Name bestimmt ebenso bekannt. Aber das langweilte mich und ich versuchte es auf verschiedenen Gebieten, mit Komödien, Tragödien oder Musicals.

Eines Tages wurde Joan Harrison von Universal engagiert. Sie hatte als Journalistin, Autorin für kleine Magazine und schließlich als Sekretärin bei Hitchcock gearbeitet. Sie schrieb später als Mitarbeiterin von Robert Sherwood den Hitchcock-Film »Rebecca« mit Sir Laurence Olivier und entschloß sich schließlich, als Produzentin zu arbeiten. Sie wollte einen Film nach William Irish drehen, liebte Kriminalromane wie ich, und wir arbeiteten zusammen an einem Film mit dem Titel »Phantom Lady«. Joan Harrison war sehr hübsch, und ich schrieb damals einen Artikel: »Mein Produzent hat die hübschesten Beine!« Wir verstanden uns sehr gut. Sie war Engländerin, kam also auch aus Europa, und wir unterschieden uns in unserem Geschmack von den üblichen, manchmal nicht sehr intellektuellen Schriftstellern Hollywoods. Heute ist sie mit Eric Ambler, dem bekannten englischen Kriminalschriftsteller, verheiratet und hat später die ganze Hitchcock-Produktion im Fernsehen geleitet, ohne ihn über Einzelheiten zu unterrichten. Wir beide hatten großes Interesse an Psychologie.

John Goodman wurde als Architekt engagiert. Ich verlangte kleine und unansehnliche Dekorationen. Dann gab man mir auf mein Drängen Woody Bredell als Kameramann. Ich erzählte ihm von meinem Freund Eugen Schüfftan, mit dem ich »Menschen am Sonntag« und »Mollenard« gedreht hatte und der ein großer Bewunderer Rembrandts war.

Die Theorie, daß das Auge sich immer von dem hellsten Fleck abwendet und den dunkelsten Punkt aussucht, imponierte Bredell. Er begann Rembrandts Bilder zu studieren. Der Schriftsteller Bernard Schoenfeld wurde für das Script engagiert. Wir bekamen auch nach vielen Mühen Franchot Tone, der auf der Höhe seiner Karriere stand. Es war sehr schwer, ihn von der Rolle zu überzeugen, denn er war nur am Ende des Films zwanzig Minuten lang zu sehen. Aber schließlich nahm er an. Wir hatten ihn mit unserem Enthusiasmus angesteckt.

Ich zitiere jetzt Charles Higham, der diese Arbeit folgendermaßen beschreibt: »Der Film hat eine europäische Atmosphäre. Die Geschichte ist nur als Entschuldigung dafür gedacht, um dunkle Straßen, Keller und verwahrloste Räume in Down-Town-New York während einer Hitzewelle zu zeigen. Er handelt von Menschen, die verkommen, gierig, immer auf der Flucht und verzweifelt sind. Niemals hat man in Hollywood bis dahin einen Film von einem derartigen Realismus gemacht. Die Typen sind alle lebendig, kühl und analytisch betrachtet. Die Bilder sind eindringlich und die Szenen oft zum Fürchten. Der Schnitt ist staccato und die Musik paßt sich diesem Stil genau an. Trotzdem merkt man nie, daß alles mit Absicht gemacht ist. Terror ist nur angedeutet und das Tempo des Films vorsichtig behandelt. Von der ersten Szene an zeigt Siodmak seinen technischen Stil und seine Einstellung zu anderen Menschen. Es ist merkwürdig, daß Siodmak schon bei diesem ersten größeren Film mit einer zerbrochenen Ehe, einem Mord und einer Begegnung mit einer unglücklichen Frau beginnt.«

Um zu zeigen, wie laut die Musik war, erfand ich einen optischen Trick. Als die Kamera die Schauspielerin Ella Raines vor einem Spiegel zeigte, während sie sich die Lippen schminkte, zitterte das Glas, als ob das von Schallwellen verursacht sei. Daher hatte der Zuschauer den Eindruck, daß die Musik unerträglich laut sei. Das war aber gar nicht der Fall.

Bei den Proben kam es beinahe zu einer Katastrophe. Franchot Tone, der den Mörder spielte, hatte sich vor jedem Verbrechen einen Trick zugelegt. Er blinzelte nervös mit dem rechten Augenlid, bevor er einen Mord begehen wollte. Zweimal kam das beim Publikum gut an. Beim dritten Mal brachen die Zuschauer in schallendes Gelächter aus. Joan Harrison sprang auf. Sie rannte aus dem Kino. Ich rettete sie gerade noch, als sie sich auf der Straße vor ein Auto werfen wollte. Sie weinte herzzerbrechend. Ich beruhigte sie und schnitt im Studio diesen Moment so kurz, daß ihn kein Mensch bemerkte.

*

1944 drehte ich bei Universal »Christmas Holiday« mit Deanna Durbin und Gene Kelly. Der bekannte Tänzer und spätere Regisseur spielte eine Hauptrolle. Er brauchte weder zu tanzen noch zu singen, obwohl ihn Universal deswegen vom Broadway geholt hatte. Typisch für Hollywood.

In dem Drehbuch kommt eine große katholische Messe vor. Ich brauchte etwa zehn Minuten von der prachtvollen Zeremonie für den Film, ging in die wunderschöne Kathedrale von Los Angeles und verfolgte aufmerksam zwei Stunden lang alle Bewegungen der Priester. Als alles zu Ende war, kam der Kardinal zu mir und wollte wissen, welche Stellen ich zum Photographieren brauchte. Ich machte ihm bestimmte Vorschläge, die das tausendjährige Ritual veränderten. Er sah mich mit großen Augen an und fragte mich, woher ich alles so genau wisse. Wahrscheinlich sei ich einmal Theologiestudent oder katholischer Priester gewesen. Ich antwortete ihm: »Monsignore, ich habe die Große Messe heute zum ersten Mal gesehen!« »Das ist ja fabelhaft«, sagte er, »wir werden Ihre Vorschläge nächsten Sonntag einmal selbst ausprobieren!«

Deanna Durbin, die zu dieser Zeit als großer Gesangsstar bekannt war, wollte einmal eine Charakterrolle, eine Hure, spielen. Der Film war wieder ein großer Publikumserfolg, denn jeder wollte sehen, ob sie es schaffen würde. Es gelang ihr jedoch nicht.

*

Im Grunde genommen habe ich mich nie wirklich für Stars interessiert, sondern nur für die kleinen Rollen. Diese Charaktere machen den Film reich und ich habe mir immer die größte Mühe gegeben, sie richtig zu besetzen. Dies ist mir auch meistens gelungen. Manchmal habe ich einen Komiker für eine ernste Rolle engagiert. Komik ist in Wirklichkeit Drama. Wenn, rückblickend, einmal etwas passiert ist, wo ich mich aus Scham verkriechen wollte, kann ich nach zehn Jahren darüber lachen. Im übrigen existiert das treffende Wort »Schadenfreude« nur in der deutschen Sprache. Man kann es nicht übersetzen.

Mit Schauspielern, die bereits arriviert sind, kann man meistens gut arbeiten. Am schlimmsten sind die jungen, die im Aufstieg begriffen sind. Oft sind sie arrogant und wissen alles besser, nachdem sie einen oder zwei Erfolge gehabt haben. Ich sage dann zu ihnen: »Seid immer nett zu kleinen Leuten, wie ich es bin, die hinter der Kamera stehen und die niemand sieht. Ihr begegnet ihnen, wenn ihr aufsteigt oder wieder herunterkommt.« Ich stehe schon seit fünfundvierzig Jahren im Hintergrund und habe viele kommen und gehen sehen.

Hollywood, das in der Mitte der großen Stadt Los Angeles liegt, war eigentlich ein kleines Nest, aber damals anscheinend der Mittelpunkt der Welt. Eine der unangenehmsten Journalistinnen war Hedda Hopper. Sie war absolut bösartig. Die andere war Louella Parsons. Einmal waren wir auf einer Party. Rex Harrison und unsere Freundin Lilli Palmer, seine Frau, waren auch da. Plötzlich wandte sich Hedda Hopper an die Schauspielerin Gene Tierney und zischte sie an: »Warum hast du mir nicht gesagt, daß du in anderen Umständen bist? Du Dreckstück! Mußtest du es zuerst Louella erzählen?« Gene wurde bleich. »Ich muß Neuigkeiten doch zwischen euch teilen.« Hedda Hopper wurde immer ausfallender. Gene begann zu weinen. Die Situation wurde sehr ungemütlich. Plötzlich stand Harrison auf: »Ich bringe dich zu deinem Wagen, Gene!« Hedda Hopper lief ihnen nach: »Ich mache dich in ganz Hollywood unmöglich, du Miststück!« brüllte sie. »Du wirst schon noch erfahren, wer hier die Erste ist!«

Wenn man sich den Zorn einer der beiden zuzog, war es lebensgefährlich, denn sie lebten nur von Klatsch. Millionen von Lesern verfolgten täglich ihre Kolumnen in ganz Amerika und man hatte immer den Eindruck, Hollywood sei ein Sündenpfuhl. Das war natürlich nicht der Fall, aber alle Schauspieler wollten so oft wie möglich in den Zeitungen erwähnt werden. Die Presseleute halfen dabei nach und erfanden Geschichten über sie.

13

Meine Feinde, die Produzenten

1944 erhielt ich den Auftrag, einen Film mit Charles Laughton zu drehen. Ich kannte ihn nicht persönlich, wußte aber, daß er von seinen Kollegen, die ihn für arrogant hielten, nicht sehr geschätzt wurde. Ich fuhr nach Pacific Palisades, wo Laughton direkt am Meer ein herrliches Haus hatte. Ich klingelte. Die Tür war nur angelehnt. Nach einigem Zögern trat ich ein. Laughton war ein bekannter Sammler. An einer Wand hing Renoirs berühmtes Bild »Die drei Grazien«. Es war etwa zehn Meter lang. Wohin man sah, hingen Meisterstücke: Rouault, Sisley, Douanier-Rousseau und viele andere. Auch besaß er eine der berühmtesten mexikanischen Sammlungen, manche Figuren lebensgroß. Ich ging durch etwa fünf Räume, immer »Mr. Laughton! – Mr. Laughton!« rufend. Schließlich gelangte ich in einen Riesengarten, der auf den Ozean hinausging. Wieder rief ich seinen Namen. Eine Stimme antwortete schließlich »Yes Sir!« Ich wußte zuerst gar nicht, wo sie herkam. Endlich entdeckte ich ihn. Er saß auf dem Ast eines hohen Baumes. Wie ich später herausfand, waren Blumen und Pflanzen sein Hobby. Er kannte alle ihre Namen. Trotz seiner Größe und Fülle sprang er leichtfüßig herab wie ein Luftballon, der mit Gas gefüllt ist.

Er lud mich zu einem Drink ein. Ich sagte ihm aufrichtig, daß es mir unmöglich sei, Partner für ihn zu finden, da ihn alle für einen schlechten Kollegen hielten. Ich hätte mir aber seine letzten Filme genau angesehen und die Ursache dafür gefunden. Wahrscheinlich würde er alle Drehbücher genau durchlesen und sich von den einzelnen Charakteren eine bestimmte Vorstellung machen. Wenn er einen ihm unangenehmen Partner oder einen schwachen Regisseur hatte, spielte er seine Rolle, wie es ihm paßte.

Ich machte ihm den Vorschlag, ihm nicht das endgültige Drehbuch zu geben, sondern jeden Abend in seine Garderobe zu kommen, um die Szene, die wir am nächsten Tag drehen würden, mit ihm zu probieren und die Dialoge zu ändern. Er sagte: »Ein großartiger Vorschlag, Sir!«

Ein Freund von mir, ein Regisseur, der auch einmal einen Film mit ihm gemacht hatte, warnte mich, daß Laughton unberechenbar sei und mir eines Tages eine fürchterliche Szene machen würde. Dann würde er behaupten, daß er sich in der Konzeption der Rolle völlig geirrt hätte.

Laughton und ich fingen an zu arbeiten. Bereits am zweiten Tag bemerkte ich, daß er nervös und rastlos war. Schauspieler sitzen stundenlang in ihrer Garderobe und müssen warten, bis sie gerufen werden. Ich persönlich könnte das auch nicht aushalten. Ich bat Charles, mit seinen Partnern allein zu probieren, wir hatten ja am Abend vorher alles besprochen. Seine Augen leuchteten auf. Nach einer Stunde kam er aufgeregt zurück und spielte mir die Szene vor. Sie war perfekt. Laughton, einer der größten Schauspieler der englischen Sprache, war glücklich. Und ich auch, da ich seinen Intellekt beschäftigen konnte.

Zwei Wochen vergingen in wundervoller Harmonie. Eines Tages segelte er auf mich zu. Er war ganz blaß und stand mit verkrampften Händen vor mir. »Robert«, sagte er, »wir haben alles falsch gemacht!« Natürlich wollte er nur von mir hören, daß wir auf dem richtigen Wege seien. Ich sprang von meinem Stuhl auf und schrie ihn an: »Bist du verrückt geworden! Zwei intelligente Menschen wie du und ich irren sich nicht!« Ich steigerte mich absichtlich in einen beinahe hysterischen Ausbruch hinein, um ihm keine Zeit zu geben, mit mir zu argumentieren. Er war völlig verstört, daß ich ihm seine Show gestohlen hatte. Er bat inständig, ich sollte mich beruhigen, da er Angst hätte, ich bekäme einen Schlaganfall. Zum Schluß brüllte ich: »Wirst du die Rolle spielen, wie wir sie besprochen haben oder nicht?« Er nickte nur. »Mach, daß du hinauskommst!« war mein letztes Wort.

Später gab er ein Interview, in dem er behauptete, ich sei

der hysterischste Regisseur, mit dem er je gearbeitet habe und den er täglich hätte beruhigen müssen.

Wir wurden wirkliche Freunde. Er kam oft in unser Haus. Und wenn ich schlechte Kritiken hatte und ganz Hollywood aus Feigheit einen Bogen um mich machte, konnte ich sicher sein, daß Charles vor meiner Tür stand, mir Blumen oder Früchte aus seinem Garten brachte und beinahe schüchtern sagte: »Brauchst du einen Freund?«

Er trank sehr viel. Einmal war er in unserem Haus und versuchte, mir zweiunddreißig Einakter von John Houseman vorzulesen, die alle vom Leben des Franz von Assisi handelten. Es war schon etwa zwei Uhr nachts, als wir beide völlig betrunken waren. Ich konnte einfach nicht mehr zuhören und drohte, ihn ins Schwimmbecken zu werfen.

Unser Film hieß »The Suspect«. Er lief in Europa unter dem Titel »Unter Verdacht«. Ich habe die besten Erinnerungen daran, obwohl er nicht den Erfolg hatte, den er verdient hätte. Das Manuskript war hervorragend – die Besetzung auch.

*

Bevor ich zu Universal kam, hatte ich keinen Cent mehr. Aus Verzweiflung ging ich zu einem Produzenten, Henry Blanke, der bei Warner Brothers arbeitete. Die Warners hatten ein System: Jeder mußte um acht Uhr dreißig im Studio sein und durfte es bis achtzehn Uhr dreißig nicht verlassen. Die Produzenten und Schriftsteller waren immer pünktlich da, aus Angst, entlassen zu werden, und schliefen dann in ihrem Büro bis Mittag. Selbst wenn Jack Warner nicht in Hollywood, sondern in Paris oder London weilte und jemand sich während der Arbeitsstunden die Haare schneiden ließ, traf am nächsten Tag prompt ein Telegramm von ihm ein, mit der Drohung, der Betreffende würde sofort hinausgeworfen, wenn dies noch einmal vorkäme.

Im Studio waren zwei Brüder engagiert, die Phil und Julius Epstein hießen. Sie waren sehr erfolgreich. Eines Tages bat sie Jack Warner in sein Büro. Er deutete auf ein Drehbuch, das sie abgeliefert hatten. »Das ist der größte Dreck, den ich je gelesen habe«, sagte er. »Wie können Sie mir das erklären?« Der eine Epstein zuckte die Achseln. »Es ist unerklärlich«, sagte er, »wir waren jeden Morgen pünktlich um acht Uhr dreißig im Büro«.

Ich ging also zu Blanke und bat ihn, sich bei Warner für mich einzusetzen, damit ich einen Job bekäme. Er antwortete ausweichend: »Robert, wenn du mit einer Originalidee oder einem Roman kommst, kann ich etwas versuchen, sonst nicht!«

Verzweifelt ging ich nach Hause. Am nächsten Morgen erwachte ich mit einer fertigen Idee und ging zu Alfred Neumann, dem berühmten deutschen Autor, der »Der Teufel«, »Der Patriot« und »Der Held« geschrieben hat und erzählte ihm meine Idee etwa achtmal hintereinander, immer etwas dazu erfindend. Er setzte sich sofort hin und schrieb die Geschichte in deutsch auf. Sie war nach vierundzwanzig Stunden fertig. Am nächsten Morgen brachte ich sie zu Blanke, der auch aus Deutschland stammte.

Etwa zwei Stunden später rief mich ein Herr Geller an. Er war der Chef-Dramaturg. Er fragte mich: »Wieviel wollen Sie dafür?« Er bot siebentausendfünfhundert Dollars. Ich erwiderte ihm, daß ich selbst die Regie übernehmen wolle, andernfalls ich die Idee nicht verkaufen würde. Er sagte, daß er darüber mit Jack Warner sprechen müsse, rief mich nach zehn Minuten wieder an und sagte barsch: »Jack Warner will Sie nicht als Regisseur!« Er bot zehntausend Dollars. Meine Antwort war Nein. Von diesem Augenblick rief er jede halbe Stunde an und der Preis steigerte sich auf zwölftausendfünfhundert – fünfzehntausend – siebzehntausendfünfhundert bis zwanzigtausend. Am Nachmittag war er bereits bei zweiunddreißigtausendfünfhundert angelangt. Um vier Uhr sagte er zu mir: »Kein Studio hat den Stoff gelesen. Wenn Sie mir die Idee nicht verkaufen, interessiert sie uns nicht mehr. Ich gebe Ihnen zwanzig Minuten Zeit!« Neumann rang die Hände. Er hatte dreißig Prozent des Gewinns und – wie ich – keinen Dollar in der Tasche. Er flehte mich an, die Geschichte zu verkaufen.

Pünktlich rief Geller wieder an. Ich blieb bei meinem »Nein! Kommt nicht in Frage.« Er ging bis fünfunddreißigtausend: sein letztes Angebot. Ich gab wütend und erbittert nach. Neumann weinte vor Freude. Der Film hieß »Conflict« und wurde später von meinem Bekannten Curtis Bernhardt mit Humphrey Bogart und Alexis Smith gedreht. Er wurde ein großer Erfolg. Noch heute rede ich mir ein, daß ich ihn besser gemacht hätte. Einige Kritiker waren der gleichen Ansicht.

*

Der nächste Film war mit George Sanders. Er hieß »The Strange Case of Uncle Harry« und spielte in New-England. Die weibliche Hauptrolle spielte Geraldine Fitzgerald, die eine der Schwestern von Harry darstellte und unsterblich in ihn verliebt war.

Ein Kritiker schrieb über Geraldine Fitzgerald: »Diese fabelhafte Schauspielerin wurde immer falsch besetzt. Hier kann sie zum erstenmal ihre wirkliche Begabung zeigen. Sie spielt mit nervöser Intensität, und jede Szene ist besser als die andere. Mit einer nie gesehenen Energie porträtiert sie eine Frau, die unsterblich in ihren Bruder verliebt ist. Als sie seine Freundin zum Tee einlädt, simuliert sie eine Herzattacke. Sie spielt mit einmaliger Meisterschaft und Intelligenz. Als sie wegen eines Mordes den ihr Bruder in Wirklichkeit begangen hat, im Gefängnis sitzt, sagt sie zu ihm, daß sie sterben wolle, um sein Glück zu zerstören. Miß Fitzgerald ist unbeschreiblich in ihrem Haß, in ihrer perversen Liebe zu ihrem Bruder, ihrer Bösartigkeit, die bis zur Selbstzerstörung geht. Alle Szenen beweisen, daß nur eine engste Zusammenarbeit zwischen dem Regisseur und dem Star diese Wunder vollbringen konnte.«

Diesmal machte mir die Filmzensur, das »Hays Office«, einen Strich durch die Rechnung. Die Zensurbehörde fand den Film unmoralisch, verlangte eine Unmenge Schnitte und ich kam nur um diese Schwierigkeit herum, indem ich sie überredete, die ganze Geschichte als einen Traum zu interpretieren. Eine absolute Idiotie.

Meine Frau besuchte mich im Studio. Sie erzählte mir eine herrliche Geschichte: Als George Sanders sie sah, nahm er sie bei der Hand und sagte: »Babs, ich muß einmal mit dir unter vier Augen sprechen.« Er ging mit ihr durch das große Studio, bis es immer dunkler und dunkler wurde. Unter Herzklopfen folgte sie ihm. Sie glaubte, daß er sie küssen wollte. Endlich hielt er in der dunkelsten Ecke an und flüsterte, ganz dicht neben ihr stehend: »Ich habe gehört, daß du einen fabelhaften Zahnarzt hast. Bitte, mach doch einmal Deinen Mund auf, ich möchte diese Arbeit sehen!«

Als ich »Onkel Harry« beendet hatte, fuhren wir in die Nähe von Hollywood, um ihn auszuprobieren. Es gab nur vier Kinos, die in der Lage waren, Ton und Bild getrennt vorzuführen, bevor das Negativ endgültig geschnitten war. Wir fuhren in zwei großen Cadillacs, und ich hatte dabei das Gefühl, als gehe es zu einer Beerdigung, da jeder Wagen zwölf Sitze hatte und wir alle schwarz angezogen waren. In einem Auto saßen die Chefs, Executive Producers, der Produzent und noch andere wichtige Leute. Im anderen Vehikel fuhren das Scriptgirl, der Komponist, der Cutter, meine Assistenten und ich, um den Film mit Publikum anzusehen und dann eventuell noch etwas zu ändern.

Die Kinos waren vor dem Eingang hell beleuchtet. Auf einer großen Fahne stand zu lesen: »Heute World-Preview eines Großfilms«. Der Titel war nicht angegeben. Auch nicht, welches Studio ihn produziert hatte. Vielleicht war es »Vom Winde verweht« oder irgendein kleiner unwichtiger Film. Am Eingang standen etwa zehn Tische, auf denen Karten lagen, die das Publikum nach der Aufführung auszufüllen hatte. Darauf waren Fragen gedruckt: »Wie hat Ihnen der Film gefallen? Exzellent – sehr gut – gut – schlecht? Finden Sie ihn zu lang – zu kurz? Wie hat Ihnen die Musik gefallen? Welcher Darsteller war besonder eindrucksvoll?« Und so weiter.

Man erwartete etwa tausend ausgefüllte Karten. Manchmal schrieb ein vierzehnjähriger Junge aus Spaß: »Der Film stinkt«, und die Executive Producers, die zehntausend Dollar in der Woche verdienten, zwangen uns dann, entsprechende Änderungen vorzunehmen, da sie ihrer eigenen Meinung nicht trauten, sondern sich nur nach dem sogenannten Publikumsurteil richteten.

Bei »Onkel Harry« waren fünfundneunzig Prozent der Karten »exzellent« bis »sehr gut«. Ich spürte anläßlich der Vorführung, daß der Film beim Publikum gut angekommen war. Eine einzige Szene war zu stark. Ich wollte sie herausschneiden. Nach der Vorstellung standen die großen Chefs geheimnisvoll zusammen und diskutierten den Gesamteindruck. Als ich zu ihnen ging, machten sie lange Gesichter und sagten mir, daß der Film völlig umgeschnitten werden müsse. In dieser Form könne er nicht aufgeführt werden. Dabei hatten sie noch nicht einmal die Karten angesehen. Sie wollten einen Cutter daran setzen, der die Änderungen, die sie vorschlugen, vornehmen sollte.

Als wir etwa zehn Tage später den Film noch einmal vorführten, waren alle begeistert. Der Cutter sagte mir triumphierend, daß das Publikum gebannt auf die Leinwand gestarrt hätte. Man hätte eine Nadel fallen hören, so hingerissen waren alle. Ich dagegen meinte, daß alle geschlafen hatten, so daß keine Reaktion festzustellen war. Ich hatte völlig recht. Aus allen ausgefüllten Karten ging hervor, daß der Film stinklangweilig sei. Danach wurde er wieder umgeschnitten und in meiner ursprünglichen Version aufgeführt, mit großem Erfolg.

Ich kann bis heute nicht verstehen, warum die hochbezahlten Leute nicht ihre eigene Meinung vertraten. Wahrscheinlich wollte keiner die Verantwortung übernehmen, denn wenn einer sich geirrt hätte, hätte er Schwierigkeiten bekommen. Davor hatten sie alle Angst. Aber es ist doch merkwürdig, daß sie nicht einmal in der Lage waren, eine Publikumsreaktion richtig zu beurteilen.

Leider macht man in Europa diese Vorversuche nicht. Der

erfolgreiche Regisseur Leo McCarey zeichnete bei der ersten Aufführung alle Eindrücke des Publikums auf Tonband auf. Er ließ dann im Studio den Film gleichzeitig mit den Reaktionen laufen und fand so ganz genau heraus, wo und wie lang die Lacher waren und ob er die Pointen richtig gesetzt hatte.

Ich erinnere mich noch, als bei der UFA »Die Drei von der Tankstelle« vorgeführt wurde. Das Publikum amüsierte sich königlich. Nur ein einziger zischte. Es war der Autor Hans Müller, der verzweifelt war, daß man seine Pointen schon vorher weggelacht hatte.

Seit dreitausend Jahren wird Theater gespielt, und trotzdem ist niemand in der Lage, einen Erfolg oder Mißerfolg vorauszusagen. Wieso sollte es beim Film anders sein? Um eine Arbeit vorzubereiten, braucht man ein bis zwei Jahre. In der Zwischenzeit kann sich der Publikumsgeschmack völlig geändert haben. Auch der Titel ist wichtig.

*

Als ich 1939 nach Hollywood kam, arbeitete mein Bruder bei Universal. Er erklärte mir die Arbeit, wie man sich dort zu verhalten habe: Der jeweilige Produzent sei ausschlaggebend. Wenn man seinen Anweisungen folge, sei alles in Ordnung, sonst flöge man hinaus. Damit traf er meine Achillesferse. Ich kann keine Autorität vertragen.

Von diesem Moment an war der Produzent mein erklärter Feind. Ich habe immer alles getan, ihn zur Schnecke zu machen und gegen ihn zu kämpfen. Sehr oft mit Erfolg.

Einmal machte ich einen Film bei einer Firma, wo ich gleichzeitig Produzent und Regisseur war. Mein Chef befand sich auf Urlaub. Ich war ganz allein für die Produktion verantwortlich. Als er von der Reise zurückkehrte, führten wir den Film vor. Alle waren zufrieden.

Ich wurde an ein anderes Studio ausgeliehen. Etwa drei Wochen später rief mich meine Sekretärin an. Sie erzählte mir im Vertrauen, daß mein Chef den Film umgeschnitten habe. Ich konnte das nicht glauben und rief ihn an. Er kam nicht an den Apparat, da er angeblich in einer Konferenz war. Ich versuchte es noch mehrere Male. Vergeblich. Endlich schickte ich ihm einen eingeschriebenen Brief. Ich erklärte darin, daß ich sein Benehmen für unfair hielte, da wir genau abgesprochen hätten, daß er nichts ohne meine Zustimmung ändern dürfe. Keine Antwort. Ich wurde wütend, rief einen berühmten Journalisten an und bat ihn – auf meine persönliche Verantwortung – wortwörtlich zu schreiben: »Ich habe Hochachtung vor einem Produzenten, der gleichzeitig Schriftsteller ist. Das gleiche gilt auch für einen Produzenten, der Regisseur ist. Ich akzeptiere auch jemanden, der weder schreiben noch Regie führen kann, sondern nur ein Kritiker ist. Er braucht nur zu sagen: Boys, diese Szene stinkt, ändert sie, – ohne selbst eine Lösung dafür zu wissen. Aber einen Mann kann ich nicht ausstehen. Jemand, der überhaupt keine Ahnung vom Film hat. Das ist mein Chef!« Ich ließ seinen Namen fett drucken. Der Artikel erschien in etwa tausend Zeitungen.

Als ich ihm nach drei Monaten im Studio begegnete und ihn fragte, ob er den Artikel gelesen habe, sagte er lachend: »Ja, er war sehr komisch!« Man muß eine Elefantenhaut haben, um Executive-Producer in einem Studio zu werden. Ich hätte es nicht gekonnt.

*

Ich möchte noch einmal wiederholen, daß die kreativen Kräfte von Hollywood schlecht behandelt wurden. Schließlich hat jeder Mensch seine eigene Handschrift, und die wurde von den Studios mißachtet. Jeder sollte einmal versuchen, vor einer leeren Schreibmaschinenseite zu sitzen. Dann erst wird er erkennen, wie schwer es ist, die Gedanken des Autors in Bilder zu übersetzen. In meinem Film »Der rote Korsar« heißt eine Zeile: »Die Piraten erobern das Schiff.« Ich drehte vier Monate daran ohne Manuskript.

Kritisieren ist leicht. Das haben die hohen Herren, die die

Studios von Hollywood und in anderen Ländern geleitet haben, bewiesen und viele, viele gute Filme kaputtgemacht. Diktatorische Änderungen vorzunehmen, ohne seine engsten Mitarbeiter zu konsultieren, ist unfair. Das ist einer der wichtigsten Gründe, warum Hollywood versagt hat.

14

Mark Hellinger und »Die Killer«

Es gab einen berühmten Journalisten und späteren Produzenten in Amerika. Sein Name war Mark Hellinger. Ein großes Theater in New York ist nach ihm benannt. Er schrieb jeden Tag kleine Geschichten, die in etwa eintausendfünfhundert Zeitungen erschienen, und war mit allen Gangstern seit der Prohibition befreundet: Al Capone, Dutch Schulz, Bugsy Siegel, Lucky Luciano und vielen anderen.

Später lernte ich Bugsy Siegel kennen. Er war der Frontman der Mafia in Las Vegas. Wir waren in seiner Wohnung, und ich saß mit meiner Frau auf dem gleiche Sofa, auf dem er in der folgenden Nacht vom Garten her erschossen wurde. Er war ein bildhübscher, eleganter Mann. Die Frauen flogen auf ihn und wir hatten immer viel Spaß bei seinen Parties. Geld spielte bei ihm keine Rolle.

Dutch Schulz hatte Mark Hellinger einen kugelsicheren Cadillac hinterlassen, bevor er hingerichtet wurde. Er hatte vier von dieser Sorte. Ich bin auch einmal darin gefahren. Der Wagen war so schwer, daß er etwa sechzig Liter Benzin auf hundert Kilometer verbrauchte! Es ging das Gerücht in Gangsterkreisen, daß Dutch Schulz eine Million in Gold in einem dieser Wagen versteckt habe. Eines Morgens fand Hellinger das Auto in seiner Garage völlig demontiert. Die Sitze waren herausgeschnitten, und jeder Teil war durchsucht worden.

Hellinger war beinahe jeden Abend völlig betrunken und ein großer Spieler. Eines Tages vereinbarte mein Agent eine Verabredung mit ihm. Ich sollte ihm meinen französischen Film »Pièges», der keine Untertitel hatte, vorführen. Man hatte sich keinen besonders guten Tag dafür ausgesucht: Das berühmte englische Derby fand statt. Ich schleppte die beiden schweren Kisten zu Warner Brothers, wo Hellinger als Produzent tätig war. Er erschien mit drei Radioapparaten, entschuldigte sich, daß wir die Vorführung für einige Zeit unterbrechen müßten, wenn das Rennen anliefe. Der Film begann. Die Titel nahmen kein Ende und ich begann zu schwitzen. Noch vor Ablauf des Vorspanns drehte Hellinger das Licht an. Er war nervös, denn er hatte ein Vermögen auf ein Pferd gesetzt. Ted Husing, der berühmte Ansager, hämmerte ins Mikrophon: »Ein herrlicher Tag, Hunderttausende von Zuschauern. Auch mein Freund Mark Hellinger hat ein Vermögen auf ein Pferd gesetzt! Ich hoffe, daß er richtig getippt hat!«

Das Rennen begann. Sein Pferd stürzte nach einer Minute. Hellinger drehte das Radio ab. Natürlich hatte er keine Lust mehr, sich den Film anzusehen. Er versprach, sich mit mir wieder in Verbindung zu setzen, was er jedoch nicht tat, und ich schleppte die schweren Kisten – seelisch gebrochen – wieder nach Hause.

Drei Jahre später wurde er Produzent bei Universal. Er bot mir »The Killers« nach der berühmten Kurzgeschichte von Hemingway an. Ich lehnte ab, da ich immer noch böse auf ihn war. Seine klassische Antwort: »Robert, würde ich mir deinen französischen Film angesehen haben, so hätte ich dich selbstverständlich engagiert. Dann wärst du jetzt bei Warners und könntest ›The Killers‹ nicht machen!« Ich mußte lachen und akzeptierte.

In New York trat ein junger Schauspieler in dem Stück »The Sound of Hunting« auf. Es lief nur drei Wochen. Aber er wurde für die Hauptrolle engagiert. Sein Name war Burt Lancaster. Ich habe mit ihm dann noch zwei weitere Filme, »Criss Cross«, mit Yvonne de Carlo, und »Der rote Korsar«, auf Ischia und in London, gedreht. Das Drehbuch von »The Killers« wurde von John Huston heimlich geschrieben, denn er war unter Vertrag bei einem anderen Studio. Sein Mitarbeiter war Anthony Veiller. Die weibliche Hauptrolle spielte Ava Gardner, die damals vom Film keine Ahnung hatte. Sie war bildschön und zu jener Zeit schon mit Mickey Rooney verheiratet gewesen.

Ava Gardner kam aus Smithfield, einem kleinen Dorf in North Carolina. Bis zu ihrem vierzehnten Lebensjahr hatte sie keine Schuhe getragen, aber sie war die Schönste des Ortes und wurde zur Getreide-Königin gewählt. Das bedeutete, wie für alle anderen »Königinnen«, einen Flug nach Hollywood und einen Tag Aufenthalt. Clark Gable legte ihr die Hand für eine Sekunde auf die Schulter, um ein Erinnerungsphoto zu machen. Am nächsten Tag sollte sie wieder nach Hause fahren. Bei Ava kam es anders. Mickey Rooney sah sie und heiratete sie. Die Ehe dauerte etwa drei Monate. Sie wurde ein Starlet bei MGM, wo ich sie sah und für die Hauptrolle in »The Killers« engagierte. Später war sie mit Artie Shaw, dem berühmten Klarinettisten, und dann mit Frank Sinatra verheiratet.

Ich könnte hier weiter von Ava erzählen, aber die Geschichte ist zu traurig und könnte mir einen Prozeß einbringen, obwohl sie wahr ist. Ava lebt heute in Spanien.

*

Die Geschichte der Schönheits-Königinnen ist ein Kapitel für sich. Die Mädchen kamen aus allen Teilen Amerikas. Sie wurden am Flughafen von einem kleinen PR-Mann empfangen, der ihnen einen Blumenstrauß in die Hand drückte. Dann fuhr man sie in ein großes Studio. Dann eine Aufnahme mit Cary Grant oder einem anderen Star. Sie wurden herumgeführt. Am Abend holte sie der PR-Mann ab und zeigte ihnen Hollywood bei Nacht.

Natürlich wollte er mit dem Mädchen schlafen. Er sprach von seinen Beziehungen, kannte angeblich alle großen Regisseure und war überzeugt, daß sie Karriere machen würde. Er würde ihr bestimmt eine Rolle verschaffen. Wahrscheinlich schrieb sie noch in der gleichen Nacht einen Brief nach Hause und erzählte der Familie von ihrer großen Chance. Ihre Mutter hatte ihr etwas Geld mitgegeben. Meistens kam jedoch die große Karriere nicht zustande, aber das Mädchen blieb in Hollywood. Es traute sich nicht mehr nach Hause. Es wohnte in einem Hotel und bekam auch nicht die kleinste Rolle. Die »Miß» durfte etwa sechs Wochen im Hotel bleiben und wurde zu einigen Parties eingeladen, um das Fest zu schmücken. Alle anderen jungen Mädchen, die auch im Hotel wohnten, gaben ihr ihre besten Kleider, damit sie den richtigen Eindruck machen konnte. Es kam aber nichts dabei heraus. Selbst eine Komparsin konnte sie nicht werden. Dann wurde sie Kellnerin, bediente in langen Netzstrümpfen, als Spanierin verkleidet, die Gäste, und heiratete später irgendjemand, einen Elektriker oder Maler aus einem Studio, von dem sie die schönsten Kinder bekam. All dies hätte sie zu Hause mit weniger »Herzeleid« haben können.

*

Der Film »The Killers« war trotz vieler Einwände von Hellinger, auf die ich aber bei der Arbeit gar nicht einging, mein erster großer Erfolg in Amerika. Er lief in Deutschland zuerst unter dem schönen Titel »Rächer der Unterwelt«. Die Hemingway-Kurzgeschichte ist nur zwanzig Seiten lang und wird am Anfang des Films erzählt. Ich verwendete jedes Wort daraus. Der Rest ist pure Erfindung von John Huston. Als Hemingway den Film sah, beglückwünschte er uns und schrieb einen Brief an Hellinger. Alle anderen Stoffe, die von ihm bisher verfilmt worden waren, seien absoluter Mist. »The Killers« sei sein bester Film!

Nach der Premiere in Hollywood fuhren wir alle mit dem Zug nach New York, um dort die Aufführung zu sehen: meine Frau, Hellinger, Humphrey Bogart und ich. Wir wurden von Journalisten bestürmt. In Chicago mußte uns die Polizei von Autogrammjägern befreien. Ich stand am Times Square in New York und sah ein Riesenplakat an einem Wolkenkratzer. Man konnte es kilometerweit lesen:

Hemingway, Hellinger, Siodmak: The Killers.

Die Namen Lancaster und Ava Gardner waren ganz klein gedruckt.

Endlich war ich zum dritten Mal an der Spitze, diesmal in Amerika. Ich atmete befreit auf. Ich fühlte mich »on top of the world«. Am Abend gingen wir zu Sardi's, das berühmte Theater-Restaurant. Irgend jemand schlug vor, »Copacabana«, den besten Nachtclub zu besuchen. Frank Sinatra und Dean Martin traten dort auf. Um im Copacabana Platz zu bekommen, brauchte man ungefähr soviel Einfluß, wie um im Buckingham Palace mit der englischen Königin allein an ihrem Bett zu frühstücken. Ich winkte dem Oberkellner: »Captain, bitte einen Tisch im ›Copacabana‹ für dreißig Personen!« Er fragte: »Name please, Sir.« Ich buchstabierte: S-i-o-d-m-a-k. Nach fünf Minuten kam er zurück. Wir hatten einen Tisch für dreißig Leute. Das kommt, wenn man so berühmt geworden ist, dachte ich.

Unser Tisch im Copacabana stand in der ersten Reihe. Sinatra wie Dean Martin machten Bemerkungen über den großen Erfolg von »The Killers«. Eine bessere Reklame konnte man sich gar nicht wünschen!

Ich sah mich im Saal um und bemerkte ein bildhübsches junges Mädchen, das einen schönen jungen Mann verliebt ansah und sich gar nicht um die Vorstellung kümmerte. Der Oberkellner, den ich nach den beiden fragte, hatte sie noch nie gesehen und wußte auch nicht, ob das Mädchen Schauspielerin war. Ich vergaß sie nach zwei Minuten.

Etwa drei Monate später, in Hollywood, wurde mir eine junge Dame gemeldet. Sie war sehr selbstsicher, setzte sich mir gegenüber und sagte lächelnd: »Hier bin ich, Mr. Siodmak. Sie wollten mich doch kennenlernen!« Ich konnte mich nicht an sie erinnern. Es war das junge Mädchen aus dem »Copacabana«. Ich hatte aber keine Rolle für sie, und sie ging enttäuscht davon. Dem Oberkellner, der ihr von mir erzählt hatte, sind wahrscheinlich einige Prozente entgangen.

Ein anderes Mal hatte ich Besuch von einem Freund aus New York. Ich holte mir aus der Reinigung einen Anzug ab. Als wir im Auto saßen, fragte er mich, ob ich das bildhübsche Mädchen gesehen habe, das uns bediente. Ich verneinte. Er sagte zynisch: »Das ist typisch bei euch Regisseuren. Ihr habt überhaupt keine Augen mehr im Kopf!« Er beschrieb sie mir: »Rote Haare, grüne Augen, wundervolle Figur«, – typisch irisch.

Zwei Tage später ließ ich ihn zu mir ins Büro kommen. Meine Sekretärin führte eine junge Dame herein. Mein Freund war sofort Feuer und Flamme. »Ich habe Sie entdeckt«, sagte er aufgeregt, bevor ich den Mund aufmachen konnte, »und zwar in dem Reinigungsinstitut.« Sie sah ihn erstaunt an. »Ich habe noch nie in einem Geschäft gearbeitet! Sie müssen sich irren!«

Meine Sekretärin entschuldigte sich. »Es ist noch eine andere junge Dame da, die wartet. Ich muß mich getäuscht haben!«

Ein anderes junges Mädchen trat ein. Sie sah wie die andere aus. Ich hatte fünf irische Komparsinnen bestellt und ihnen je zehn Dollar bezahlt. Meinem Freund fielen beinahe die Augen aus dem Kopf, als ich ihm erzählte, daß ich ein Ballett von fünfzig Komparsinnen zusammenstellen könnte, die alle die gleiche Haarfarbe, Augen und Maße hätten.

Auf Schönheit kommt es nicht an, sondern auf die persönliche Ausstrahlung, für die man ein Gefühl haben muß. Mein Freund hat auch nie wieder versucht, jemanden zu »entdekken«.

*

Hellinger war ein typischer New Yorker. Eine seiner größten Sorgen war, daß der große Boxkampf, der im Film vorkam, von mir nicht richtig inszeniert würde. Er fragte mich beinahe ängstlich, ob ich schon einmal einen Boxkampf gesehen hätte. Ich erwiderte: »Ja, in Deutschland, Frankreich, Italien und Bulgarien. In Amerika noch nicht!« Er war gebrochen. »Macht nichts, wenn er nicht gut ausfällt, können wir später immer noch ein paar Großaufnahmen hineinschneiden!« Ich hatte nicht die Wahrheit gesagt. Meine Frau und ich gingen seit Jahren zu allen Boxkämpfen ins »Hollywood Stadion«.

Ich glaube nicht, daß meine Frau jemals ein K. o.« gesehen

hat. Wenn es am aufregendsten war, bat sie mich jedesmal um Feuer und zündete sich eine Zigarette an. In diesem Augenblick erfolgte der Niederschlag!

Burt Lancaster kam vom Zirkus. Er war Fallkünstler. Bei der Box-Szene beschäftigten wir etwa zweitausend Komparsen. Der Rauch in der Luft war so dick, daß der Kameramann bat, den Saal zu lüften, bevor weitergedreht wurde. Hellinger erschien gegen fünf Uhr nachmittags. Er war besorgt, fragte, wie die Aufnahme ginge und wollte wieder verschwinden. Ich hielt ihn zurück und forderte ihn auf dazubleiben. Er könne mir als Fachmann vielleicht einen Rat geben. Die Szene begann. Hellinger fing vor Aufregung an zu schwitzen. Er hielt mich am Arm fest und schrie: »Du bringst Lancaster um! Hör auf!« Ich lachte nur. Zum Schluß fiel Lancaster von einer Rechte getroffen wie ein Brett zu Boden: seine Spezialität. Er wurde ausgezählt. Hellinger wischte sich den Schweiß von der Stirn. Ich wurde als einer der fünf besten Regisseure des Jahres 1946 für einen »Oscar« nominiert: wahrscheinlich wegen dieses Boxkampfes.

Hellinger hatte als Kellner in einem Lokal angefangen, gab fürstliche Trinkgelder, und in welches Restaurant er auch kam, stets war der beste Tisch für ihn reserviert. Es standen immer je eine volle Flasche Whisky und Cognac bereit. Er warf mit dem Geld um sich, als ob es Papierfetzen wären. Aber hinter dem ganzen Aufwand war Absicht. Die Steuerbehörde wußte davon und erlaubte ihm, diese Summen am Ende des Jahres von seinem Einkommen abzuziehen und sie als Spesen zu verrechnen. Wenn er angab, zehntausend Dollar für Trinkgelder ausgegeben zu haben, waren es vielleicht nur siebentausend. Aber für die restlichen dreitausend Dollar hätte er etwa vierzigtausend mehr verdienen müssen, weil die Steuern so hoch waren.

Jeden Sonnabend waren wir bei ihm eingeladen, wenn er in seinem eigenen Projektraum die neuesten Filme vorführte und uns jedesmal eine Kiste Whisky schenkte, der mindestens fünfzehn Jahre alt war. Hellinger war der großzügigste Mensch, den ich je kennengelernt habe.

Eines Abends erlitt er in New York eine Herzattacke. Da er nicht wollte, daß die Presse davon erfahre, zeigte er sich noch in der gleichen Nacht in verschiedenen Lokalen.

Hellinger, der berühmte Komiker Phil Silvers und ich fuhren eines Tages von New York nach Hollywood. Die Fahrt dauerte drei Tage und zwei Nächte. Hellinger blieb allein in seinem Salonwagen. Er hatte etwa zwölf große Gläser Cognac vor sich stehen und trank unaufhörlich. In Chicago mußten wir den Zug wechseln. Wir hatten etwa drei Stunden Aufenthalt. Hellinger hatte im Hotel Ambassador East eine Suite gemietet. Der Tisch bog sich unter Delikatessen. Plötzlich klingelte der Portier. Zwei Journalistinnen wollten mich interviewen. Wir baten sie herauf. Sie waren nicht häßlich anzusehen, trugen Augengläser, waren etwa Ende zwanzig und fragten mich aus. Ich gab die gewünschten Auskünfte. Beide waren sehr seriös, baten, vom Nebenzimmer aus die Redaktion anrufen zu dürfen und verschwanden. Hellinger begleitete sie. Nach etwa fünf Minuten kehrte er zurück und bat mich, in das nächste Zimmer zu gehen, da sie noch einige Fragen an mich zu richten hätten. Die »Journalistinnen« lagen nackt auf dem Bett. Es waren zwei Call Girls!

Einer der kleinen Scherze von Hellinger.

Als er später einem Herzschlag erlag, fand man bei ihm Spirituosen für über hunderttausend Dollar im Keller.

In New York gibt es einen berühmten Restaurateur, – einen großen Iren, Toots Shor –, bei dem alle Berühmtheiten verkehren: Sinatra, Dean Martin, Sammy Davis jr., Peter Lawford, der mit einer der Kennedy-Schwestern verheiratet war und der auch mit mir gedreht hat, – sowie viele Senatoren und andere bekannte New Yorker.

Eines Tages ließ sich Hellinger das erste Telefon in seinem Auto installieren. Toots war derart neidisch, daß er Himmel und Hölle in Bewegung setzte, um auch einen solchen Apparat zu besitzen. Eines Tages war es so weit und er hatte ein Telefon in seinem Cadillac. Sein erster Anruf galt Hellinger, der irgendwo in Los Angeles herumfuhr. Der englische

Chauffeur meldete sich höflich. Toots Shor verlangte hochmütig, mit Mr. Hellinger zu sprechen. Die Antwort des Fahrers war: »Bedaure, Mr. Hellinger spricht im Augenblick auf seinem zweiten Apparat!«

*

Ich war in Chicago und wollte einmal einen richtigen Gangster kennenlernen. Als Begleiter hatte ich einen jungen Publicity-Man von Universal bei mir. Gegen zwei Uhr nachts führte er mich in einen Nachtclub, der auch »Copacabana« hieß. Der Besitzer, ein großer schöner Italiener, kam an unseren Tisch. Er beglückwünschte mich zu meinem Film »The Killers« und sagte, er sei wirklich authentisch. Er war während der Prohibitionszeit ein Mitglied der Al-Capone-Bande gewesen und wurde mit einem Maschinengewehr in der Hand von der Polizei verhaftet. Er erzählte uns, daß er zehn Jahre lang gesessen habe, aber jetzt hätte er seine Schuld der Gesellschaft gegenüber abbezahlt. Er sei glücklich verheiratet, habe drei Kinder und ginge jeden Sonntag in die Kirche.

Plötzlich tauchte aus der Versenkung ein Orchester von etwa sechzig Mann auf. Der Vorhang öffnete sich. Die schönsten und bestgewachsenen Tänzerinnen kamen auf die Bühne. Die Show begann. Wir waren die einzigen Gäste. Ich beglückwünschte ihn zu dieser großartigen Revue und fragte, wer sie in Szene gesetzt habe. Er deutete auf eine Frau, die im Dunklen, etwa dreißig Meter von uns entfernt, saß. Ich wollte aufstehen, um ihr zu sagen, wie blendend ich die Vorstellung fand, aber er winkte sie an unseren Tisch. Sie war ein typisches Mann-Weib. Plötzlich erhob sie sich, als der Komiker auf der Bühne erschien. »Ich kann den Kerl nicht ausstehen!« murmelte sie und verließ uns. Ich wandte mich an unseren Gastgeber: »Natürlich nicht«, sagte ich, »sie ist lesbisch!«

Sein Gesicht veränderte sich plötzlich: »She is a what?!« Ich wiederholte: »Sie ist eine Lesbierin, sie kann Männer nicht ausstehen!« Langsam stand der Italiener auf. Er war riesengroß. Ich sah mich bereits erschossen und erdolcht in einem Zementsack auf dem Boden des Sees. Er sagte mit einer drohenden Stimme, die ich nie vergessen werde: »Wenn du diese Bemerkung vor fünfundzwanzig Jahren gemacht hättest, wärst du nie lebend aus dem Lokal herausgekommen. Sie ist meine Freundin!!«

Damit verließ er uns. Wir riefen den Oberkellner, um zu zahlen. Er sagte nur: »Raus!!« Als wir am Ausgang des Lokals waren, sah ich durch eine Spalte eines großen Vorhangs einen Tisch mit etwa zwölf Personen. Der Besitzer saß am Kopfende. Es war wie in einem richtigen Gangsterfilm. Mein Begleiter sagte: »Ich will einen Moment mit ihm sprechen . . . du hat es ja nicht böse gemeint.« Nach einer Minute erschien er ganz verängstigt wieder und flüsterte: »Laß uns gehen, er ist zu wütend!« Damit verschwand er. Ich fuhr mit einem Taxi allein zum Hotel zurück. Den ganzen Weg folgte mir eine große schwarze Limousine. Ich schloß mich in mein Zimmer ein und reiste am nächsten Morgen mit dem ersten Flugzeug ab. Zwei Jahre später las ich in der Zeitung, daß der Nachtlokal-Besitzer erschossen aufgefunden worden war.

Das war mein einziges Erlebnis mit einem richtigen Gangster . . .

Sechs Wochen später war ich wieder in New York, diesmal allein. Ich lud eine elegante junge Dame ein, ein Theaterstück anzusehen, das Universal eventuell kaufen wollte, falls ich mich für den Stoff interessierte. Nach dem Essen gingen wir zu Sardi's. Ich fragte sie, ob sie die Copacabana-Show kenne. Sie sagte: »Da kommt man doch gar nicht hinein!« Ich lächelte herablassend. »Nichts leichter als das!«, winkte dem Oberkellner, verlangte zwei Plätze und buchstabierte meinen Namen: S-i-o-d-m-a-k. Er kam zurück. Die Show war bedauerlicherweise ausverkauft. Ich wußte damals nicht, daß es ein »Celebrity-Sheet« gibt, eine hektographierte Seite, die jeden Tag herauskommt und an alle guten Restaurants, Nachtclubs, Hotels und Theater verteilt wird. Darauf sind die Personen verzeichnet, die wichtig sind,

Ausländer, Diplomaten, Schauspieler, Produzenten oder berühmte Wissenschaftler. Wenn man darin erwähnt ist, bekommt man die besten Plätze und wird überall mit größter Aufmerksamkeit bedient. Mein Name war an diesem Abend nicht aufgeführt. Der Amerikaner sagt: »What price glory?« -- »Was bedeutet Ruhm?«

Kein Mensch kannte mich, höchstens die Post, denn ich hatte einmal einen Brief erhalten, der nur an »Robert Siodmak, Amerika« adressiert war.

15

Praxis Dr. Siodmak

In dem Film »Der schwarze Spiegel« arbeitete ich nach einem nicht sehr guten Skript von Nunnally Johnson. Johnson blieb den Dreharbeiten fern. Seine Mutter war krank. Er schickte mir nur die Dialoge. In diesem Film spielte Olivia de Havilland zwei Rollen: Zwillinge. Wenn der Leser diesen Film gesehen hat und sich noch an ihn erinnert, wird er sich fragen, wie alle diese teuflischen Tricks gemacht wurden. Olivia saß sich selbst auf dem Schoß, umarmte und küßte sich. Die Tricks waren eine Glanzleistung meines alten Freundes Eugen Schüfftan, der alles verwirklicht hat.

Eine der Schwestern ist eine Mörderin, aber das Publikum wird irregeführt, welche der beiden es ist. Es kommen sehr viele psychoanalytischen Szenen darin vor. Auch der berühmte Rorschach-Test. Bei dieser Prüfung kann man feststellen, ob jemand normal ist oder nicht. Der Test besteht aus scheinbar willkürlichen Flecken, als ob jemand schwarze Tinte auf ein Papier geschüttet hätte, zwei Seiten einfach zusammengeklebt und dann auseinandergenommen. Ein normaler Mensch versucht in den schwarzen Stellen Figuren zu sehen, während ein Paranoiker oder anormaler Mensch nur die ausgesparten weißen Stellen sieht. Ich machte einen Versuch mit meinem Ersten Assistenten. Er sah – zu meinem Erschrecken – nur die weißen Stellen und war auch prompt sechs Monate später im Irrenhaus.

Ich interessierte mich sehr für Medizin und habe meinen Beruf verfehlt. Ich wollte eigentlich Arzt werden.

Einmal fuhr ich mit meiner Frau auf einem Dampfer nach New York. Ein mir unbekannter Herr saß im Speisesaal mit dem Rücken zu allen Leuten. Abends lief er vermummt ganz allein auf dem Deck herum. Er sprach mit keinem Menschen.

Das reizte mich, ich mußte seine Bekanntschaft machen. Babs sagte: »Du siehst doch, daß er mit keinem Menschen sprechen will! Es wird dir nie gelingen, ihn kennenzulernen!« Zwei Tage später kam ich Arm in Arm mit ihm an den Deckstuhl, wo Babs lag. Ich amüsierte mich über ihren erstaunten Ausdruck und stellte ihr den Herrn vor. Er war Produzent aus Hollywood. Ich hatte ihn im Dampfbad kennengelernt. Er wurde massiert. Als die Massage beendet war, ging ich zu ihm und erklärte ihm, daß er nicht richtig behandelt worden sei. Ich begann, ihn kräftig zu massieren. Von diesem Augenblick an wurde er mir beinahe hörig, und während der nächsten Jahre, bis zu seinem Tode, jagt er mir überall hin nach, – Paris, London, New York, Rom oder Hollywood – und fleht mich an, ihn zu behandeln. Ich kann heute noch in alle Apotheken gehen und mir jedes Mittel bestellen. »Jawohl, Herr Doktor«, sagen sie zu mir . . . ich muß wohl dabei eine medizinische Autorität entwickeln, wie sie nur ein richtiger Arzt hat!

Als meine Frau noch mit Dr. Simon verheiratet war, erzählte er von einem weltbekannten Patienten, der an diesem Tage in seiner Sprechstunde war. Es war Bruno Walter, der Dirigent. Er war schon bei vielen Ärzten gewesen, aber keiner konnte die Krankheit feststellen. Er war verzweifelt. Wenn er auf dem Podium stand, bekam er nach einigen Minuten die schrecklichsten Schmerzen in den Armen und konnte nicht weiterdirigieren. Dr. Simon sagte: »Wenn ich herausfinden könnte, woran er leidet, wäre das der glücklichste Moment für mich!« Meine Diagnose war ganz einfach: Senkfuß! Er sah mich mit großen Augen an, legte die Hand an die Stirn und war völlig verblüfft: »Natürlich! Daß mir das nicht eingefallen ist!« Bruno Walter bekam orthopädische Einlagen in seine Schuhe und dirigierte ohne Schmerzen glücklich noch dreißig Jahre weiter!

Manchmal kommen sehr hübsche Freundinnen meiner Frau zu mir und wollen behandelt werden. Ich sage: »Geh' ins Nebenzimmer und zieh' dich aus!« Dann vergesse ich sie, weil ich mich mit etwas anderem beschäftige. Nach etwa zehn Minuten rufen sie: »Ich liege hier seit zehn Minuten nackt herum! Wo bist du?«

Olivia de Havilland war in Behandlung bei einer berühmten Psychoanalytikerin, die mich zuerst nicht ernst nahm. Einer meiner Lieblingsaussprüche ist: »Ein Katholik kann zu einem Priester gehen und seine Sünden beichten. Er bekommt dafür vielleicht nur zehn Vaterunser auferlegt. – Die Andersgläubigen müssen zum Psychoanalytiker gehen und hundert Dollar pro Stunde bezahlen.«

Ich drehte den Film »Der schwarze Spiegel« mit Lew Ayres und Thomas Mitchel, der ein großer Trinker vor dem Herrn war. In einer langen Szene blieb er beim vorletzten Satz stecken. Ich wiederholte die Szene etwa zwanzig Mal. Die gesamte Mannschaft hielt den Atem an. Die Situation wurde immer unangenehmer und er selbst immer wütender über sich, verweigerte aber jede Hilfe. Plötzlich kam mir eine Idee. Ich flüsterte Lew Ayres zu: »Versprich Dich auch einmal!« Mitten in der nächsten Szene fing Ayres an zu stottern. Mitchell triumphierte: »Jetzt hast du es auch gemacht!« Die nächste Aufnahme war perfekt. Dieser Trick hatte seinen seelischen Krampf gelöst.

Die Arbeit mit Olivia war nicht einfach. Sie hörte nur auf ihre Psychoanalytikerin, die den ganzen Tag im Studio hockte und ihr Ratschläge gab. Wenn die Ärztin zufrieden war, nickte sie Olivia zu und erst dann konnten wir an die nächste Einstellung gehen. Die Arbeit war irritierend, aber es war mir unmöglich, etwas dagegen zu machen. Sie beherrschte meinen Star vollkommen. Ich war außer mir. Ich habe, trotz des Erfolges, keine gute Erinnerung an diesen Film.

*

Alle meine Filme wurden für das Radio bearbeitet und an einem Abend über ganz Amerika ausgestrahlt. Die Serie hieß: »Suspense«. Der Leiter war Norman Corvin. Zum Schluß traten der oder die Hauptdarsteller und der Regisseur vor das Mikrophon und machten sich gegenseitig Komplimente über die wundervolle Zusammenarbeit. Ich trat ungefähr zehnmal auf, einmal mit Olivia de Havilland. Kurz vor Schluß bekam man einen Zettel mit dem Text in die Hand gedrückt und hatte ihn nur abzulesen. An diesem Abend hatte Olivia mein Manuskript korrigiert. Ich sollte sie anstelle von »Olivia« nur mit »Miß de Havilland« ansprechen. Ich dachte, sie sei verrückt geworden und wollte nicht auftreten, aber dann wäre es zu einem Skandal gekommen. Aber darauf wollte ich es nicht ankommen lassen. Wir standen beide vor dem Mikrophon und sahen uns nicht an. Ich erwähnte die ganze Zeit ihren Namen nicht. Zum Schluß sagte ich nur kühl: »Viel Glück für Ihren nächsten Film, Miß de Havilland!«

Alle Zuhörer in Amerika merkten natürlich, daß wir uns wahrscheinlich nicht ausstehen konnten, was auch in diesem Augenblick der Fall war.

Es gab einen Schauspieler, Sonny Tufts, der zwar gut aussah, aber wenig Talent hatte. Eines Abends kam mein Freund James Mason ans Mikrophon und las von einem Zettel ab. Er pries den Film der nächsten Wochen: »Meine Damen und Herren. Sie werden das Vergnügen haben, in der nächsten Folge einen Schauspieler zu hören, der einmalig und beliebt ist und zu den größten Stars gehört! Er ist charmant, talentiert und alle erwarten von ihm noch große Filme. Sein Name ist ...« Er machte eine Pause und stotterte erstaunt in Mikrophon: »Sonny Tufts???!«

16

Englisches Zwischenspiel

Ich wurde nach England geschickt, um für die Rank-Organisation einen Film zu drehen. Da es kurz nach dem Kriege war, 1946, ließ ich mir zehn große Kisten anfertigen, in die ich alles packte, was es zu dieser Zeit in England nicht gab: Klo-Papier, eine Unmenge Konserven, Streichhölzer, Benzin, Schreibpapier, Bleistifte und was mir sonst noch einfiel.

Wir fuhren mit dem Schiff ab New York. Die englische Firma hatte uns zwar eine Kabine erster Klasse besorgt, aber sie hatte keine Fenster und lag in der Mitte des Schiffes. In New York war es noch glühend heiß. Ich hatte meiner Frau einen Nerzmantel für den englischen Winter gekauft, da wir glaubten, mindestens ein Jahr in England zu bleiben. Babs saß in der Kabine auf dem Bettrand, während ich verschwand. Ich bin ein fabelhafter Organisator, aber meine Frau steht Todesqualen aus, wenn wir verreisen, denn ich habe immer die Pässe, alle Papiere und das ganze Geld bei mir. Es war etwa eine halbe Stunde vor Abfahrt. Die Sirenen heulten, um die Besucher aufzufordern, das Schiff zu verlassen. Beim dritten Mal war ich noch immer nicht zurück in der Kabine. Babs lief verzweifelt auf das Deck und versuchte, mich in der Masse von Menschen zu finden. Vergeblich. Das Schiff hievte die Anker, der Quai verschwand langsam ... Adieu Amerika!

Babs war den Tränen nahe und dachte schon, ich hätte das Boot versäumt. Sie malte sich bereits die schreckliche Situation aus, in der sie sich befand, kein Paß, kein Geld, keine Fahrkarte. Sie war mit ihren Nerven am Ende, als ich endlich auftauchte und fiel mir weinend vor Wut und Erleichterung um den Hals. Daß sie mir keine Ohrfeige gegeben hat, ist wahrscheinlich nur dem Umstand zu verdanken, daß drei

Träger anwesend waren. Ich hatte alles wundervoll arrangiert: Deckstühle gemietet, den besten Tisch im Speisesaal bestellt und die »Königskabine«, bestehend aus zwei Schlafzimmern, Eß-, Musik- und drei Badezimmern belegt. Wir hatten zwei Stewardessen und einen Diener während der ganzen Reise zu unserer persönlichen Bedienung. Babs' Erleichterung war groß. Als wir allein waren, fing sie an, erst einmal ihren ganzen Zorn über mich zu ergießen. Aber nach einer Stunde war sie sehr zufrieden.

Die Überfahrt war ruhig, das Wetter schön – und ich nahm etwa zehn Pfund zu. Am Tage vor der Ankunft sah ich plötzlich eine lange Reihe Leute vor einem Schalter stehen. Ich erkundigte mich, worum es ginge und man erklärte mir, daß die Zugkarten von Southampton nach London verkauft würden. Ich stellte mich auch an. Vor mir stand ein feiner, älterer Herr. Er sah wie ein Kolonialoffizier aus und wedelte mit seinem Paß vor meiner Nase, damit ich auch sehen konnte, was für ein hohes Tier es war. Plötzlich bat er mich, seinen Platz für einige Minuten zu halten. Er ging zum Schalter und kam zufrieden schmunzelnd zurück. Als ich meine Karten haben wollte, stellte sich heraus, daß er die letzten zwei reserviert hatte. Für uns gab es keine mehr. Ich war wütend und schickte ein Telegramm an die Rank-Organisation. Ich bat, mir ein Auto nach Southampton zu senden, da ich keine Zugplätze hätte.

Als wir im Hafen anlegten, stand der Wagen bereits am Quai. Es war acht Uhr morgens und die Dockarbeiter streikten. Keiner konnte von Bord gehen. Die Matrosen unseres Schiffes holten jedoch unser Gepäck aus der Luke und luden es in das Auto. Alle Passagiere sahen auf uns hinunter und ich hörte die Stimme des Mannes, der glaubte, mich aufs Kreuz gelegt zu haben, als er empört und erstaunt ausrief: »Who the hell is this guy?« Wie ich später erfuhr, dauerte der Streik fünfzehn Stunden, ehe die Passagiere das Schiff verlassen konnten.

Als wir in London ankamen, mußten wir den Zoll passieren. Babs ist eine starke Raucherin. Wir hatten etwa fünftausend Chesterfield-Zigaretten mitgenommen, für die ich über hundert Pfund Sterling Einfuhrzoll zahlen mußte! In den nächsten Monaten pendelten wir zwischen Dublin und London hin und her, da ich nach den geltenden Gesetzen nicht mehr als hundertachtzig Tage in England arbeiten durfte. Immer nahm sie alle Zigaretten mit und jedesmal mußten wir sie in England wieder verzollen. Der Spaß kostete etwa vierhundert Pfund.

Wir wohnten im Savoy-Hotel am »Strand« und hatten Ausblick auf die Themse. Das Apartment war herrlich. In England konnte man überhaupt nichts kaufen. Überall waren Ruinen, wie in Deutschland, Narben des schrecklichen Krieges.

Eines Tages ging ich ins Theater und sah einen außerordentlich begabten jungen Schauspieler. Ich bat ihn zu mir ins Hotel und bot ihm an, ihn persönlich unter Vertrag zu nehmen und ihn aus meiner eigenen Tasche zu bezahlen. Er lehnte höflich ab. »Ich habe die Möglichkeit, im nächsten Jahr den Hamlet in Stratford zu spielen und kann daher nicht nach Amerika kommen!« Als ich ihn fragte, wieviel er dort verdienen würde, antwortete er: »Zwanzig Pfund!« Ich hatte ihm tausend Dollar wöchentlich angeboten. Sein Name war Paul Scofield. Heute besitzt er einen »Oscar« und ist weltberühmt.

Das Essen im Savoy-Hotel war grauenhaft. Obwohl noch das berühmte Silber vorhanden war, gab es als Vorspeise nur Heringe in Öl, das wie Petroleum schmeckte, oder in Essig. Alles war ungenießbar. Es gab keine Butter und keine Gewürze. Am Abend saß ich im Smoking vor einem halben Huhn, das wahrscheinlich an Unterernährung gestorben war. Man hatte es nach seinem Tod entweder schlecht gerupft oder nicht rasiert, denn es war noch voll schwarzer Stoppeln. Ich konnte es beim besten Willen nicht hinunterwürgen und bat den sehr eleganten Oberkellner – er hieß Sava – es mir auf mein Zimmer bringen zu lassen. Sava sah mich streng an und befahl laut: »Sie werden es hier, vor meinen Augen, aufessen!« Als Amerikaner war man zu dieser

Zeit sehr verhaßt, obwohl England ohne die Unterstützung der USA den Krieg bestimmt verloren hätte.

Am nächsten Tag gab ich ihm zwanzig Pfund, ging in den Keller und fischte einige Konserven heraus. Die Büchse kostete damals zehn Cents in Amerika. Ich bat ihn, mir das Essen diskret zu servieren. Er erschien dann mit drei Kellnern im Speisesaal und öffnete zeremoniell die Büchsen an meinem Tisch vor allen Leuten. Am liebsten hätte ich ihm eine runtergehauen.

Während des Kriegs stellten sich alle Leute an, wenn sie sahen, daß es irgendetwas zu kaufen gab, ganz gleich, was es war. Eines Tages sah ich auf der Straße eine lange Schlange stehen. Vier Holländer standen an der Spitze und betrachteten eine Stadtkarte von London. Hinter ihnen standen etwa fünfzig Personen und warteten geduldig. Die Holländer gingen davon, aber alle anderen blieben wie eine Herde stehen. Es dauerte etwa zehn Minuten, bis sie sich darüber klar wurden, daß es nichts zu kaufen gab. Die Macht der Gewohnheit ...

Wir arbeiteten in Bray, etwa zwanzig Kilometer von Dublin entfernt. Unser Quartier war ein riesenhaftes altes Hotel, das auf jeder Etage nur ein Badezimmer hatte. Es wurde mit Torf geheizt. Aber für jedes Bad gab es nur zehn Zentimeter Wasser! Jeden Morgen fand ein Wettlauf statt, um dorthin zu gelangen. Ich glaube, daß wir es nur zweimal in einem Monat geschafft haben!

Audrey Leslie Lindop, ihr Mann Dudley und Peter Bernheim arbeiteten am Manuskript mit mir. Audrey kam aus Schottland. Sie war, wie auch die Iren, sehr abergläubisch, hatte aber viel Humor.

Die Engländer kamen zu dieser Zeit in Scharen nach Irland, wo das Essen nicht rationiert war und sie soviel Fleisch bekamen wie sie wollten. Wir hatten einen Kellner, Willy; er bediente uns immer devot. Jeden Morgen ging er zur Frühmesse ebenso gebückt, wie er an unseren Tisch kam, als ob er dem lieben Gott servieren wollte.

In Schottland glaubt man an »little People«, kleine Leute.

In Irland heißen sie »Lepreshauns«. Es sind Geister, die nur die Schotten und Iren sehen, wir anderen Ungläubigen leider nicht. Eines Tages sagte Audrey streng: »Willy, warum bekommt Mr. Talley Roper nichts zu essen?« Sie deutete auf einen leeren Platz. Willy entschuldigte sich, brachte Besteck und einen Teller mit Fleisch und Gemüsen. Mr. Roper aß an diesem Tag nichts. Entweder hatte er keinen Hunger oder es war an einem Freitag, wo die gläubigen Katholiken kein Fleisch essen dürfen . . .

Von diesem Tag an bekam ich Briefe von Mr. Talley Roper. Sie waren manchmal zehn Seiten lang und in so kleiner Schrift geschrieben, daß man ein Mikroskop brauchte, um sie zu lesen. Einmal schickte er mir ein Paar von seinen Handschuhen, die etwa zehn Millimeter lang waren. Er wollte mir damit zeigen, wie groß er war, da ich Idiot ihn ja nicht sehen konnte. Als ich eines Tages bei Rank in London bei einer hitzigen Debatte saß, wurde mir ein Telegramm überreicht: »Habe leider Flugzeug versäumt – Laß dich nicht unterkriegen Robert – Bedaure, daß ich dir nicht zur Seite stehen kann – dein Freund Talley Roper«. Alles war eine Erfindung von Audrey. Vielleicht glaubte sie sogar selbst daran.

Audrey liebte Tiere. Sie besaß fünf Papageien, vier Katzen, mehrere Hunde und noch anderes Viehzeug. Einmal kaufte sie sich zwei kleine Vögel in Marokko. Sie krallten sich in ihren Zeigefinger und blieben so während des ganzen Fluges sitzen, etwa zehn Stunden lang, bis sie in London landete und die Vögel endlich in einem Käfig in ihrer Wohnung unterbringen konnte.

Arthur Rank hatte einen Film produziert: »Henry V.« mit Laurence Oliver. Er war ein großer Erfolg und spielte die damals ungeheure Summe von vierhunderttausend Pfund ein. Als wir unser Drehbuch fertig hatten und ich das Budget machen ließ, stellte es sich heraus, daß der Film mindestens siebenhundertfünfzigtausend Pfund kosten würde. Ich fuhr nach London. Mr. Rank hatte ein riesiges Büro. Er war sehr reich und besaß das Mehl-Monopol in England. Man schätzte sein Vermögen auf etwa vierhundert Millionen Pfund. Wir saßen – etwa zehn Personen – in seinem Büro, zu dem acht Türen führten. Auch ein Priester war da, sowie Mrs. Rank, die in einer Ecke saß und strickte.

Es war bereits Mitte Oktober, das Wetter sehr schlecht, wie fast überall um diese Zeit, und da der Film fast nur aus Außenaufnahmen bestand, hatte ich mir einen Plan zurechtgelegt. Wir saßen also alle in dem Zimmer und warteten auf den Chef. Plötzlich stand er da. Er war durch eine Geheimtür gekommen. Mr. Rank war für seine Ehrlichkeit bekannt. Wenn man mit ihm eine Abmachung persönlich getroffen hatte, schüttelte er einem die Hand und alles war anscheinend in bester Ordnung. Allerdings erhielt man dann nach etwa vier Wochen einen Vertrag von etwa zweihundert Seiten. Auf meinen Einwand, daß viele Sachen nicht stimmten, wurde mir gesagt, Mr. Rank sei ein Kind und kein Kaufmann . . . Die Anwälte müßten ihn schützen, damit er nicht hereingelegt würde. Wenn man dann mit Mr. Rank sprach, kam alles wieder in Ordnung, und die beanstandeten Paragraphen wurden anstandslos gestrichen.

Er setzte sich an seinen Schreibtisch und ich machte ihm den Vorschlag, den Film bis zum nächsten Jahr zu verschieben, da es unmöglich sei, im Winter Außenaufnahmen zu machen. Die technischen Möglichkeiten, den Film zu dieser Zeit im Atelier zu drehen, seien unmöglich. Ich versprach, im Frühling aus Hollywood zurückzukommen, um das gute Wetter auszunutzen. Der Film würde dann ein Drittel weniger kosten.

Mr. Rank wurde plötzlich autoritär: »Mischen Sie sich nicht in meine finanziellen Entscheidungen, Mr. Siodmak«, sagte er. »Sie werden mit dem Film sofort anfangen!« Ich erklärte ihm, daß ich nichts mit einer Arbeit zu tun haben wolle, die kaufmännisch ungesund sei und an der er nur Geld verlieren würde.

Er stand auf: »Danke«, sagte er, »dann sind wir geschiedene Leute!« An der Tür drehte ich mich noch einmal um: »Sie verstehen noch nicht soviel vom Filmgeschäft wie ich,

Mr. Rank. Ich garantiere Ihnen, daß Sie mit diesen Methoden in zwei Jahren pleite sind!«

Wir fuhren wieder nach Amerika. Universal akzeptierte meine Entscheidung, obwohl es meinen Chefs unangenehm war. Der Roman, den ich hatte in England drehen sollen, hieß »Precious Bane«. Leider wurde der Film nie gemacht. Wie ich vorausgesehen hatte, wäre er zu teuer geworden.

17

Das Handwerk des Regisseurs

Schon viele Leute haben mich gefragt, worin der Unterschied zwischen einem Produzenten und einem Regisseur besteht. Obwohl das für einen Laien nicht einfach zu verstehen ist, möchte ich versuchen, es zu erklären. Ein Produzent in Europa ist derjenige, der entscheidet, welchen Film er machen will. Er kauft die Rechte, manchmal borgt er sich auch das Geld dazu, läßt ein Drehbuch schreiben und sucht einen Verleih. Außerdem braucht er einige Schauspieler mit Namen, die den Verleih interessieren. Da er das erste Geld gegeben hat, ist er der eigentliche Nutznießer des Gewinnes. Er hat schließlich etwas gewagt. Wenn die Arbeit genügend fortgeschritten ist, engagiert er den Regisseur. Es kommt natürlich auf die Persönlichkeit und den Namen dieses Haupt-Mitarbeiters an, und wie weit er ihn als Produzent beeinflussen kann.

Nimmt er einen bekannten Namen für die Regie, so muß er ihn gleich am Anfang engagieren. Das kostet viel Geld. Denn dann ist der Regisseur auch ein Star und oft wichtiger als die anderen Mitarbeiter. Für einen Star-Regisseur wollen alle Schauspieler arbeiten, da sie sich von seiner Arbeit Erfolg versprechen. Es gibt natürlich auch Star-Produzenten wie David Selznick, Erich Pommer, Mark Hellinger oder mein Freund Jules Buck.

Der erfolgreiche Regisseur arbeitet von Anfang an am Buch mit. Er gehört zu den kreativen Kräften des Ensembles. Wenn er entsprechend bekannt ist, kann er sich an jeden Schauspieler wenden. Denn Schauspieler sind nur an guten Rollen interessiert. Er kann es auch wagen, völlig Unbekannte zu engagieren, denn sowohl der Produzent als auch der Verleiher haben Zutrauen zu ihm.

Von den Schwierigkeiten und Anstrengungen, mit denen der Regisseur zu tun hat, macht sich das Publikum keine Vorstellung. Während die Schauspieler im Laufe der Aufnahmen sich oft stundenlang ausruhen können, sind die Techniker, der Regisseur, der Kameramann und alle anderen im Atelier oder im Freien die ganze Zeit auf den Beinen.

Manchmal, bei Außenaufnahmen, ist der Himmel ganz blau. Nur eine einzige kleine Wolke schwebt herum und verdeckt die Sonne ausgerechnet an der Stelle, wo man drehen wollte. Es ist wie verhext. Der Kameramann, die Assistenten und ich sehen durch dunkle Gläser hinauf zum Himmel. Aber die verdammte kleine Wolke will sich nicht bewegen oder kommt eigensinnig immer wieder auf die gleiche Stelle zurück. Das ist sogar schon in der Wüste passiert. Ich kenne sämtliche Wolkenformationen und kann trotz strahlenden Sonnenscheins bereits Stunden vorher sagen, wie lange wir noch Zeit haben, bis sich der Himmel bedeckt.

Während der Aufnahmen darf auch kein Lichtwechsel auftreten, sonst muß man die Szene noch einmal wiederholen. Das passiert sehr oft und dann kommt man mit seinem Pensum in Rückstand, da es manchmal stundenlang dauert. Der Regisseur muß gute Nerven haben, darf sich nicht beeinflussen lassen und muß besonders gegen die Produktion, für die jede Stunde Geld bedeutet, kämpfen und sich durchsetzen.

Wenn man im Freien arbeitet, ist man täglich achtzehn Stunden auf den Beinen. Der Regisseur muß nicht nur physisch kräftig sein, sondern auch dauernd seinen Verstand benutzen, denn der Film wird schließlich nicht in der Reihenfolge gedreht, in der man ihn zum Schluß auf der Leinwand sieht. Ich habe bei meinem letzten Film, der sieben Monate Drehzeit hatte, fünfzig Pfund verloren. Alles kostet viel Zeit und Mühe: die Mitarbeit am Drehbuch, die Besetzung und die Auswahl der Techniker, zuletzt noch die Überwachung des Schnittes, Synchronisierung, Musikaufnahme und Mischung. Dazu kommt, daß man sich vorher, oft in fremden Ländern, die Motive aussuchen muß. Man ist tage- und wochenlang auf der Reise, klettert auf Berge, watet durch Flüsse, im Sommer und Winter, in Regen und Schnee und sucht sich den Standort der Kamera aus, den man erst Wochen später braucht.

Von allen diesen Schwierigkeiten hat das Publikum natürlich keine Ahnung und soll sie auch gar nicht kennen. Selbst der Produzent kümmert sich nicht darum. Das Publikum sieht die Schauspieler, die Kostüme, Dekorationen, Landschaften und hört die Musik. Die meisten wissen nicht einmal, wer der Regisseur, Produzent und Autor waren, die diese Tausende von Details auf die Leinwand zauberten und zu einer Einheit komponiert haben.

Wenn der Film fertig ist, sind sie Schauspieler längst mit einer anderen Arbeit beschäftigt. Sie denken gar nicht darüber nach, wie alles zusammengekommen ist und glauben immer, die Hauptperson zu sein.

Um nur ein Beispiel zu nennen: Ich drehte einmal in Jugoslawien für Artur Brauner einen Film; wir arbeiteten in und um Dubrovnik, in Titograd und Split. Es war eine Co-Produktion zwischen Deutschland, Italien, Spanien, Frankreich, Jugoslawien und Amerika. Ich hatte eine lange Szene gedreht, die etwa zehn Tage gedauert hatte. Dazu hatte ich mir ein Flußbett ausgesucht, das völlig ausgetrocknet war. Es hatte kalkweiße Wände und sah wundervoll romantisch aus. Ich brauchte nur noch einen einzigen Drehtag, um die Szene zu beenden.

In der Nacht fing es an zu regnen. Eine Sintflut. Als ich am nächsten Morgen an den Drehort kam, waren die Wände durch den Regen kohlrabenschwarz geworden, das Wasser war reißend und etwa drei Meter hoch. Es goß ununterbrochen achtundzwanzig Tage lang. Es war schon November. Man konnte bei gutem Wetter nur zwei bis drei Stunden arbeiten. Jede Nacht um vier Uhr begann man, die armen Darstellerinnen zu schminken. Um sechs Uhr früh, noch mitten in der Dunkelheit, fuhren wir los. Die Fahrt dauerte zwei Stunden, bis wir in einem Hotel anlangten, wo der jugoslawische Stab und die Klein-Darsteller wohnten. In der großen

Hotelhalle warteten etwa dreihundert Personen auf uns. Der Aufenthaltsraum war mit Neonlicht beleuchtet. Alle sahen wie Wasserleichen aus. Trapper, Indianer, Mexikaner saßen in ihren bunten Kostümen da und tranken Kaffee oder Slibowitz. Jeden Tag schrieben sie Briefe und Ansichtskarten.

Die Pferde und Requisiten waren in kleinen Dörfern in der Umgebung untergebracht. Wenn das Wetter umschlug, mußten sie zum Drehort, der etwa zwei Stunden entfernt lag, transportiert werden. Jeden Tag brach ein anderes Transportmittel zusammen, und wir kamen fast immer zusammengepfercht wie eine Hammelherde an. Dann mußten die Kleider erst einmal getrocknet und aufgebügelt werden. Wir warteten und warteten. Der Himmel war immer noch schwarz, und es goß in Strömen. Gegen elf Uhr blies ich die Aufnahmen ab. Wieder war ein Tag verloren, die Schauspieler fuhren in das Hotel zurück. Aber für mich war die Arbeit noch nicht zu Ende. Stundenlang fuhr ich immer höher und höher in die Berge. Ich hoffte, einmal über ein Wolkenfeld zu kommen, um, wie beim Fliegen, die Sonne zu sehen. Am Nachmittag, gegen vier Uhr, hatte auch ich genug. Alles war vergeblich. Bei den schlechten Straßen und Erdrutschen brach oft die Achse eines Autos oder es platzte ein Reifen. Dann quetschten sich acht Personen in einen anderen Wagen. Schließlich kamen mein Stab und ich gegen sieben Uhr völlig durchnäßt und erschöpft wieder im Hotel an.

Wenn man beinahe einen Monat lang zusammenhockt, kann es nicht ausbleiben, daß man sich gegenseitig auf die Nerven geht. Jeden Abend, wenn ich zurückkam, waren meine lieben Schauspieler schon voll von Alkohol und oft sehr munter. Ich mußte manchmal einen Streit schlichten. Außerdem kam es zu Eifersuchtsszenen, denn wir hatten sehr hübsche Frauen in unserem Film. Im Speisesaal saßen alle immer getrennt an verschiedenen Tischen: Franzosen, Deutsche, Italiener, Amerikaner, Jugoslawen, Spanier. Aber ich, als Chef des ganzen Unternehmens, mußte abwechselnd an jedem Tisch Platz nehmen und mich mit ihnen unterhalten, sonst wären sie gekränkt gewesen. Ich war immer der Letzte, der aß. Dann kamen die Anrufe aus Berlin, Paris, Madrid, Rom, manchmal nach Mitternacht. Brauner riß sich noch die letzten Haare aus. Verträge mußten verlängert werden, denn manche Schauspieler hatten schon für einen anderen Film abgeschlossen.

Ich wußte ja nicht, wann es zu regnen aufhören würde. Schließlich bin ich kein Frosch oder Meteorologe. Trotzdem lag die ganze Verantwortung auf meinen Schultern. Dann wurde noch ein Schauspieler krank und ich konnte ihn nur durch die gefährlichsten Medikamente auf den Beinen halten und seine Rolle so schnell wie möglich zu Ende drehen.

Nachts saß ich in meinem Zimmer und schrieb das Drehbuch um, um einzelne Szenen in das Innere eines Hauses zu verlegen. Auch das mußte natürlich erst gefunden werden.

Einige Male wollte die Polizei einen Schauspieler einsperren, weil er aus Nervosität eine Schlägerei angefangen hatte. Dann mußte jemand zur Wache, um die Sache wieder einzurenken. Das war besonders schwierig, wenn es sich um einen Jugoslawen handelte. Dann mußte ich selbst hingehen, um der Sache mehr Gewicht zu geben.

So ging es Tag für Tag, Nacht für Nacht, einen ganzen Monat lang, bis endlich die trübe Sonne wieder zum Vorschein kam. Dann hieß es: ganz schnell arbeiten, um die verlorene Zeit einigermaßen einzuholen. Da das Negativ im Ausland entwickelt wurde und man nie die Szenen sah, die bereits gedreht waren, mußte man dauernd nachdenken, ob man den richtigen Anschluß hatte und sich vor Augen halten, wie die Schauspieler vor Wochen ausgesehen hatten. Das war zwar die Aufgabe des Script Girls, die sich jede Einzelheit notieren mußte, aber über die Jahre entwickelte sich bei mir eine Art photographisches Gedächtnis und ich sah jede Einstellung wie in einer Trance vor mir.

So sieht die Arbeit eines Regisseurs aus. Wenn man viel Zeit und Geld zur Verfügung hat, ist es natürlich leichter. Die jungen, unerfahrenen Regisseure haben das Problem nicht. Es müßte eigentlich umgekehrt sein.

Außerdem muß jeder Film eine Einheit darstellen. Wenn dem Publikum eine darstellerische Leistung, die Musik, die Kostüme, die Photographie oder die Arbeit des Regisseurs besonders auffällt, ist der Film nicht gelungen.

Ein Freund von mir, Broneç Kaper, hat seit Jahrzehnten als Komponist bei MGM erfolgreich gearbeitet. Manchmal traf ich ihn am Ausgang des Kinos. Mir war seine Musik gar nicht aufgefallen. Er lachte dann und sagte: »Jetzt ist sie gut!« Alles muß zusammengehen wie bei einem Puzzle-Spiel. Dazu kommt noch, daß man sehr oft mit schwierigen Schauspielern zu tun hat. Da muß man Takt, Psychologie und Tricks anwenden. Manchmal kommt man sich wie ein Dompteur vor, der im Zirkus mit Tigern, Bären, edlen Rennpferden und manchmal mit Kamelen zu arbeiten hat, womit ich nicht immer die Schauspieler meine!

Wenn ein junger Mann zu mir kommt und mich um Rat fragt, wie man Regisseur werden könnte, sage ich ihm als Beispiel, daß mir sein Anzug gut gefällt und frage ihn, ob er ihn allein zuschneiden könnte. Er sieht mich dann verwirrt an. Schließlich sei er ja kein Schneider. Genau das ist es, was ich hören will. Das Schneiden beim Film ist die wichtigste Voraussetzung, und wenn man diese Kunst nicht beherrscht, kann man auch keinen Film machen. Deshalb rate ich jedem, erst einmal die Montage des Films zu erlernen, bevor er versucht, Regisseur zu werden. Das »timing«, das heißt, der Instinkt, wie lang oder kurz eine Szene zu sein hat, ist nur wenigen gegeben und man darf sich keinesfalls in eine bestimmte Szene verlieben.

Ein Regisseur muß immer die Augen offenhalten. Er muß im Hofbräuhaus die Kellnerinnen beobachten, wie sie mit ökonomischen Bewegungen die Tische decken, wie eine Messe zelebriert wird oder ein Kapitän oder Pilot das Steuer in der Hand hält. Wie jemand sich in einer Gefahr benimmt oder wie die Menschen reagieren, die sich aus Neugier zusammenrotten, wenn ein Unfall passiert ist. Nichts darf ihm entgehen. Der Regisseur ist ein Augenmensch und muß die Schönheiten der Landschaft sehen, Bewegungen und Typen beobachten, um sie dann in einem Film gelegentlich verwenden zu können.

Man muß sich davor hüten, ein Zyniker zu werden. Als ich meine ersten Erfolge hinter mir hatte und glaubte, mein Metier zu beherrschen, ließ ich oft eine Szene durchgehen, selbst wenn sie nicht perfekt war. Ich war überzeugt, alles im Schneideraum in Ordnung bringen zu können. Schließlich hatte ich ja eine Schere und konnte herausschneiden, was mir nicht gefiel. Im Laufe der vielen Jahre ist es anders geworden. Heute drehe ich so lange, bis ich das Gefühl habe, daß der Schauspieler sein Bestes gegeben hat. Ich zwinge ihn manchmal, bis zur völligen Erschöpfung zu arbeiten. Erst dann, wenn er ganz entkrampft ist, gibt er eine gute Leistung.

Der Zuschauer sollte einmal die Hände von großen Schauspielern wie Charles Laughton oder Sir Laurence Olivier beobachten. Sie sind völlig entspannt, auch in den aufregendsten Situationen, während die Anfänger nicht wissen, was sie damit anfangen sollen und wie sie sich zu bewegen haben.

Das Unglück ist, daß die meisten Filme synchronisiert gezeigt werden. Damit verlieren sie natürlich viel von ihrer Ursprünglichkeit. Allerdings habe ich einige Bearbeitungen von Conrad und Beate von Molo gesehen, die den Esprit genau eingefangen haben. Sie hatten auch die richtigen Stimmen der ausländischen Schauspieler ausgesucht, obwohl es schwer ist, zum Beispiel das Timbre von Burton oder Laughton zu finden. Bei den meisten stimmt der ursprüngliche Text nicht. Sie müssen ihn den Lippenbewegungen anpassen. Dabei geht viel vom eigentlichen Charme verloren, und ich war oft verzweifelt, wenn ich meine amerikanischen Filme auf deutsch hörte, nachdem ich mir so viel Mühe bei der Dreharbeit gegeben hatte.

Mit der Erfindung des Tons hat sich alles geändert. Während der Stummfilm noch eine Kunstform war, die man in keinem anderen Medium ausdrücken konnte, so gibt es heute meistens nur noch photographiertes Theater. Die billigsten Filme sind diejenigen, die eine Menge Dialog haben. Das »Monstrum«, die Kamera, wird heute kaum mehr richtig eingesetzt. Das Wort »Movie« kommt von »movement«, also »Bewegung«. Und es ist kein optischer Film mehr, wenn zwei Personen auf dem Sofa sitzen oder im Bett liegen und sich fünf Minuten lang unterhalten.

In jedem meiner Filme sind etwa zehn Minuten »echter Film«. Dann benutze ich das »Monstrum«, die Kamera, um eine Szene zu inszenieren. Wenn mir das geglückt ist, bin ich bereits zufrieden. Der Rest ist leider – wie gesagt – meistens photographiertes Theater.

Jeder erste Film eines jungen Regisseurs ist eine Autobiographie. Er erzählt von dem Leben, das sie kennen. So erging es mir auch bei meiner ersten Arbeit »Menschen am Sonntag«. Hat man damit Erfolg und das Glück, einen zweiten Film zu drehen, der wieder gefällt, so schnappt einen die Industrie. Dann ist man den Produzenten ausgeliefert, und wenn ein Film teurer wird, reden immer Leute hinein, gegen die man kämpfen muß, um seinen eigenen Standpunkt durchzusetzen. Man geht dabei unter, wenn man nicht genügend Kampfgeist zeigt.

*

In den Anfangszeiten des Films war der Regisseur der eigentliche Meister. Er entdeckte die Schauspieler und machte sie berühmt. Als die Finanziers, meistens die Banken, sahen, wieviel Geld mit einem Film verdient wurde, versuchten sie, die Macht des kreativen Regisseurs zu beschneiden und setzten Kaufleute an dessen Stelle: Die Produzenten hatten das letzte Wort. Darüber installierten sie noch ein Gremium von Executive-Producers. Der Regisseur rutschte in die dritte Kategorie ab, etwa in die eines Kameramanns.

Dadurch sahen die meisten Arbeiten uniform aus. Während des Krieges war diese Art des Filmemachens noch möglich, da das Publikum in die Kinos strömte. Später wurde es schwieriger. Die Produzenten und die teuren Autoren waren eine große Belastung für das Budget. Außerdem verlangten die Gewerkschaften immer mehr Geld. Die Produktionen flüchteten ins Ausland: Italien, Spanien, Frankreich, das heißt in Länder, wo die Arbeitskräfte billiger waren. Natürlich verdarben sie die Preise, da sie nach amerikanischen Maßstäben arbeiteten, und ruinierten die europäische Film-Industrie, die nicht mit ihnen konkurrieren konnte.

Darryl F. Zanuck, der Chef von Twentieth Century-Fox, war damals der ungekrönte Herrscher. Er hatte sich eine besondere Arbeitsweise zugelegt. Er kam Montag früh um acht Uhr in das Studio und fuhr am Donnerstag in sein Landhaus, um Bücher und Manuskripte zu lesen. Wenn er am Montag früh zurückkam, mußten die Autoren und Produzenten bei ihm antreten. Er besprach mit ihnen zuerst die Drehbücher, die er über das Wochenende gelesen hatte und machte Änderungsvorschläge oder traf seine Entscheidung über die neue Produktion. Dann sah er sich alle Muster an, manchmal von zehn Filmen, die am Donnerstag, Freitag und Samstag gedreht worden waren. Noch nach Monaten erinnerte er sich an jede Einstellung.

Am Abend nach dem Essen wurden dann die halbfertigen Filme vorgeführt. Diesmal mit dem Produzenten oder Regisseur. Das dauerte bis zwei Uhr nachts. Da er im Studio schlief, wir jedoch noch nach Hause fahren mußten, waren wir natürlich am Morgen immer müde. Ich erinnere mich, wie er mich einmal gegen Mitternacht zu einer Vorführung einlud. Es war ein Musical mit Betty Grable und Don Ameche. Ein stinklangweiliger Film. Im Vorführraum saßen der Produzent, Regisseur, Assistenten, der Mann, der für das Budget verantwortlich war, und natürlich Zanuck. Als der Film zu Ende war, stand Zanuck auf. Er marschierte im Korridor hin und her, wobei er eine der Riesen-Zigarren rauchte, die extra für ihn in Kuba angefertigt wurden. Keiner sprach ein Wort. Nach etwa drei Minuten kam er in den Vorführraum zurück und fragte: »Ist der Film so schrecklich, wie er mir vorkommt?!« Alle nickten. »Wie kann man den Dreck reparieren?«

Der Autor hatte mehrere Ideen. Erstens hatten alle festgestellt, daß eine Hauptrolle falsch besetzt worden war. Zweitens mußten zwei Musiknummern neu geschrieben und nachgedreht und außerdem mehrere Szenen umgestellt werden. Zanuck paffte an seiner großen Zigarre. »Was kostet das?« Der Produzent antwortete: »Wir haben es ausgerechnet: Vierhundertfünfzigtausend Dollar!« Zanuck sagte: »O. k., ändert es!« Er stand auf und verließ den Raum. Für Fox war das damals ein Pappenstiel.

Wenn ein Film fertiggestellt war, fing er an, daran herumzuschneiden. Wenn ihm irgend ein Schauspieler nicht gefiel, wurde er ersetzt und die Szenen wiederholt. Er saß in seinem Büro auf einem hohen Stuhl hinter dem Schreibtisch. Die Besucher auf niedrigeren Stühlen. Wenn er sich zurücklehnte, mußte man sich fast den Hals ausrenken, um ihn noch zu sehen. Deshalb war man psychologisch immer im Nachteil, weil man sich ganz klein dabei vorkam. Er gab jedem immer das Gefühl, er sei ein Riese, obwohl wir ihn meistens, wenn wir neben ihm standen, um eine Kopflänge überragten.

Otto Preminger und Anatole Litvak, die in den dreißiger Jahren nach Hollywood kamen, hatten sich – wie man sich erzählt – einen glänzenden Trick ausgedacht, um eine Anstellung zu erhalten. Sie lernten Zanuck kennen und spielten Gin-Rummy mit ihm, und zwar zu sehr hohen Einsätzen. An einem Abend verlor jeder fünfzigtausend Dollar an Zanuck. Natürlich besaßen sie das Geld nicht. Darryl nahm beide unter Vertrag! Sie mußten ihm wöchentlich tausend Dollar von ihrem Gehalt zahlen, um ihre Schulden abzudecken. So bekam Zanuck seine hunderttausend Dollar zurück, die er nicht zu versteuern brauchte. Jedes Jahr spielten sie erneut zusammen. Preminger und Litvak hüteten sich immer, zu gewinnen.

Ob die Geschichte wahr ist, weiß ich nicht genau, aber sie scheint mir durchaus möglich.

18

Bekanntschaften

Ich hatte natürlich auch manchmal mit einem Film keinen Erfolg. Das ist ja das Gute in meinem Beruf. Wenn ein Film ein »Flop« ist, sehen sich ihn nur wenige Leute an, und er ist bald vergessen. Nur die sogenannten Erfolge bleiben in Erinnerung.

Ich war bei der größten Agentur Hollywoods, der William Morris Agency. Mein Betreuer war einer der Partner. Er hieß Johnny Hyde. Eines Tages hatten wir etwas zu besprechen und gingen zu »Romanoff«, dem damals berühmtesten Lokal in Beverly Hills. Hyde, der etwa fünfundsechzig Jahre alt war, kam in Begleitung eines sehr jungen, bezaubernd gewachsenen blonden Mädchens. Sie saß am Tisch, kämmte sich dauernd die Haare, schminkte sich die Lippen oder sah in den Spiegel. Meine Frau, die dabei saß, wurde immer nervöser und stieß mich mehrmals heftig gegen das Schienbein. Sie wollte unbedingt gehen. Endlich, nach etwa zwei Stunden, als wir mit dem Essen fertig waren und das Geschäftliche ebenfalls erledigt war, verließen wir das Restaurant. Als wir nach Hause fuhren, sagte meine Frau wütend: »Wie kannst du mich nur mit dieser Kuh so lange allein lassen. Sie ist das Dümmste, das ich je gesehen habe. Sie kann sich überhaupt nicht unterhalten und ist völlig ungebildet!« Ich erwiderte: »Babs, wenn dieses junge Mädchen eines Tages ein Star wird . . .« »Halte sofort an«, rief meine Frau außer sich. Sie öffnete die Wagentür und stampfte wütend mit bloßen Füßen auf: »Wenn diese Idiotin jemals ein Star wird, will ich mit deinem Dreckberuf nichts mehr zu tun haben!«

Sie hatte unrecht: Das Mädchen wurde weltberühmt. Es war Marilyn Monroe!

Ich war ein Bekannter von Charlie Chaplin und ging oft am Sonntag zu ihm. Man durfte ihn im Tennis oder Ping-Pong nicht schlagen. Er mußte immer gewinnen, sonst wurde man nie mehr aufgefordert. Er ist der schlechteste Witzeerzähler, den ich je gekannt habe, lachte schon vor der Pointe, hatte sie entweder vergessen oder verhaspelte sich. Nur wenn er sie als Pantomime brachte, war er natürlich großartig. Er war als Kommunist verschrien. Seine Filme wurden später in Amerika verboten.

Auf einer großen Party, die Claire Booth-Luce, die Gattin des Inhabers von »Time« und »Life« gab, erschien auch Chaplin mit seiner Frau Oona, der Tochter des großen amerikanischen Autors Eugene O'Neill. Es war zu Beginn der McCarthy-Zeit. McCarthy witterte in jedem einen Kommunisten und ganz Amerika zitterte vor ihm.

Chaplin und seine Frau standen ganz isoliert da. Kein Mensch wagte aus Feigheit, sich mit ihm zu unterhalten. Meine Frau und ich gingen ostentativ hin und sprachen mit ihm.

Einige Monate später erschien das F.B.I. bei meiner Frau. Es war im Jahre 1943. Sie fragten nach mir. »Er ist mit dem Hund spazieren gegangen«, sagte Babs. »Tut er das jeden Abend? . . . und sind Sie auch ganz sicher?« Meine Frau antwortete lachend: »Vielleicht besucht er eine Freundin, was weiß ich?!«

»Wir können Ihnen sagen, wo er sich im Moment aufhält«, sagten die beiden Herren finster. »Er ist Kommunist und mit zwei russischen Generälen bei Charlie Chaplin!« Meine Frau ließ sich nicht einschüchtern. »Seine politischen Ansichten kenne ich. Man könnte ihn bestenfalls einen müden Liberalen nennen.« Die beiden Herren klappten ihre Notizbücher zu und verließen stumm das Haus.

Später erfuhr ich, daß Gerhard Eisler, der spätere Propaganda-Chef der DDR, Chaplin besucht hatte. Er sah mir etwas ähnlich und hatte sich mit meinem Namen in Chaplins Gästebuch eingetragen . . . Das F.B.I. hatte mich mit ihm verwechselt.

Während des ganzen Krieges bin ich nie aufgefordert worden, einen Film für die Regierung zu drehen. Und mein Name steht wahrscheinlich noch heute in den Akten des F.B.I. als subversives Element.

*

Eines Tages erhielt ich einen mysteriösen Anruf. Ich sollte um Mitternacht auf die Spitze des Look-Out-Mountain kommen. Eine gottverlassene Gegend, in der damals kein Mensch wohnte. Ich war pünktlich und wartete. Nach einigen Minuten erschien ein uralter, verbeulter Ford und blinkte mit den Scheinwerfern. Ich ging zu dem Wagen und stieg ein. Darin saß Howard Hughes in einem offenen Hemd, Blue Jeans und Tennisschuhen. Er hatte eben die RKO-Studios gekauft. Er war nur mehrmals darüber hinweggeflogen, ohne den Fuß je auf das Gelände zu setzen. Er machte mir den Vorschlag, für ihn einen Film zu drehen. Er würde Universal dazu bewegen, mich für diese Arbeit freizugeben.

Vor einigen Jahren verlegte er seinen Wohnsitz nach Las Vegas und mietete in dem riesenhaften Sand-Hotel die ganze oberste Etage. Da es ihm zu laut zuging, kaufte er gleich das ganze Hotel. Kein Mensch sah ihn jemals. Er wollte aus Las Vegas den größten Flughafen der Welt machen und erwarb Millionen Hektar Land. Dort sollten einmal alle Übersee-Flugzeuge landen und die Passagiere nach San Francisco oder New York mit kleineren Flugzeugen weiterbefördert werden. Er erwarb weitere fünf Hotels. Die Mafia, der Las Vegas mehr oder weniger gehörte, schien machtlos.

Eines Tages trat Frank Sinatra wieder im Sand-Hotel auf. Er besitzt auch ein Vermögen von Hunderten von Millionen und verlangte Kredit, der ihm von der Hotel-Direktion verweigert wurde. Da er sich allmächtig fühlte und wohl an dem betreffenden Abend betrunken war, zertrümmerte er die ganze Zimmereinrichtung und riß das Telefonkabel aus der Wand. Dies war zuviel für Howard Hughes. Er beauftragte seine Leibwächter, Sinatra hinauszuwerfen. Einer seiner

Gorillas erschien in Sinatras Apartment. Als er sah, was Franky-Boy angerichtet hatte, verprügelte er ihn dermaßen, daß Sinatra zwei Zähne verlor. Es waren mehrere »Beschützer« des Stars im Zimmer, aber anscheinend traute sich keiner, einzugreifen. Noch in der gleichen Nacht packte Sinatra seine Koffer und verließ Las Vegas.

*

Eines Tages saß ich mit meinen Chefs im Restaurant. Universal wollte einen Film mit Douglas Fairbanks jun. machen. Sie hatten keinen Regisseur. Ich schlug Max Ophüls vor, von dem ich wußte, daß er seit Jahren in Hollywood herumsaß und noch nie gearbeitet hatte. Es ging ihm sehr schlecht. Er wurde in das Studio bestellt und lernte Fairbanks kennen. Sie machten den Film (»The Exile«) und wurden Freunde. Er drehte noch drei weitere Filme in Hollywood, bevor er nach Europa zurückkehrte.

Erst nach einigen Jahren erfuhr Ophüls von einer anderen Seite, daß ich ihm diesen Job verschafft hatte. Er hat es mir nie vergessen und wurde mein bester Freund. Als er nach einer Herzattacke in Hamburg im Krankenhaus lag, schrieb ich ihm einen Brief. Er antwortete mir nach einer Woche. Seine Handschrift war zittrig: »Robert, ich trage Deinen lieben Brief immer auf meinem Herzen unter der Bettdecke. Meine Frau Hilde hat mir gesagt, als ich einmal aufwachte, ich hätte Dir bereits geanwortet. Aber ich weiß, daß ich Dir noch nicht geschrieben habe. Laß mich Dir einen guten Rat geben: Mache Dich wegen der Arschlöcher, den Produzenten, nicht verrückt. Das Leben ist zu kurz. Du erinnerst Dich, was mit unserem Freund Thoeren passiert ist. Wenn ich eines Tages wieder gesund werden sollte, werde ich Dir ein besserer Freund sein als je zuvor. – Dein Max. –«

Am nächsten Tag starb er.

19

Listen gegen Stars und Studios

Manchmal entstanden damals in Hollywood Filme unter sehr merkwürdigen Umständen. Hier ist eine typische Geschichte.

Es gab einen Roman von Rachel Fields, der sehr bekannt war. Ein berühmter Erbauer von Segelschiffen glaubt nicht an die neue Erfindung der Dampfschiffe und geht dadurch zugrunde. Jedermann wird mir recht geben müssen, daß das Ende vorauszusehen und ohne Interesse war. Ich weigerte mich, diesen Stoff zu drehen und nahm Urlaub. Ich wollte wieder einmal nach Europa fahren. Kaum war ich in meinem Hotelzimmer in New York angekommen, als mich ein Anruf aus Hollywood erreichte. Es war mein Agent Johnny Hyde. Er sagte nur: »Wenn Universal anruft, sag'Nein!« Damit hängte er auf. Zwei Minuten später klingelte wieder das Telefon. Diesmal war der große Boß von Universal, Nate Blumberg, am Apparat. Es stellte sich heraus, daß Universal mit der Rank Organisation eine Fusion eingegangen war. Sie wollten als erstes das von mir abgelehnte Buch verfilmen und Bill Goetz, der neue Produktionschef, hatte Arthur Rank – damals noch nicht »Sir« – versprochen, daß ich Regie führen würde. Ich sagte »Nein!«, da mir Ferien zugesagt waren.

Den ganzen Tag über klingelte das Telefon. Einmal Universal, einmal mein Agent. Meine Antwort war immer Nein. Der Titel des Buches war auch dem Inhalt entsprechend: »Time out of Mind«, etwa »Vergessene Zeit« ...

Auf Bitten des Produktionschefs mußte ich noch einen Tag länger in New York bleiben. Er wollte zu mir herüberfliegen, um mit mir zu sprechen. Er hätte Rank persönlich zugesagt, mich, seinen »besten« (?) Regisseur für diese Arbeit zur Verfügung zu stellen. Ich blieb bei meinem Nein, auf Rat meines Agenten. Nate Blumberg fuhr verzweifelt wieder ab.

Inzwischen saß Phyllis Calvert, damals der größte Star Englands, bereits im Flugzeug. In Hollywood wurde sie mit dem üblichen großen Tam-Tam empfangen. Man brachte ihr schonend bei, daß ich leider den Film nicht machen könne und bot ihr an, ihn mit irgendeinem der größten Regisseure Hollywoods zu besetzen. Kosten würden keine Rolle spielen. Sie bestand darauf, nur mit mir zu arbeiten. Ich saß noch immer in New York. Universal hatte den Film in aller Eile selbst besetzt, um den Star vor ein »fait accompli« zu stellen.

Mein Agent hatte inzwischen folgenden Vertrag für mich ausgearbeitet: Meine Gage wurde verdoppelt. Ich hatte alle Freiheiten, die ich mir wünschte. Der Film mußte gemacht werden und würde nicht zur Aufführung gelangen, wenn er mir nicht gefiele. Nachdem der Film beendet war, bat mich Universal inständig, eine Konzession zu machen, der ich schließlich zustimmte. Sie wollten ihn in New York, ohne jegliche Ankündigung, in einem kleinen Kino herausbringen. Das geschah dann auch und er wurde nach einem Tag abgesetzt. Ob er irgendwo anders gelaufen ist, entzieht sich meiner Kenntnis.

*

1948 arbeitete ich für Twentieth Century-Fox. Der Film hieß »Schrei der Großstadt«. Die Darsteller waren Victor Mature, Richard Conte, Shelley Winters und Debra Paget, die in Deutschland später einmal unter Fritz Langs Regie im »Tiger von Eschnapur« als Tempeltänzerin aufgetreten ist.

Ich fand Richard Conte viel besser geeignet für die Rolle des italienischen Verbrechers und gab ihm den Part, der eigentlich Mature zugedacht war. Dieser mußte den Detektiv spielen und haßte mich deshalb. Im Laufe des Films schickte er mir (er ist sizilianischer Abstammung) anonym ein Bild von mir zu. Darauf waren meine Augen ausgestochen, meine Kehle durchgeschnitten und der Mund herausgerissen. Eine Art Voodoo. Mature war schrecklich geizig, zahlte für niemanden einen Pfennig und trug nur die Anzüge aus seinen Filmen, die er vertraglich von der Firma verlangt hatte.

Wir waren zu Außenaufnahmen in New York und ich bemerkte, daß er Strümpfe von verschiedener Farbe trug, um alles bis aufs letzte zu verwenden. Wenn er fünf Dollars ausgab, rechnete er auf einem Schieber nach, um festzustellen, ob er sich diese Ausgabe leisten konnte.

Eines Morgens sollten wir um neun Uhr früh in einer Kirche drehen. Die Technik war noch nicht ganz fertig und Mature ging eine Tasse Kaffee trinken. Er forderte daraufhin einen Dollar von dem Zahlmeister unseres Films! Das wurde ihm verweigert. Darauf ging er zurück in das kleine Restaurant, erzählte dem Inhaber, daß er kein Geld habe und bot als Gegenleistung dafür an, Teller zu waschen. Das tat er dann auch für eine Stunde. Als er damit fertig war, verlangte er von dem Besitzer einen Dollar für seine Arbeit. Der Mann griff lachend in die Tasche und gab ihn ihm. Er hielt das Ganze für einen Spaß. Mature steckte das Geld selbstverständlich ein.

Eines Tages fuhren wir im gleichen Wagen zur Aufnahme. Er war sehr bedrückt. Als ich ihn fragte, was denn los sei, sagte er: »Die verdammten Steuern, die ich bald zu bezahlen habe, machen mich ganz verrückt!« Ich sah den Moment gekommen, um Rache für sein Benehmen zu nehmen und antwortete erstaunt: »Du zahlst Steuern . . .? Ich zahle keinen Cent!« Ich hatte seine Achillesferse getroffen.

»Du zahlst keine Steuern?? Wie machst du so etwas?« »Sehr einfach«, gab ich leichthin zur Antwort, »jeder weiß, daß ich große teure Feste gebe und sehr großzügig bin! Ich habe im letzten Jahr zwei Drittel meines Einkommens für Spesen von der Regierung zurückerhalten!« Mature war völlig verzweifelt. »Das mach ich von jetzt an auch!« sagte er. »Kein Steuerbeamter wird dir das glauben. Sie wissen genau, wie du dein Geld zusammenhältst!« sagte ich. »Ich habe

Babs gerade einen neuen Pelzmantel gekauft – er kostet mich praktisch nichts!«

Mature schwieg. Ich sah, wie es in seinem Kopf arbeitete. Er dachte krampfhaft über das nach, was ich ihm eben gesagt hatte. Er müßte sein Leben völlig ändern, obwohl sein Geiz es nicht zulassen würde. Wir hielten vor einem Pelzgeschäft. Er kaufte seiner jungen Frau eine kurze Kaninchenjacke, konnte es sich aber nicht verkneifen, seinen Rechenschieber herauszunehmen, um festzustellen, was ihn diese sechzig Dollar in Wirklichkeit gekostet hätten.

Wenn er einmal von seinen Aktienpaketen herunterfallen sollte, würde er sich bestimmt das Genick brechen.

Cecil B. DeMille, der Mitbegründer des Hollywood-Wunders, drehte den Film »Samson und Delilah« mit Mature. Mature benahm sich so rüde zu dem berühmten Regisseur, daß DeMille ihn zu hassen begann. Zum Schluß war ein Riesentempel im Studio aufgebaut und Mature wurde an Säulen gefesselt. Seine Kraft sollte – der Geschichte nach – so ungeheuer sein, daß er das Gebäude sprengte. Mature hing etwa eine Stunde in seinen Fesseln. Dann erschien DeMille und betrachtete kühl die Dekoration. Mature konnte sich nicht rühren, aber er hätte DeMille geschlagen, wenn seine Arme frei gewesen wären. DeMille sah ihn lange an. Dann wandte er sich an seinen Assistenten und sagte verächtlich: »Binden Sie ihn los. Er sieht nicht kräftig genug aus. Wir nehmen ein Double.« Mit diesen Worten verließ er das Studio.

Ich habe mir lange eingebildet, daß alle Einzelheiten der Filme meine Erfindung seien. Erst viel später ist mir bewußt geworden, daß alle Mitarbeiter in jedem Studio künstlerisch äußerst sensibel waren und mir die richtigen Schauspieler, die manchmal unbekannt waren oder aus New York stammten, herbeischleppten. Ich brauchte nur die Beschreibung eines bestimmten Typs zu geben und sie fanden ihn und stellten ihn mir vor. In »Schrei der Großstadt« brauchte ich für eine der Hauptrollen eine Masseuse. Sie sollte etwa zwei Meter groß sein und etwa zweihundert Pfund wiegen. Prompt fanden sie eine Schauspielerin in New York, die diesem Typ entsprach, Hope Emerson. Sie sah wie ein Nilpferd aus und bekam damit ihre erste Rolle.

*

Im Jahre 1948 machte ich auch einen zweiten Film mit Burt Lancaster, seine Partnerin war Yvonne de Carlo. Als Mark Hellinger plötzlich starb, fand man Teile eines Skripts. Er war nie in der Lage gewesen, die richtige Auflösung dafür zu finden. Aber mein Chef bei Universal hatte noch einen Vertrag mit Lancaster und der Film mußte auf Biegen und Brechen gemacht werden, um den Vertrag nicht zu verlieren.

Mein Chef gab mir alle Vollmachten. Er überließ es mir, wie ich mich aus der Schlinge ziehen würde und fuhr mit seiner Frau in die Ferien nach Europa. Er blieb vier Monate weg. Die Situation war nicht angenehm und ich zerbrach mir wochenlang den Kopf darüber.

Eines Nachts wachte ich gegen zwei Uhr auf. Ich drehte das Radio an und hörte eine wunderbare Musik. Eine Flöte, die aus dem Urwald kam. Glücklicherweise gab der Ansager den Namen des Musikers bekannt. Er hieß Esy Morales. Am nächsten Tag begab ich mich zur Musikabteilung der Universal und bat herauszufinden, wo er sei. Es gab keine Kapelle Esy Morales, aber zwei Musiker, die denselben Nachnamen hatten: Noro Morales und Chico Morales. Ich hatte jedoch genau gehört, daß sein Vorname Esy war. Endlich fand man ihn in Philadelphia, wo er in einem kleinen Nachtlokal spielte. Er hatte nur diese eine Platte aufgenommen, und die Firma hatte bankrott gemacht.

Ich ließ ihn nach Hollywood kommen. Er war natürlich erstaunt. Wir stellten eine Combo, Schlagzeug, Trommeln und Saxophon, zusammen und eines Abends begann er zu improvisieren. Der Erfolg war später eine Platte, die »Jungle Phantasy« hieß, bei Columbia Records herauskam und in Hunderttausenden von Exemplaren verkauft wurde. Man sollte sie noch einmal neu pressen. Sie ist unglaublich. Man glaubt, im Urwald unter wilden Tieren zu sein, und der Rhythmus ist einzigartig.

Esy war ein Meister in seinem Fach. Leider hat er nicht einmal die Uraufführung des Films erlebt. Er starb nach zwei Monaten an Herzschlag und wurde nie beim Publikum berühmt, da dies seine einzige Komposition blieb. Ich habe das sehr bedauert. Auch heute noch versucht manchmal ein Flötist, ihn nachzuahmen, aber keiner erreicht seine Meisterschaft.

Der Film hieß »Criss Cross«. Jeder betrog den anderen. Lancaster spielt einen Angestellten, der in einem gepanzerten Auto Millionen von Dollars von einer Bank abzuholen hat. Er will für seine Geliebte eine große Summe rauben und dann mit ihr fliehen. Man weiß bis zum Tage des Raubüberfalls nicht, wie er das bewerkstelligen kann, denn es muß am hellichten Tag geschehen.

Natürlich hatte auch das Publikum keine Ahnung und zerbrach sich den Kopf darüber. Es ist ein klarer Morgen. Die Sonne scheint, als der Panzerwagen vor einer großen Fabrik anhält. Anscheinend ist es ein Zahltag. Männer, bis an die Zähne bewaffnet, machen sich bereit, das Geld in Koffern etwa zwanzig Meter vom Wagen über den Gehsteig in das Gebäude zu bringen. In diesem Augenblick schießt eine Rauchbombe aus der Kanalisation. Der Tag wird zur Nacht und in den nächsten zwei Minuten findet der Überfall statt. Man hat mir diese Idee Jahre später in einem englischen Film mit David Niven gestohlen. Ich konnte nichts dagegen unternehmen, denn die Rechte gehörten Universal. Vielleicht hatten sie sogar die Idee verkauft.

Während wir den Film drehten, lief ein Pferd in Hollywood, das Criss-Cross hieß. Ein gutes Omen. Der Buchmacher, der täglich im Studio erschien, kassierte ein Vermögen. Jeder Mitarbeiter setzte darauf. Das Rennen lief an. Wir saßen alle am Radio und verfolgten es mit Herzklopfen. Criss-Cross kam als Letzter durchs Ziel!

Acht Tage später lief das Pferd wieder. Keiner wollte einen Dollar riskieren, außer mir. Ich setzte hundert Dollar.

Das Pferd siegte. Quote: Hundert zu zwei. Der Buchmacher zahlte mir meinen Gewinn aus. Zwei Tage später fand man heraus, daß das Pferd gedopt worden war. Aber ich hatte mein Geld und durfte es behalten.

In einer Tanzszene bemerkte ich einen hübschen jungen Mann unter den Statisten. Sein Name war Tony Schwartz. Er war ungarischer Abstammung. Ich ließ ihn mit Yvonne de Carlo tanzen und machte ein paar Großaufnahmen von ihm. Sein Gesicht gefiel der Produktion. Sie engagierten ihn sofort und änderten seinen Namen in Tony Curtis. Er wurde ein Star und heiratete später Christine Kaufmann. Sie hat zwei hübsche Kinder von ihm. Trotz seiner damaligen Verliebtheit zerbrach die Ehe nach nur fünf Jahren.

20

Auf dem Luxusdampfer MGM

Da ich ein sehr hohes Gehalt, selbst für Hollywooder Verhältnisse, bezog, lieh mich Universal dauernd an andere Studios aus. Kaum war ich mit einem Film fertig, mußte ich bei Paramount, Metro-Goldwyn-Mayer oder RKO eine neue Arbeit beginnen. Natürlich hatte ich nicht genügend Zeit, die Filme vorzubereiten oder meinen eigenen Stil zu finden. Die Art des Arbeitens war immer anders. Nur durch meine langjährige Erfahrung in diesem Beruf war es mir möglich, die Hindernisse zu überwinden.

Ich erinnere mich noch, als ich bei MGM »Der große Sünder« nach dem Roman »Der Spieler« von Dostojewski drehen sollte. Die Besetzung war: Gregory Peck, Ava Gardner, Walter Huston, Agnes Moorehead, Ethel Barrymore und Melvyn Douglas. Ich fand das Drehbuch viel zu lang und bat meinen Produzenten Gottfried Reinhardt – den Sohn von Max Reinhardt – inständig, es zu kürzen. Ich schätzte die Endlänge auf ca. acht Stunden! Reinhardt bestand darauf, alle Szenen zu drehen. Man würde später sehen, welche Teile man herausschneiden könnte. Es war nichts zu machen. Nach etwa acht Tagen lag ich bereits drei Wochen mit meinem Programm zurück! Der Film wurde immer länger und länger. Außerdem kam das Fernsehen auf, gegen das sich die Studios verzweifelt wehrten, und eines Tages wurde ich in das Büro von Louis B. Mayer gerufen.

L. B., wie man ihn nannte, war der eigentliche König der amerikanischen Filmindustrie. Ein großer, schwerer Mann, der einmal in seiner Jugend als Rausschmeißer eines Nachtlokals angefangen hatte. Bosley Crowther, der langjährige fabelhafte Kritiker der »New York Times«, hat ein Buch über ihn geschrieben. Mayer hatte Greta Garbo, John Gilbert,

Myrna Loy, die Barrymores, Clark Gable, Gary Cooper, Joan Crawford, Judy Garland, Katharine Hepburn, Spencer Tracy, Greer Garson und viele andere Stars unter Vertrag. Sämtliche berühmten Schriftsteller arbeiteten für das Studio. Auf ein und derselben Etage konnte man alle weltberühmten Namen lesen: Aldous Huxley, Christopher Isherwood, Noël Coward, William Faulkner, Dashiell Hammett, Ben Hecht, Herman Mankiewicz, Lillian Hellman, Dorothy Parker, Harry Kurnitz, Ring Lardner, Anita Loos, Clifford Odets, William Saroyan und andere, an die ich mich nicht mehr erinnern kann.

Es konnte vorkommen, daß ein Schriftsteller am Morgen ins Studio kam und nicht mehr eingelassen wurde. Er hatte seinen Job verloren und erfuhr davon im »Hollywood-Reporter«, der Fachzeitung! Jeden Morgen schlüpften die Stars aus ihren Häusern, immer in Angst, sie wären bereits entlassen oder ein anderer hätte ihre Rolle bekommen.

Aber als eines Morgens L. B. mit seinem Wagen am Studio vorfuhr, wurde auch ihm der Eintritt verweigert. Sein Büro war völlig ausgeräumt, und er mußte seine gesamten Papiere – wie ein kleiner Angestellter – abholen lassen. Es ist bezeichnend für die damalige Mentalität von Hollywood, daß man ihm nicht einmal ein Abschiedsessen gab und seine Verdienste um die Industrie würdigte. Er starb nach kurzer Zeit, und selbst seine Kinder gingen nicht zu seinem Begräbnis.

Ich wurde also in sein Büro gerufen. Ich kannte ihn persönlich noch nicht. Er sagte mir, daß, wenn ich nicht schneller arbeitete, ich MGM ruinieren würde. Eine seiner Maschen, mit der er viel Erfolg hatte, bestand darin, daß er auf Kommando weinen konnte. Er warf sich vor mir auf die Knie und bat mich unter Tränen, ihm zu helfen. Ich war schockiert und wußte nicht, wohin ich blicken sollte. Während er vor mir kniete und dieses Theater aufführte, strömte er einen schrecklichen Haß gegen mich aus. Ich werde diesen Auftritt nie vergessen und fürchtete mich vor ihm, selbst in diesem Augenblick.

Viele sagten, sie würden das Studio ebenfalls verlassen, wenn er wegginge. Aber alle blieben, selbst seine Sekretärin, Ida Koverman, die seit Jahrzehnten mit ihm gearbeitet hatte und seine Vertraute war. Der einzige, der sein Wort wahr machte, war sein Friseur, ein kleiner, russischer Jude. Er wußte, daß mit dem Weggang von L. B. das Ende von Hollywood nahe war.

Ich arbeitete an dem Film »Der große Sünder« weiter. Ava Gardner mußte ich zeigen, wie man sich in guter Gesellschaft zu benehmen hat. Wenn sie Champagner einzugießen hatte, den sie »Shampoo« nannte, sah es aus, als ob sie eine Coca-Cola-Flasche servierte. Einmal behauptete sie, es gäbe überhaupt keinen Champagner, obwohl ich ihr klarzumachen versuchte, daß es in Frankreich einen Landstrich gibt, den man unter dem Namen »Champagne« kennt. »Es ist vielleicht französischer Wein«, sagte sie, »aber den schicken sie herüber und wir machen das Soda hinein.«

Reinhardt fing an, den Film zu bearbeiten. Jede Szene wurde schließlich auf ein Minimum gekürzt und viele meiner Einfälle wanderten in den Schneidekorb. Wochen und Wochen vergingen. Endlich war ich mit der Arbeit fertig. Der Film dauerte nach allen Schnitten, die dem Produzenten und dem Cutter eingefallen waren, immer noch fünf Stunden. Wir probierten ihn in einem kleinen Kino aus. Bei dieser Gelegenheit war die Spieldauer auf drei Stunden reduziert worden. Kein Mensch verstand die Geschichte mehr. Als wir ihn einige Wochen später den Chefs der Produktion vorführten, lief er nur noch zwei Stunden, mit dem gleichen Erfolg.

Ich hatte genug und verließ MGM. Nach etwa acht Tagen wurde mir mitgeteilt, daß die obersten Chefs fanden, die Liebesszenen wären nicht stark genug. Der Film war zu dieser Zeit noch etwa eine Stunde und fünfundzwanzig Minuten lang. Man beschloß nun, weitere fünfundzwanzig Minuten dazuzudrehen. Ich lehnte es ab, diese Arbeit zu machen, und »Der große Sünder« wurde von einem anderen Regisseur zu Ende gedreht. Als ich ihn mir später im Studio ansah, war von meiner anstrengenden Arbeit nichts mehr zu sehen.

Übrig blieb nur noch die Szene, in der der Spieler – Gregory Peck – die Bank in Wiesbaden sprengt.

Mit Gregory Peck war ich sehr befreundet. Er besuchte uns oft in unserem Haus. Sein Temperament und das meine sind grundverschieden. Ich verzweifelte oft bei den Aufnahmen, und wenn er – wie üblich – langsam sprach und große Pausen machte, verlor ich die Geduld. Dauernd überlegte ich mir, was ich in die Pausen hineinschneiden könnte.

Eines Tages war ich mit meinen Nerven am Ende. Ich ging zu ihm in die Garderobe und sagte, daß er den Film mit seiner Langsamkeit ruiniere. Zum Schluß ließ ich mich gehen und warf ihm Gemeinheiten an den Kopf. Aber es war nichts zu machen: er spielte seinen Stiefel weiter.

Nach Beendigung des Films erfuhr ich, daß er mit einer Mrs. Schreiber, deren Mann bei Fox arbeitete, jede Nacht seine Rolle studierte. Sie hatte ihm alle Ratschläge gegeben, die er wortwörtlich befolgte . . . Da ich Frau Schreiber auch kannte, hätte ein Anruf von mir genügt, ihr meinen Standpunkt klarzumachen, und der Film wäre wahrscheinlich besser geworden. Aber ich hatte nichts davon gewußt.

*

Von der Extravaganz Hollywoods in den vierziger und frühen fünfziger Jahren kann man sich heute gar keine Vorstellungen mehr machen.

Wenn man zum Beispiel bei MGM angestellt war, erhielt man ein großes Büro mit Eß- und Badezimmer. Es waren zwei elegante, etwa dreißig Jahre alte Sekretärinnen da. Das F.B.I. hätte nicht besser arbeiten können. Sie kannten sämtliche Geburtsdaten meiner Angehörigen, natürlich auch meinen Hochzeitstag, wann und wo ich geheiratet habe, ob und mit wem ich im Augenblick vielleicht ein Verhältnis hatte, und wen ich sprechen oder nicht sprechen wollte. Kein einziges Detail entging ihnen. Sie wußten einfach alles. Es gab keine Geheimnisse vor ihnen.

Etwa zehn Tage nach meiner Anstellung bekam ich vom

»Art Department« eine gedruckte Einladung zugesandt. Sie würden sich freuen, wenn ich ihnen die Ehre erweisen würde, zu ihnen zu kommen, um mir die Dekorations-Entwürfe und Figurinen anzusehen. Selbstverständlich würden sie mir einen Cadillac schicken, um mich abzuholen, da sie Angst hätten, ich könnte mich mit einem eigenen Wagen verfahren, denn das Studio war ungeheuer groß.

Manchmal hat mich MGM an einen Riesendampfer erinnert, mit dem man eine Weltreise macht. Man glaubt, bereits alle Passagiere zu kennen, aber beim Aussteigen begegnet man einer Unmenge Gesichter, die man nie gesehen hatte. MGM beschäftigte zu dieser Glanzzeit etwa achttausend Angestellte, alles Spezialisten.

Als ich freundlicherweise zugesagt hatte, zur Art-Direktion zu kommen, wurde ich zuerst vom Chef empfangen. Ich bekam ein Kaviar- und Sektfrühstück serviert. Dann führte man mich in ein riesenhaftes Büro, in dem sechzehn Architekten an meinem Film »Der Spieler« arbeiteten. Etwa fünfhundert Zeichnungen, alle in Farbe, hingen an den Wänden. Ein Tisch war vollbeladen mit Büchern und Nachschlagewerken, die Wiesbaden im Jahre 1857 zeigten. Selbst die Namen der einzelnen Hotels und die Trachten der Portiers, die die feinen Herrschaften, Großfürsten, Adligen und Barone zu jener Zeit vom Bahnhof abholten und in das betreffende Hotel brachten, waren abgebildet. Ich sah mir diese ganze Pracht an, fand das Original-Kasino in Wiesbaden nicht groß genug, um darin zu drehen und verlangte es mindestens sechzig Meter länger und breiter. Außerdem bat ich, einen überdimensionalen Roulette-Tisch zu konstruieren und forderte ein System, wodurch jede Nummer, die ich brauchte, prompt erschien. All dies wurde ohne Widerspruch notiert und mir versprochen.

Dann ging ich zu Irene Sharaff. Sie war die höchstbezahlte Kostümbildnerin Amerikas. ich brauchte elf Abendkleider für meine Hauptdarstellerin Ava Gardner. Irene hatte etwa fünfundzwanzig Entwürfe gezeichnet, unwahrscheinlich prächtige Kreationen aus Damast, Brokat, mit auserlesenem

Schmuck, der ebenfalls extra dafür entworfen wurde. Es war sehr schwierig, sich zu entscheiden. Ich hatte zum Schluß die Wahl zwischen sechzehn Kostümen, brauchte aber nur elf davon. Jedes Kostüm kostete etwa fünfundzwanzigtausend Mark. Als ich etwas verzweifelt vor dieser Fülle saß, sagte Madame Sharaff: »Lieber Mr. Siodmak, lassen Sie uns doch alle anfertigen, wir haben überhaupt keine Kostüme im Fundus! Und außerdem weiß man ja nicht, wie die einzelnen Stücke ausfallen!«

Was sollte ich machen? Ich gab mein O.k. Das war allein eine Summe von hundertfünfundzwanzigtausend Dollar, und das nur für eine einzige Schauspielerin!

Etwa drei Wochen später bekam ich die Aufforderung, mir das fertige Kasino im Studio 15 anzusehen. Es war groß wie eine Bahnhofshalle und ich sah zuerst nicht einmal, wo die Dekoration stand. Wir näherten uns dem Bau, mein Produzent, der Kameramann, der Chefelektriker, etwa acht Assistenten und ich. Es war wirklich das Kasino von Wiesbaden, etwa 100x80 Meter groß. Wir wurden von den Architekten und ihren Assistenten begrüßt. Außerdem waren etwa zehn »Special-Effects«-Leute da, die den Roulette-Tisch entworfen hatten. Es kam mir vor, als ob ich zu einem Duell ging, als wir von verschiedenen Seiten aufeinander zukamen. Auch einen Croupier französischer Abstammung hatte man extra aus Las Vegas eingeflogen. Ich sollte mir eine Zahl aussuchen. Ich sagte »Nummer sechsundzwanzig!« Das ist meine Glückszahl, wie ich mir einbilde. Die Kugel rollte. Das Rad blieb langsam stehen: Sechsundzwanzig hatte gewonnen! Unter jeder einzelnen Nummer hatte man einen Hohlraum angebracht. Die Kugel fiel in eine Klappe und die gewünschte Nummer wurde pneumatisch herausgedrückt. Es kam aber bei der Aufnahme öfters vor, daß ich die richtige Nummer gewählt hatte und dann waren zwei Kugeln darin.

Solche Wünsche sollte man einmal einem deutschen Produzenten vorbringen. Er würde sicher einen Psychiater anrufen, um festzustellen, ob ich verrückt sei.

Am Morgen der Aufnahme hatte ich ungefähr tausendachthundert Komparsen Punkt acht Uhr dreißig im Studio sitzen. Alle waren bereits geschminkt, trugen Perücken, die Männer Koteletten und Bärte, die Damen Abendkleider und viel Schmuck. Madame Sharaff mußte sich geirrt haben. Es waren genug Abendroben im Fundus. Für diese Szenen hatte ich auch sämtliche deutsche Emigranten engagiert, die dort wochenlang arbeiteten.

Für die Stars gab es etwa neun große Garderoben mit Schminkraum, Wohn- und Badezimmer, mit einem Sofa, um sich während der Pausen auszuruhen. Natürlich war alles »airconditioned«.

Daß auch bei einem solchen Unternehmen einmal etwas schiefgehen kann, ist kaum zu verstehen, da es nur so von Assistenten und Script-Girls wimmelte. Einmal hatte ich einen großen Fahrschuß im Kasino vorbereitet, der den ganzen Tag dauerte. Endlich gegen fünf Uhr abends war ich fertig, nachdem ich die Szene etwa zehnmal gedreht hatte. Ich winkte meinem ersten Assistenten. Er rief »Schluß!« Alle stürzten zur Tür und rissen sich Perücken und Bärte ab. In diesem Augenblick kam ein junges Mädchen zu mir gelaufen. Sein Gesicht war tränenüberströmt. Ich ahnte sofort Unheil und schrie »Halt!« Alle blieben wie gelähmt stehen. Völlig verzweifelt berichtete mir das Mädchen, Ava Gardner hätte ein falsches Collier getragen, das natürlich nicht zu der vorherigen Einstellung, die wir schon vor Wochen gedreht hatten, paßte.

Irgendjemand muß eine Art Generalalarm gegeben haben. In zehn Minuten standen etwa fünfzig Friseure da, die die Komparsen wieder in Ordnung brachten. Eine halbe Stunde später konnten wir die Einstellung noch einmal wiederholen. Dem jungen Mädchen machte ich natürlich keine Vorwürfe. Ich hatte einen großen Stab, und jeder hätte den Fehler bemerken müssen. Ich auch. Ich mußte dem armen Kind gut zureden, sonst hätte es sich vielleicht noch umgebracht.

Die größte Ehre des Produzenten bei MGM war, wenn einer von ihnen den Schlüssel zum Waschraum bekam. Dort wuschen sich nur die Executive-Produzenten die Hände! Die Schlüssel waren aus Gold. Wenn das Studio sie zurückverlangte, wußte der Betreffende sofort, daß sein Vertrag nicht verlängert wurde.

*

Über Hollywood kann man natürlich sehr viel erzählen. Alle, die in der Welt einen Namen hatten, wurden engagiert: Schriftsteller, Architekten, Kameraleute, Schauspieler und Regisseure. Die großen Studios hatten einen Trick, um alle gefügig zu machen. Sie engagierten zum Beispiel eine berühmte ausländische Schauspielerin, die mit großem Pomp am Flugplatz empfangen wurde. Ihr Vertrag lief für sieben Jahre, die Option aber nur je sechs Monate. Man mietete für sie ein herrliches Haus mit Swimming-Pool, bat sie, geduldig zu sein und sich erst einmal zu akklimatisieren. Sie wurde zu Parties eingeladen und alle Kolumnisten erwähnten sie in ihren Klatschblättern. Man baute sie langsam auf diese Weise auf.

Es vergingen etwa zwei Monate, bevor ihr das Studio das erste Drehbuch schickte. Sie las es aufgeregt durch. Aber die Rolle war nichts Besonderes. Sie hatte in ihrem eigenen Land viel bessere Parts gespielt. Sie bedauerte, daß sie in diesem Film nicht spielen könne. Das Studio verstand ihre Einwände. Wieder vergingen zwei Monate, bis sie ein neues Manuskript bekam. Diesmal war die Rolle noch schlechter. Sie ging zu ihrem Agenten und bat ihn weinend, ihr eine bessere Rolle zu verschaffen. Inzwischen waren bereits vier Monate ihres Vertrages abgelaufen. Sie geriet in Panik, daß man die Option nicht erneuern würde. Dann müßte sie zurückfahren, ohne einen Film in Hollywood gemacht zu haben, was ihre Karriere vernichtet hätte. Sie akzeptierte ohne Widerstand das dritte Drehbuch, das man ihr vorlegte. Hatte sie mit dem Film Erfolg, wurde sie ein Hollywood-Star und war dann das Eigentum des Studios. Diese Art Behandlung war, soweit ich mich erinnern kann, eine Erfindung von L.B. Mayer.

Eines Tages wurde der Autor Marc Connelly ins Studio gebeten. MGM wollte »Krieg und Frieden« verfilmen. Man hatte bereits zwanzig Drehbücher vorliegen. Der Roman ist etwa neunhundert Seiten lang. Connelly war einverstanden, die Arbeit zu übernehmen. Selbstverständlich mußte er noch einmal das ganze Buch und alle Manuskripte durchlesen. Er hatte damals ein wöchentliches Gehalt von fünftausend Dollar und zog sich in sein Haus nach Palm Springs zurück. Nachdem er für ungefähr fünfzigtausend Dollar »Krieg und Frieden« gelesen hatte, rief ihn ein Freund, Harry Kurnitz, der auch sehr erfolgreich war, an. Er sagte: »Marc, wir hatten gestern abend eine Sitzung aller Schriftsteller. Plötzlich erfuhren wir von einer Ungeheuerlichkeit, die MGM hinter deinem Rücken begangen hat. Wir haben so etwas Unverschämtes noch nie gehört und waren alle empört! Stell'dir vor, das Studio hat einen Schriftsteller engagiert, der nachliest, was du jetzt gerade liest!«

*

Einmal kam der Studiochef von MGM zu einer Aufnahme. Es handelte sich um einen Kriegsfilm, der gerade gedreht wurde, aber man arbeitete im Augenblick nicht, da alle Maschinengewehre klemmten. Der Chef-Ingenieur erklärte ihm, daß das öfters, auch in einer richtigen Schlacht, vorkomme. Mayers Antwort: »Dann erfindet mal irgend etwas, damit das nicht passieren kann!«

Einige Jahre später, 1942, machte MGM einen anderen Kriegsfilm. Echte Generäle aus allen Ländern sahen sich die große Schlacht im Studio an. Bomben fielen, die Erde brannte, Handgranaten wurden geworfen und die Komparsen sprangen aus ihren Verstecken zum Sturmangriff vor. Die Maschinengewehre knatterten.

In der Pause wandte sich ein General an den Regisseur und wunderte sich, daß kein Maschinengewehr klemmte. Der Chef-Ingenieur antwortete: »Natürlich kommt so etwas vor, aber Herr Mayer hatte uns beauftragt, etwas zu erfinden, um das zu verhindern. Das haben wir getan.« Die Regierung kaufte die Erfindung für eine halbe Million Dollar. Sie wurde in alle amerikanischen Maschinengewehre eingebaut, und dadurch, daß Herr Mayer kategorisch darauf bestanden hatte, wurde wahrscheinlich der Zweite Weltkrieg gewonnen ...

*

Mein Vetter Seymour Nebenzahl – er nannte mich manchmal Onkel, obwohl er fünf Jahre älter war – wurde eines Tages von MGM engagiert. Er hatte in Deutschland viele große Erfolge gehabt und »Kameradschaft« von G. W. Pabst, »M« von Fritz Lang mit Peter Lorre und Gründgens und andere Filme produziert. Er entdeckte ein Buch eines jungen Schriftstellers, der Dalton Trumbo hieß. Heute ist er berühmt. Er konnte lange in Hollywood nur unter einem Pseudonym schreiben, da man ihn verdächtigte, Kommunist zu sein.

MGM kaufte das Buch für fünftausend Dollar. Nebenzahl ließ es von dem Autor umschreiben, der damals fünfhundert Dollar wöchentlich dafür bekam. Er nahm eine junge Schauspielerin, Lana Turner, die beim Studio unter Vertrag stand. Der Film war billiger als der Voranschlag und wurde ein großer Erfolg. Daraufhin wurde Nebenzahl sofort entlassen.

Der Leser wird sich erstaunt fragen, wie so etwas passieren konnte. Dazu muß man über die Arbeitsweise der amerikanischen Studios Bescheid wissen. Alle Firmen hatten Executive-Producers, die für das Programm der nächsten Saison verantwortlich waren und etwa zehntausend Dollar wöchentlich verdienten. Alle neuen Bücher wurden von Lektoren bearbeitet und die Studios waren im Besitz der Romane, manchmal ein Jahr bevor sie gedruckt wurden. Jeder Produzent erhielt eine Kurzfassung davon. Wenn ihm eine Geschichte gefiel, reichte er sie dem Komitee ein. Da die Executives zu faul waren, engagierten sie jemanden, der ihnen die Geschichte erzählte. Eine Art Scheherezade.

Manchmal erhielt die betreffende Dame von dem Produzenten Geld, um die Story besonders eindrucksvoll vorzutragen.

Wenn die Geschichte angenommen wurde, machte sich der Produzent mit einem Schriftsteller an die Arbeit. Er reichte dann die erste Fassung ein. Bis dahin kostete das Manuskript etwa fünfundzwanzigtausend Dollar, oder noch mehr, wenn es von einem bekannten Autor war. Dann sah einer der »Großen« eine Rolle für Clark Gable darin. Natürlich war die männliche Hauptrolle nicht gut genug. Sie mußte geändert werden. Zwei andere Schriftsteller, die höher bezahlt wurden, setzten sich daran, die Rolle auszubauen. Jetzt waren schon hunderttausend Dollar ausgegeben. Wenn man für die weibliche Hauptrolle einen anderen großen Star vorschlug, machte sich ein neues Team an die Arbeit, um das Buch zu ändern. Die Kosten stiegen auf zweihundertfünfzigtausend Dollar. Zum Schluß wurde ein ganz berühmter Schriftsteller engagiert, der etwa zehntausend Dollar wöchentlich verdiente. Er polierte die Dialoge, änderte manchmal einen Satz oder vielleicht nur ein Komma und arbeitete zehn Wochen lang daran. Selbstverständlich war von der ursprünglichen Idee nichts mehr übrig. Das Manuskript kostete nun bereits dreihundertfünfzigtausend Dollar!

Dann wurde der Film gemacht. Wenn er keinen Erfolg hatte, blamierte sich niemand. Alle hatten das Menschenmöglichste getan und ein Vermögen investiert, um ihn besonders erfolgreich zu machen.

Bei Nebenzahl lag der Fall anders. Er war unter dem Budget geblieben und hatte Erfolg gehabt. Das konnten sie ihm nicht verzeihen, da er auf seinem eigenen Urteil bestanden hatte.

21

Die Faust in meinem Nacken

Ich arbeitete mit Budd Schulberg an einem Drehbuch, das unter dem deutschen Titel »Die Faust im Nacken« weltberühmt wurde. Der Film wurde einige Jahre später, 1954, mit etlichen Oscars prämiiert. Er hieß »On the Waterfront«.

Die Vorarbeiten im Hafen von New York waren sehr gefährlich. Man kann sich von der Korruption, die dort herrschte, überhaupt keine Vorstellung machen. Wenn ein Schiff im Hafen einlief, wurden die Leute angeheuert, um die Ladung zu löschen. Wer auf der schwarzen Liste stand, konnte keine Arbeit finden. Der Vorarbeiter, meistens ein großer Mann irischer Abstammung, verteilte die Arbeit. Keiner der Dockarbeiter verriet seiner Familie, wo in dem riesigen Hafen er arbeitete, damit die Frau oder Kinder nicht erpreßt werden konnten. Man sah Hunderte von verzweifelten Gestalten, die um den Vormann herumstanden und ängstlich bettelten, beschäftigt zu werden. Waren sie engagiert, ging eine Zigarrenkiste reihum. Jeder mußte einen Obolus spenden. Immer hieß es, jemand sei gestorben und man müsse für die trauernde Witwe mindestens fünf Dollar spenden. Natürlich flossen alle Gelder in die Taschen des Vormanns.

Bei dem riesenhaften Schiffsverkehr kann man sich gar nicht ausrechnen, um wie viele Millionen von ihrem Verdienst die Hafenarbeiter erpreßt wurden. Wenn zum Beispiel ein Schiff mit einer Ladung Schreibmaschinen ankam, waren sie schon im voraus auf dem schwarzen Markt verkauft. Sie verschwanden spurlos. Die Versicherung zahlte. Sehr oft fiel eine Kiste mit Whisky herunter und »zerbrach«. Die Flaschen verschwanden sofort in den Taschen der Arbeiter. Die Polizei und die Zollbeamten waren ebenso korrupt. Jeder arbeitete für seinen eigenen Vorteil.

Schulberg und ich verkehrten in einem Club, der »The Golden Key« hieß. Er befand sich in der 54. Straße West in New York. Jedes Mitglied besaß einen kleinen goldenen Schlüssel. Wenn man ihn ins Schloß steckte, klingelte es und die Tür öffnete sich. Sonst konnte niemand hinein. Das Haus hatte fünf Etagen und war vierundzwanzig Stunden täglich geöffnet. Eine Flasche Whisky kostete hundert Dollar und jedes Glas, das man daraus trank, weitere zwei Dollar extra!

Eines Tages wurde ein neuer Polizei-Chef für New York ernannt. Die Zeitungen feierten ihn wie einen Helden, da er in allen Versammlungen versprochen hatte, der schrecklichen Korruption ein Ende zu setzen. Zwei Tage später kamen zwei Detektive in den Club. In ihrer Begleitung befand sich ein blasser, unansehnlicher Mann, der eine randlose Brille trug. Mitten in der Nacht fuhren wir – Schulberg, die zwei Detektive, ihr Begleiter und ich – zum Hafen. Ich sagte, wie froh ich sei, daß New York nun einen Polizei-Chef habe, der endlich einmal richtig durchgreifen würde. Sie lachten zynisch und meinten verächtlich: »Der . . . der ist doch schon seit drei Stunden völlig besoffen!«

Wir kamen im Hafen an einem Pier an. Etwa fünfhundert Lastwagen standen da, die schon seit dem vorigen Morgen auf ihre Abfertigung warteten. Unser Mann ging zu dem ersten Fahrer und fragte ihn, wie viele Kisten mit verderblichen Nahrungsmitteln in den Lastautos wären. Er bekam zur Antwort: »Zweihunderttausend.« »Zehn Cents pro Kiste«, sagte der Gangster. Der Fahrer griff in die Brieftasche und reichte ihm zwanzigtausend Dollar. Nach zwei Minuten kam der Oberinspektor aus seinem kleinen Verschlag heraus und sagte: »O.k. Boys, ihr könnt losfahren!« Die Detektive bekamen einen ganzen Wagen, der mit Früchten und Delikatessen aus aller Welt vollgestopft war. Der kleine zahlte nie einen Cent und sagte mir auf meine erstaunte Frage, daß er es später mit den Lieferanten verrechnen würde. So sah er auch aus.

Im Hafen wußten alle, daß Budd Schulberg und ich im Sinne hatten, einen Film über diese Vorkommnisse zu drehen. Durch Zufall hörten wir eines Tages, daß man vorhatte, uns umzubringen. Ich habe meinen Fast-Mörder einmal gesehen. Er war ungefähr fünfundzwanzig Jahre alt, blaß, mit einem teigigen Gesicht, aus dem seine dunklen Augen wie Pflaumen heraussahen. Er hatte schon mehrere Morde begangen, war aber immer wieder freigelassen worden, da man ihn für unzurechnungsfähig erklärt hatte.

Nur die Tatsache, daß wir in Begleitung eines katholischen Priesters waren, hinderte ihn an diesem Tag daran, seinen Auftrag auszuführen. Wir waren danach auf der Hut und gingen immer in der Mitte des Piers. Wenn ein Kran uns zu nahe kam, paßten wir auf, daß uns nicht irgendeine Ladung auf den Kopf fiel und waren bereit, wie die Hasen davonzulaufen, wenn wir uns in Gefahr glaubten.

Die Vorarbeit zu diesem Film dauerte etwa fünf Monate. Ich wohnte bei Schulberg in einem wunderbaren Haus in der Nähe von New York, in Pennsylvania. Eines Nachts klingelte bei mir leise das Telefon. Schulberg hatte ebenfalls einen Apparat in seinem Schlafzimmer und hatte bereits abgenommen. Ein Freund rief ihn an. Schulbergs Stimme zitterte vor Aufregung. Ich hörte nur: »Jetzt bist du dran! Ich kann nichts dagegen machen!« Ich dachte an die Mörder, aber es stellte sich heraus, daß Schulberg während des spanischen Bürgerkrieges als sechzehnjähriger Schüler einmal seinen Namen auf eine Liste gesetzt hatte. In den Augen der Regierung und durch McCartys Einfluß war er Kommunist und wurde als solcher behandelt.

Die Produktionsfirma zahlte ihm die letzte Rate von dreitausend Dollar nicht aus. Der Film flog auf. Fünf Monate harter, gefährlicher Arbeit waren wieder einmal im Eimer. Ich hatte keinen legalen Anspruch an dem Drehbuch. Obwohl ich an allen meinen Skripts mitgearbeitet habe, zeichnete ich nie dafür. Es war mir später immer eine Genugtuung, in der Zeitung die Kritiken zu lesen: »Es ist doch erstaunlich zu sehen, was der geniale Siodmak aus dem unmöglichen Schinken herausgeholt hat!«

Drei Jahre später las Sam Spiegel das Manuskript. Er erhielt von der Fox zweihundertfünfzigtausend Dollar dafür. Als Zanuck, der Chef von Fox, kalte Füße bekam, kaufte er das Buch für einen Bruchteil zurück. Columbia übernahm den Film, wieder für zweihundertfünfzigtausend, und produzierte ihn mit Elia Kazan als Regisseur und Marlon Brando in der Hauptrolle.

Ich schrieb an Budd Schulberg und verlangte Geld für meine Mitarbeit. Keine Antwort. Auch ein eingeschriebener Brief wurde nicht beantwortet. Ich mußte die Firma verklagen. Mir wurden hunderttausend Dollar zugesprochen. Leider ging das ganze Geld an die Produktionsfirma, die pleite war. Sie bezahlte erst einmal alle Schulden an die kleinen Mitarbeiter, so daß schließlich noch zweitausendfünfhundert Dollar übrigblieben, die ich dem Rechtsanwalt für seine Bemühungen überließ . . . Ich habe keinen Cent bekommen und auch nie wieder etwas von Budd Schulberg gehört. Außer dem Film habe ich noch einen Freund verloren.

*

1949 wurde ich zu Paramount ausgeliehen, um den Film »Thelma Jordan« zu drehen. Der Produzent war Hal Wallis. Barbara Stanwyck spielte eine Mörderin. Da war mal endlich eine Schauspielerin, die nie in den Spiegel blickte. Es war ihr völlig gleichgültig, wie sie aussah. Die Friseuse puderte ihr die Nase und sie war sofort bereit. Zu dieser Zeit war sie mit Robert Taylor verheiratet. Eines Abends trat sie splitternackt aus dem Badezimmer und rief ihrem Mann zu: »Komm, Robert, laß uns schnell einmal in die Federn gehen!« Applaus brach aus. Sie hatte vergessen, daß es ihr Geburtstag war. Taylor hatte alles für das Fest vorbereitet und die Gäste hatten sich im ganzen Haus versteckt, ohne daß sie davon wußte. Es gab ein großes Hallo und alle amüsierten sich köstlich darüber, vielleicht auch Mrs. Stanwyck-Taylor!

Wir hatten eine sehr aufregende Szene in dem Film. Barbara wurde aus dem echten Frauengefängnis über die Straße in das Schwurgericht geführt. Das Publikum folgte ihr über die Treppen in den Saal. Die Menschen trampelten sich beinahe zu Tode. Die Blitzlichter der Photographen flammten auf. Ein richtiges Pandämonium brach aus, bis sie den Eingang erreicht hatte. Da ich in St. Anna, dem wirklichen Frauengefängnis, drehte, stand der ganze Aufnahmestab mit aufgesperrten Mündern da und beobachtete die Szene. Sie trauten ihren Augen nicht.

Etwa zwei Monate vorher hatte ein ähnlicher Prozeß stattgefunden. Ein junges Mädchen war angeklagt worden, ihre Eltern ermordet zu haben und die Verurteilung hatte im gleichen Saal stattgefunden. Intuitiv hatte ich die Szene genauso inszeniert, wie sie damals stattgefunden hat. Kein Mensch wollte mir das glauben. Alle schüttelten nur den Kopf, als ich sagte, daß ich zuvor nie Bilder von dem Prozeß gesehen hatte, sondern alles nur meiner Phantasie entsprungen war.

In dem Gefängnis gab es eine Riesenzelle, in der Straßenmädchen eingesperrt waren. Diese Zelle lag in einer Ecke, und ich drehte in einem Gang. Plötzlich sah ich etwa achtzig Arme, die alle Spiegel durch die Gitter streckten und darin unsere Aufnahmen verfolgten. Der Anblick war so überraschend, daß ich ihn einmal in einem Film verwenden möchte, wenn ich die Gelegenheit dazu habe.

Es war wirklich eine Freude, mit Barbara Stanwyck zu arbeiten. Sie ist ein »Professional«.

22
Feste und Freunde

Vier- bis fünfmal im Jahr gaben wir eine Riesenparty in unserem Haus. Wir hatten einen Swimming-Pool, der beinahe für ein Olympia-Stadion gereicht hätte. Einmal ließ ich die Fenster unseres Hauses von einer Firma putzen. Bei der Gelegenheit stellte sich heraus, daß wir deren hundertsiebenundachtzig hatten!

Wir hatten über fünf Jahre ein Diener-Ehepaar. Moyna kam aus Alabama. Sie war dick, schwarz wie Tinte und eine hervorragende Köchin. Albert, ihr Mann, war ein großer schöner Kerl, viel heller als seine Frau, beinahe ein Albino. Er hatte sogar blaue Augen. Er war ein großer Trinker. Den amerikanischen Bourbon liebte er abgöttisch.

Er setzte je zwei Dollar in allen Pferde-Rennen und verlor immer. An jedem Vierten des Monats war er blank. Da etwa dreißig Rennen täglich in Amerika stattfinden und jedesmal zehn Starts sind, kann man sich vorstellen, wieviel er verlor. Ich verstehe überhaupt nichts von Pferden, aber ich sagte, daß ich genau die gleichen Chancen hätte wie er. Er zeigte mir die Zeitung und ich gab ihm vier Dollar, um auf irgendein Pferd in Carolina zu setzen. Ich gewann – acht Dollar. Albert verlangte die Hälfte davon. Dann pickte ich aufs Geratewohl ein anderes Pferd heraus, das in Mississippi lief. Es handelte sich um einen Außenseiter. Die Quote war 60:1. Albert hatte natürlich nicht auf das gleiche Pferd gesetzt, war böse und brummelte eine ganze Woche lang.

Auf der Terrasse hatte ich eine Riesenbar, zählte die Bourbonflaschen täglich und sorgte dafür, daß niemals eine geöffnet wurde, nur, wenn wir Parties hatten. Ich stand dann hinter der Theke. Albert servierte. Nach etwa zehn Minuten kam er zu mir und sagte: »Zwei doppelte Bourbons, on the rocks!« Ich fragte mißtrauisch: »Für wen, Albert?« Er deutete auf ein Paar im Hintergrund. Da etwa vierzig Personen anwesend waren, konnte ich das nicht genau kontrollieren. Alle zwanzig Minuten erschien er wieder mit der gleichen Order. Gegen zwei Uhr nachts war er völlig blau. »Wie wärs einmal mit einem Brandy für mich, heeh?« lallte er.

Als wir von Hollywood wegzogen, vermachte ich dieses Prachtstück James Mason. Pamela, seine damalige Frau, schrieb mir nach etwa sechs Wochen: »Habe Albert entlassen müssen. Wenn du denkst, er trinkt nur Bourbon, so bist du im Irrtum. Er säuft alles, auch Sherry. Wir können uns das einfach nicht leisten!«

Alberts Ehe war anscheinend nicht sehr glücklich. Er war schon zwanzig Jahre verheiratet, ungefähr so lange wie ich. Eines Tages, während er mich rasierte, sagte er: »Bitte, eine Frage von Mann zu Mann: Schlafen Sie noch mit Ihrer Frau?«

Meine Parties waren in ganz Hollywood berühmt. Vier- oder fünfmal im Jahr gaben wir Empfänge und luden etwa zweihundert Personen ein. Natürlich kamen viel mehr, da manche baten, ihre Hausgäste mitbringen zu dürfen. Ich weigerte mich, das übliche amerikanische Essen zu geben, wie Truthahn, Schinken, Kartoffelsalat und kaltes Fleisch. Meine Frau hat ein fabelhaftes Talent, Feste zu arrangieren. Mal gab es ein chinesisches, mal spanisches oder deutsches Essen.

Am Morgen hantierten bereits drei Köche in der Küche. Wir engagierten sechs Kellner, drei Barkeeper, vier Leute, die die Wagen parkierten, zwei Mädchen für die Garderobe und zwei Detektive. Es konnte ja möglich sein, daß ein Starlet mit einem kostbaren Nerz, der dreißigtausend Dollar wert war, zu verschwinden versuchte und an dessen Stelle ihr Kaninchenfell zurückließ.

Wenn man eine solche Party gibt, rechnet man für jeden Gast – Mann, Frau, Kind oder Hund – eine halbe Flasche Scotch, Borubon, Rum, Gin oder Wodka. Die Gäste wurden für Hollywooder Verhältnisse erst ziemlich spät gebeten. Die

Schauspieler, die arbeiteten, kamen sowieso nicht, da sie am nächsten Morgen bereits um sechs Uhr aufstehen mußten. Aber sonst waren sie alle da: Jack Benny, Danny Kaye, Barbara Stanwyck, Hitchcock, Hilde Knef mit ihrem damaligen Mann Kurt Hirsch, Taylor, Peck, Phil Silvers, Garbo, Ava Gardner, Lancaster, Laughton, Lucille Ball, eigentlich alle Prominenten. Wir hatten eine große Terrasse, die auf den Garten ging. Alle standen etwa zwei Stunden herum und tranken. Die Stimmung wurde natürlich immer animierter und lauter. Meine Frau, die alles arrangiert hatte, setzte sich zu den Gästen, während ich wie ein Cerberus die ganze Geschichte überwachte.

Albert stand am Eingang. Alle kannten ihn. Jeder Besucher mußte sich in ein Gästebuch eintragen. An erster Stelle stand immer Albert! Ich brauchte es für die Steuer am Ende des Jahres, denn jedes dieser Feste kostete ungefähr dreißigtausend Mark, die ich absetzen konnte. Viele der schönen Stars fragten Albert: »Wie sehe ich heute abend aus?« Albert betrachtete sie von oben bis unten. Er sagte: »Voriges Mal hat mir Ihr Kleid oder die Frisur besser gefallen«, oder »Gehen Sie nach Hause und ziehen Sie sich um, Yvonne de Carlo trägt das gleiche Kleid wie Sie!«

Der Star fuhr sofort nach Hause und kam in einer anderen Robe zurück.

Gegen zweiundzwanzig Uhr dreißig bat ich einige Freunde, die Gäste zu veranlassen, ins Wohnzimmer zu gehen. Die Terrasse wurde gelüftet, alle Aschenbecher entleert und Tische, die bereits gedeckt waren, aus dem Nebenraum hereingetragen. In fünf Minuten sah es aus wie in einem französischen Restaurant. Ich paßte auf, daß die Entertainer nicht an denselben Tisch zu sitzen kamen: Jack Benny hierher – Mickey Rooney dorthin – Dann an den nächsten Tisch – Phil Silvers – Sinatra – alle wurden getrennt, um die Gäste jeweils allein zu unterhalten, denn zwei Entertainer an einem Tisch, das hätte alles verdorben.

Das Essen begann. Gegen Mitternacht waren wir endlich fertig. Jetzt begann der schwerste Teil des Abends: Man mußte die Geladenen unterhalten. Die beiden Pianisten, die Danny Kaye begleiteten, spielten auf zwei Flügeln. Danny gab, wie immer, eine phantastische Vorstellung, die etwa eine Stunde dauerte. Natürlich wollten die anderen nicht zurückstehen und so hatten wir ein Programm, das bis zum frühen Morgen dauerte und mindestens hunderttausend Dollar gekostet hätte, wenn ich es hätte bezahlen müssen.

Gegen fünf Uhr früh verließen etwa hundert Personen unser Haus. Es wurde Frühstück serviert: Kaffee, frische Brötchen, Eier und alles, was dazu gehört. Dann gingen wir schwimmen, und als der letzte Gast das Haus verließ, war es später Nachmittag.

Anläßlich einer dieser Parties war Gregory Peck ziemlich angesäuselt. Er suchte nach einem bestimmten Ort. Im Erdgeschoß lag Barbara Stanwyck in einer leeren Badewanne und unterhielt sich ernsthaft mit Kurt, dem damaligen Mann von Hilde Knef, der auf dem Klosettdeckel saß. Gregory stieg in die erste Etage hinauf. Er öffnete alle Türen und befand sich plötzlich im Schlafzimmer meiner Schwiegermutter. Er machte Licht. Sie fuhr erschreckt im Bett auf. Er sagte: »Mutti, ich bin so müde . . .« und setzte sich auf den Bettrand. Meine Schwiegermutter, die sich über Nacht die Haare eingelegt hatte und trotz ihrer siebzig Jahre immer noch sehr eitel war, war schockiert. »Mr. Peck«, sagte sie mit schwerem deutschen Akzent, »Sie können nicht hier bleiben!« Greg, der sehr betrunken war, lallte: »Mutti, laß mich doch hier ein bißchen schlafen!« Er versuchte, ihre Bettdecke zu lüften und sich zu ihr zu legen. Es gelang ihr jedoch, ihn mit viel Mühe hinauszukomplimentieren.

Am nächsten Morgen war sie bereits um neun Uhr am Telefon, um ihre Freundinnen anzurufen: »Rate mal, wer heute Nacht in mein Schlafzimmer gekommen ist und unbedingt in mein Bett kommen wollte?« – »Wer??« – »Du wirst es nie erraten: Gregory Peck – jawohl, Gregory Peck!!«

*

Unsere Freundin Lilli Palmer kannten wir aus Paris. Ihre Schwester und sie traten in kleinen Nachtlokalen auf und sangen Wiener Lieder. Eines Tages ging Lilli nach England, um dort ihr Glück zu versuchen. Babs half ihr, die Garderobe auszuwählen. Lilli war bescheiden und arm. Sie lernte Rex Harrison in London kennen. Er heiratete sie. Sexy-Rexy, wie man ihn nannte, ist ein vorzüglicher Schauspieler, und Lilli hat viel von ihm gelernt. Aber die Ehe war nicht glücklich. Viele Katastrophen spielten sich in unserem Hause ab. Jahre später, als wir bei Rom, in der Nähe der Sommerresidenz des Papstes, Castelgandolfo, wohnten, kam sie verzweifelt bei uns an. Sie war vor ihrem Mann ausgerissen und versteckte sich bei uns. Er stöberte sie nach ungefähr drei Wochen auf und kam zu uns, um sie abzuholen.

Lilli ist ein unglaubliches Geschöpf. Sie kennt alle Bücher. Manchmal erinnert sie mich an eine Schulmeisterin. Sie weiß einfach alles. Jetzt ist sie glücklich mit Carlos Thompson verheiratet und hat einen ungeheuren Besitz in der Nähe von Zürich. In New York, im Jahre 1954, trat sie einmal im Fernsehen auf. Im Gegensatz zu allen anderen, die besonders sexy sein wollten und alle Reize zeigten, die man damals sehen durfte, trat sie in einem hochgeschlossenen Sweater auf und sprach über Bilder und Antiquitäten. Sie hatte großen Erfolg. Am Schluß einer Sendung sagte sie: »Nächste Woche werde ich Ihnen einen Gast vorführen, der dreimal im Leben seine Karriere von vorne angefangen hat.« Damit meinte sie mich. Sie rief mich an. Ich kam ins Studio. Da es eine »Live-Show« war, hatte ich natürlich Lampenfieber. Um etwas Ausgefallenes zu tun, schlug ich vor, einmal von meinen Mißerfolgen zu reden, von Filmen, die kaum ein Mensch gesehen hatte.

Im amerikanischen Fernsehen ist die Reklame das Wichtigste. Eine halbe Stunde lang beschäftigten sich sechs Fachleute, einschließlich des Regisseurs, mit einem schönen Mädchen, das vor einem Spiegel saß und eine neue Hautcreme, »Sun-Glow«, ausprobierte. Um Lilli, den Star, und um meine Wenigkeit kümmerte sich vorläufig niemand.

Endlich kam der Regisseur etwas hastig zu uns: »Mrs. Palmer, Sie kommen von rechts herein, der Herr – er wußte nicht einmal meinen Namen – sitzt auf dem Sofa. Sie begrüßen ihn und fangen an zu sprechen!« Das waren die ganzen Regieanweisungen. Zum Teufel, dachte ich, du würdest es im Film nie zu etwas bringen. Du hast nur die verdammte Hautcreme im Kopf!

Das Mikrophon kam auf uns zu. Ich mußte einige Sätze sagen. Mir brach der Angstschweiß aus. Mein Herz klopfte und ich begann zu stottern. Schließlich hörten ja einige Millionen Menschen zu. Endlich begann die richtige Aufnahme und meine gute Lilli war so entspannt, daß es sich auf mich übertrug. Ich versprach mich nicht ein einziges Mal während neunzehn Minuten. Dann gab uns der Regisseur ein Zeichen, daß die Zeit abgelaufen sei. Ich stand auf, küßte Lilli zum Abschied und sagte: »Hm, du riechst ja genau so gut wie Babs, meine Frau!« Geistesgegenwärtig begann sie sofort das »Commercial« und sagte: »›Sun-Glow‹ ist es, deshalb rieche ich so gut!«

Ich habe für meine ausgestandene Todesangst einen Füllfederhalter aus Goldblech erhalten. Einmal habe ich mich aus Versehen draufgesetzt und ihn eingebeult. Aber er steht heute noch auf meinem Schreibtisch.

Um noch einmal von Rex Harrison zu sprechen: Man munkelte seit Monaten, daß er ein Verhältnis mit einer schönen, blonden Schauspielerin, Carole Landis, habe. Eines Morgens fand man sie tot in ihrem Bett. Ich glaube nicht, daß Rex die Ursache war, aber die Klatschbasen machten Überstunden in ihren Zeitungen. Das war 1948. Rex schadete diese Reklame nichts. Er fühlte sich unschuldig, und Lilli hielt eisern zu ihm. Sie zwang ihn sogar, sich auf vielen Parties zu zeigen. Meine Frau hätte das gleiche getan. Es tat sicherlich seiner Popularität keinen Abbruch. Als Peter Lorre in dem Film »M« einen Kindermörder spielte, bekam er mindestens zwanzig Briefe wöchentlich von Frauen, die ihn heiraten wollten.

Es besteht aber kein Zweifel, daß Rex die schöne Schauspielerin ziemlich gut gekannt haben muß ... Im übrigen sagt man in Amerika: »Sprich gut oder schlecht über jemanden. Aber sprich!«

Eines Abends waren Rex und Lilli bei uns. Wir gaben eine kleine Gesellschaft. Ein Freund von uns, der Komponist Broneç Kaper, war auch da. Irgendwie kam er auf Carole Landis zu sprechen. Anscheinend hatte er keine Ahnung, daß man Rex mit Caroles Tod in Verbindung gebracht hatte. Er begann sie zu imitieren und behauptete, sie hätte nie singen können. Er gab eine Vorstellung von ihrer schauspielerischen Leistung und ihrer manierierten Art zu spielen. Alle saßen wie erstarrt da. Ich versuchte, seine Geschichte zu unterbrechen. Ohne Erfolg. Jeder glaubte, er wolle Rex provozieren. Kaper hörte und hörte nicht auf. Die Sache hätte der Komik nicht entbehrt, wenn Harrison oder Lilli nicht anwesend gewesen wären, aber so war die Angelegenheit sehr peinlich.

Rex wurde bleicher und bleicher. Plötzlich sprang er auf. Er war außer sich. Er wollte sich auf Kaper stürzen. Ich warf mich dazwischen, da ich wußte, daß Kaper einmal Amateur-Boxer war. Ich befürchtete, daß er Rex K.o. schlagen würde, wenn es zu einer Schlägerei käme. Ein Schauspieler mit einer gebrochenen Nase hätte nicht mehr den gleichen Erfolg wie früher gehabt und seine Karriere wäre frühzeitig beendet gewesen. Wie ich die beiden auseinander gebracht habe, ist mir heute noch ein Rätsel. Rex und Lilli verließen sofort die Gesellschaft.

Als ich Kaper danach den Zusammenhang erklärte, wußte er nicht, was er sagen sollte. Er hatte keine Ahnung gehabt und entschuldigte sich tausendmal bei uns. Aber es war nun mal passiert, und die letzten Worte, die mir Rex wütend sagte, waren: »Das werde ich dir nie verzeihen!«

*

Einst saß ich neben der berühmten Mary Pickford, dem größten Star der zwanziger Jahre. Sie war völlig betrunken und redete solchen Quatsch, daß ich wütend wurde. Ich sagte ihr, daß sie von mir eine Ohrfeige bekäme, wenn sie nicht sofort mit diesem Unsinn aufhöre. Ihre stolze Antwort: »Das kannst du nicht machen! Du kannst eine Legende nicht vernichten!«

*

Einer meiner besten Freunde in Hollywood war James Mason. Leider habe ich nie einen Film mit ihm gemacht. Zu jener Zeit war er noch mit Pamela verheiratet, einer ungewöhnlich intelligenten, schönen und witzigen Frau. Etwa dreimal wöchentlich kamen wir zusammen. Entweder traf man sich bei uns oder bei ihnen. Ich habe einmal zu meinem Erstaunen festgestellt, daß ich in den vielen Jahren in Hollywood nur zwei wirkliche Freunde hatte: James Mason und Charles Laughton. Beide sind Engländer. Aber ich habe die Erfahrung gemacht, daß die Briten zu den wenigen Leuten zählen, die einer wirklichen Freundschaft fähig sind.

Als Pamela ihre kleine Tochter Portland bekam, beschloß sie, daß das Kind an ihrem Leben teilnehmen sollte, bis es in die Schule kam. Portland schlief bis mittags, wenn ihre Mutter aufstand und wieder von achtzehn bis einundzwanzig Uhr. Sie wurde nachts zu allen Parties mitgenommen, und wenn sie müde wurde, schlief sie manchmal einige Stunden weiter in einem fremden Bett und dann in ihrer eigenen Wiege bis zum nächsten Mittag. Ich persönlich fand nichts dabei, aber diese Art der Erziehung ging allen amerikanischen Müttern gegen den Strich. Die Zeitungen waren jahrelang voll von Geschichten, da sich Millionen Frauen über diese Art von Erziehung aufregten.

*

In Hollywood gibt es einen wundervollen Komiker, Vince Barnett. Ich habe ihn in meinem Film »The Killers« beschäftigt. Das Merkwürdige an ihm ist, daß er sich verstellen kann, daß ihn kaum jemand wiedererkennt. Seine Spezialität besteht darin, andere Leute durch den Kakao zu ziehen, – alles ohne Maske. Kurz nach Ausbruch des Krieges lud ihn Präsident Roosevelt zu diesem Zweck in das weiße Haus ein. Er kam als russischer General, mit vielen Orden behängt, zu einer Party, bei der etwa zwanzig amerikanische Generäle anwesend waren. Im Verlauf des Abends wurde er sehr ausfallend gegen seine amerikanischen Kollegen und sagte in schauderhaftem Englisch, mit von ihm erfundenen russischen Worten vermischt, daß das amerikanische Militär überhaupt keine Ahnung von Kriegsführung hätte. Es kam beinahe zu einer Revolte. Roosevelt amüsierte sich sehr dabei und konnte nur mit Mühe das Lachen unterdrücken.

Einmal gab Walter Wanger, er hieß ursprünglich Feuchtwanger und war mit Feuchtwanger, dem bekannten deutschen Schriftsteller verwandt, eine große Party zu Ehren von James und Pamela Mason. Barnett spielte den »Maître dHôtel«:.Er öffnete ernsthaft die Tür und verbeugte sich vor den Gästen. Man hatte im Garten ein großes Zelt aufgestellt. Die Fenster bestanden aus durchsichtigem Plastik. Der ganze Innenraum war mit Parkett ausgelegt, und hinter den großen Fenstern standen fremde, merkwürdige Pflanzen, die von Scheinwerfern beleuchtet waren. Alles in allem ein wunderbarer Anblick.

Als Pamela mit ihrer kleinen Tochter auf dem Arm erschien, bedauerte der Butler sehr, sie nicht in den Saal lassen zu dürfen. »Kinder sind nicht erlaubt, sie gehören um diese Zeit ins Bett!« sagte er streng. Pamela war außer sich. Sie wollte sofort wieder gehen, obwohl das Fest ihr zu Ehren gegeben wurde. Wanger mußte sie beruhigen und Portland durfte selbstverständlich dableiben.

Auch Errol Flynn und Humphrey Bogart waren da. Es waren etwa zweihundert Personen anwesend, und obwohl Vince Barnett in vielen Filmen und auch im Fernsehen gespielt hatte, wurde er nur von ganz wenigen erkannt, die selbstverständlich nichts verrieten. Sie wußten nur, daß alles, was er im Laufe des Abends anstellen würde, zu einem

Krach führen mußte. Das war auch Walter Wangers Absicht, und die wenigen Eingeweihten freuten sich diebisch darauf, auf welche Weise er die verschiedenen Gäste in Verlegenheit bringen und wie sie darauf reagieren würden.

Zuerst wandte sich Vince James Mason zu: »Entschuldigen Sie, Ihr Gesicht kommt mir so bekannt vor! Ich muß Ihr Bild schon einmal irgendwo gesehen haben!« James sagte gutmütig: »Mein Name ist James Mason!« Vince schien einen Augenblick lang angestrengt nachzudenken: »Der Name sagt mir gar nichts. Ich habe ihn noch nie gehört!« Damit wandte er sich von Mason ab und half einem neuen Gast aus dem Mantel. Es war ein wohlbekannter Agent, ungeheuer eitel, der sich für einen der elegantesten und schönsten Männer hielt. Er trug einen Smoking, dazu aber eine lange, silbergraue Krawatte mit einer riesigen Perle. »Es tut mir leid, aber in diesem Aufzug darf ich Sie nicht hineinlassen. Zu einem Smoking trägt man eine schwarze Krawatte. Das sollten Sie als gutangezogener Herr doch wissen!« Der Agent fuhr ihn wütend an. »Ich lasse mir keine Vorschriften von Ihnen machen. Ich ziehe an, was ich für richtig halte!« Barnett stellte sich ihm in den Weg: »Bedaure, ich habe meine Vorschriften!« Walter Wanger schritt nun ein und entschuldigte sich für das unverantwortliche Benehmen seines Butlers . . .

Etwa zehn Minuten später ging Vince an den Tisch des Agenten und versuchte, ihm heimlich eine schwarze Smoking-Kravatte in die Hand zu drücken. Der Gast wollte ihm eine Ohrfeige geben, aber Barnett war auf eine solche Geste vorbereitet und wich schnell aus. Im Verlauf des Abends tat er immer betrunkener. Wenn er sich zu dicht über die Gäste beugte, glaubten alle, daß er nach Fusel rieche, obwohl er keinen Alkohol angerührt hatte. Die Aufregung wurde immer größer. Die Gäste baten Wanger, ihn hinauszuwerfen. Aber der lehnte ab mit der Begründung, daß ihm sonst alle Dienstboten weglaufen würden. Als endlich die Hälfte der Leute das Fest verlassen wollten, nahm Wanger Vince Barnett um die Schultern und stellte ihn vor. Es gab ein großes

Hallo und Beifall, obwohl viele sich ein bißchen ärgerten, auf den Scherz hereingefallen zu sein.

Danach wurde der Abend noch sehr lustig. Zum Schluß sprang Humphrey Bogart, der einige Gläser zuviel getrunken hatte, mit einem Riesenknall durch das Plastikfenster, wobei beinahe das ganze Zelt einstürzte. Errol Flynn, der sich den ganzen Abend wie ein Gentleman benahm, aber in Wirklichkeit nur immer Unsinn im Kopf hatte, hatte ihn dazu ermuntert.

23

Mein Leben mit Babs

Einer der wenigen Fehler meiner Frau besteht darin, daß sie kein Gedächtnis hat. In der ersten Zeit des Zusammenlebens ist diese Eigenschaft komisch. Ich erinnere mich daran, daß sie einmal in Kalifornien, als wir zu einer Party fuhren, nach etwa einer Stunde einen entsetzten Schrei ausstieß. Sie hatte ihren Lippenstift vergessen. Auf meine beruhigende Antwort, daß eine der vielen Damen ihr einen Lippenstift leihen würde, erklärte sie kategorisch: »Diese Farbe hat keine andere.« Wir kehrten um, fuhren nach Hause, um den Lippenstift zu holen und kamen natürlich zwei Stunden zu spät an.

In der zweiten Phase der Ehe wird diese Eigenschaft irritierend. Einmal, während einer Reise, erwartete ich einen dringenden Eilbrief. Ich telefonierte täglich, ob er angekommen sei. Sie verneinte. Vier Wochen später fand ich den Brief in ihrem Nachttisch, den ich natürlich selbst nicht anrühren durfte. Sie war erstaunt und hatte keine Ahnung, wieso er dort lag. Sie hatte ihn auch nie gesehen.

Die dritte Phase ist die schlimmste. Ich mußte einmal nach San Francisco. Wir hatten aufs Wochenende Freunde eingeladen. Einem Herrn X, den ich absichtlich gebeten hatte, zwanzig Minuten früher zu kommen, sollte sie sofort eine Nachricht zukommen lassen, bevor die anderen Gäste erschienen. Ich schärfte ihr ein, daß ich mich von ihr scheiden lassen würde, wenn sie es vergäße. Ich konnte es ihm nicht selbst sagen, da mein Flugzeug erst eine halbe Stunde nach Beginn der Party ankam. Sie versprach hoch und heilig, sich daran zu erinnern.

Während meiner Reise änderte sich das Bild. Ich wollte nicht, daß Herr X etwas davon erführe und betete, daß Babs wie üblich die Sache vergessen würde. Als ich atemlos ankam, nahm ich Babs beiseite und fragte sie: »Hast dus ihm erzählt?« Ich sah ein jähes Erschrecken in ihren Augen. Gott sei Dank hatte sie es wirklich vergessen, und einmal wenigstens war mir diese Eigenschaft zugute gekommen. Ich küßte sie erleichtert. Einige Minuten später begrüßte ich Herrn X. Plötzlich sagte er: »Robert, was ist an der Geschichte dran, die ich heute Abend gehört habe?« Ich erblaßte und fragte stotternd, wer sie ihm erzählt habe. »Ihre Frau«, erwiderte er grimmig. Babs hatte vergessen, daß sie es ihm gesagt hatte und ich fiel beinahe in Ohnmacht.

Ich hatte einen Film bei MGM gemacht und wir fuhren nach Colorado Springs in die Rocky Mountains. Da es in Hollywood sehr heiß war, riet ich meiner Frau, nur leichte Kleider mitzunehmen. Colorado Springs liegt sehr hoch, und wir gerieten in einen schrecklichen Schneesturm, obwohl es in Kalifornien Sommer war. Sie begann zu lachen, weil ich ihr einen falschen Rat gegeben hatte.

Wir wohnten in einem riesenhaften Hotel in der zwanzigsten Etage. Es war schon Nacht, als wir ankamen. Am nächsten Morgen öffnete sie das Fenster: Strahlender Sonnenschein. In dem großen See schwammen zwar Eisschollen, aber es war auch ein geheizter Swimming Pool da. Sie wollte sofort baden gehen, hatte aber größte Mühe mit ihrem Badeanzug, da sie anscheinend zugenommen hatte. Ich half ihr dabei, den Reißverschluß hochzuziehen. Sie stöhnte schrecklich. Später lag sie am Schwimmbecken, bedeckte ihren Magen mit einem Handtuch, damit keiner sehen konnte, wieviel sie zugenommen hatte. Einige Male ging sie heimlich ins Wasser und schwamm einige Runden. Kurz vor ein Uhr machte ich sie darauf aufmerksam, daß wir uns umziehen müßten, um zum Essen zu gehen. Als ich sie aus ihrem nassen Badeanzug herausschälte, stöhnte sie erlöst auf.

Wir saßen bei Tisch. Der Ober brachte uns die Karte. Wie gewöhnlich konnte sie sich nicht entschließen. Für mich bestellte ich eine Seeforelle, denn wir waren schließlich in den Rocky Mountains. Nach langem Überlegen entschied sie sich für Spaghetti mit Truthahnleber, weil sie sehr hungrig war.

Die Kellner schoben unter großem Aufwand silberne Wagen um uns herum. Die Forelle war so groß wie mein Zeigefinger, während Babs' Portion ungeheuer war und vom Fett der Leber nur so triefte. Ich begann, meine kleine Forelle zu sezieren und sagte kein Wort, während sie vor ihrem Teller saß, ohne ihn anzurühren. Als ich die erste Gabel zum Munde führte, zischte sie mich an: »Wenn du nur ein Wort sagst, kriegst du vor allen Leuten von mir zwei Ohrfeigen.«

Ein anderes Mal saßen wir allein in unserem Haus in Hollywood. Niemand wußte, daß ich von einer Reise zurück war. Wir spielten »Gin-Rummy«. Meine Frau ist eine leidenschaftliche Kartenspielerin, ein Erbteil aus ihrer Familie. Heute geht sie jeden Tag Bridge spielen. Sie behauptet, sie spiele gut. Meine Brieftasche behauptet etwas anderes.

Jedenfalls klingelte das Telefon. Ich sage: »Es ist für dich, denn keiner weiß, daß ich zu Hause bin.« Es klingelte und klingelte. Da ich die schwächeren Nerven habe, ging ich schließlich zum Apparat. Es war Hilde Knef. »Guten Abend, Hilde«, sagte ich, »du willst meine Frau sprechen?« Babs machte mir ein aufgeregtes Zeichen, daß sie nicht zum Telefon kommen wolle. Ich rief laut: »Babs!« Sie ballte in ohnmächtiger Wut die Fäuste und schüttelte vehement den Kopf. »Babs ist gerade mit dem Hund vor die Tür gegangen«, sagte ich und befahl ihr mit einer Handbewegung zu kommen. »Ah, da ist sie ja!« Babs schleppte sich auf den Knien über den Teppich. Ich habe einmal gelesen, daß Hitler immer vor Wut in den Teppich biß. So sah das aus. Sie riß mir den Hörer aus der Hand, bedeckte die Muschel und sagte wütend: »Idiot, wir waren heute dort eingeladen. Ich hab's vergessen!« und dann zu Hilde mit der süßesten Stimme: »Hilde, mein Kind, ich habe ganz unsere heutige Einladung bei dir vergessen . . . was, es ist erst morgen?« Sie funkelte mich zornig an, und wenn sie nicht den Hörer in der Hand gehabt hätte, wäre mir bestimmt etwas an den Kopf geflogen.

Apropos Hilde Knef. In ihrem Buch »Der geschenkte Gaul« erwähnt sie, daß sie immer Angst vor mir gehabt hätte. Es muß ihr entfallen sein, daß sie und ihr damaliger Mann,

Kurt Hirsch, monatelang bei uns waren und in unserem Pool schwammen. Sie war wie ein Kind im Hause. Ich habe ihr auch geholfen, bei Fox ihren ersten Filmvertrag zu bekommen und habe ihre Karriere viele Jahre lang verfolgt. Wir waren auch später, in den fünfziger Jahren, in München zusammen. Ich habe immer ihr Talent anerkannt und bin froh für sie, daß sie es geschafft hat. Aber von Angst vor mir kann keine Rede sein. Das ist reine Erfindung, wie auch verschiedene andere Behauptungen in ihrem Buch. Sie hat zuviel Phantasie oder will sich an verschiedene Episoden nicht erinnern.

*

Meine Frau vergaß immer unseren Hochzeitstag. Jedes Jahr gabś den gleichen Dialog: »Mutti, warum hast du mich nicht daran erinnert?« Doch einmal hat meine Babs selbst daran gedacht. Sie hatte meine Initialen »R. S.« auf mein Kopfkissen gestickt und ein solch hartes Garn genommen, daß meine Backe am nächsten Morgen entzündet war. Aber jedenfalls hatte sie es einmal nicht vergessen . . .

Anläßlich unseres nächsten Hochzeitstages ging ich zu Saks, Fifth Avenue, in die Damenabteilung und verlangte das teuerste Nachthemd. Die Verkäuferin fragte mich: »Schwarze Spitzen?« – »Nein, es ist für meine Frau, nur meine Freundinnen tragen schwarze Unterwäsche!« Sie kam mit einer Kreation zurück, die ungeheuer schön war. Heinrich, der Verstopfte, muß sie während einer Wurmkur selbst geklöppelt haben. Das Hemd kostete tausend Dollar. Es wurde eingepackt, und der Karton sah prächtig aus. Dann kaufte ich noch die üblichen Geschenke: eine Handtasche, Parfum, Strümpfe und andere Sachen.

Am Morgen schlich ich mich bereits um sechs Uhr früh ins Wohnzimmer und verstaute alle Geschenke unter dem Frühstückstisch. Während wir aßen, fragte ich dann beiläufig: »Babs, was für einen Tag haben wir denn heute?« Sie wurde blaß: »Mutti, warum hast du mich nicht daran erinnert!« – »Was hast du mir mitgebracht?« Ich zog die Geschenke hervor. Als sie das Nachthemd sah, bekam sie Tränen in die Augen. Sie umarmte und küßte mich und sagte, daß sie mir diese Aufmerksamkeit nie vergessen würde.

Ich ging dann ins Studio. Nachmittags beim Kaffeeklatsch wurden alle Geschenke ausgebreitet. Ich war der Held des Tages. Alle Frauen waren neidich. Keine hatte so ein Männchen wie mich, das seiner Frau nach zwanzig Jahren Ehe ein Nachthemd schenkte.

Am nächsten Tag ging meine Frau zu Saks und tauschte das Hemd gegen zwanzig Blusen um, die je fünfzig Dollar kosteten. Ich kannte sie. Babs hätte so ein teures Hemd nie getragen. – Es war nur eine psychologische Geste von mir.

24

Gangster und Gewerkschaften

Mein nächster Film spielte in Italien. Er hieß »Deported« (1950) und handelte von einem berüchtigten Gangster, der, wie so viele andere, von Amerika in sein Heimatland abgeschoben wurde. Es war die Geschichte von Lucky Luciano, dem obersten Boß der Mafia in Amerika. Er entging nur deswegen der Hinrichtung, weil er während des Krieges den Amerikanern durch seine Verbindung zur Mafia in Italien geholfen hatte. Aber man wußte, daß er durch Erpressung, Prostitution und Wettbetrug ein Riesenvermögen gemacht hatte. Eigentlich hatte ihn die italienische Regierung in sein kleines, abgelegenes Heimatdorf nach Sizilien verbannt, aber dank seiner Beziehungen gelang es ihm, die Erlaubnis zu erhalten, in Neapel zu wohnen.

Wir waren kaum in Neapel im Hotel Excelsior angekommen, als es an meiner Tür klopfte. Ich öffnete und sah mich einem fremden Mann gegenüber. Ich kannte diese Typen aus Amerika. Ich glaubte auch den Revolver zu sehen, den er in einem Halfter unter dem Jackett trug. Der Mann sagte kurz: »Mr. Luciano will dich sofort sprechen!« Mir fiel fast das Herz in die Hosen. Auch meine Frau war zu Tode erschrokken. »Los!« sagte er, »komm sofort mit!« Was blieb mir übrig – ich folgte ihm. Ich wußte, daß das F.B.I. Luciano ständig unter Beobachtung hielt. Wenn es zu einer Schießerei kommen würde, könnte ich wahrscheinlich – wenn auch schwer verwundet – doch davonkommen. All diese Gedanken fuhren mir durch den Kopf, als ich dem Leibwächter folgte.

Er ging auf einen Tisch zu, an dem ein etwa fünfzigjähriger Mann vor einem Glas Wein saß. Er sah unansehnlich, aber freundlich aus, war bebrillt und erhob sich lächelnd: »Bob«, sagte er, »ich höre, daß du einen Film über mich machen

Robert Siodmak in den vierziger Jahren in Hollywood *(National Film Archive)*

Ella Raines *(links)* und Franchot Tone *(rechts)* in »Phantom Lady« *(Universal/WDR)*

Dorothy McGuire in »The Spiral Staircase« (Die Wendeltreppe) *(RKO Pictures)*

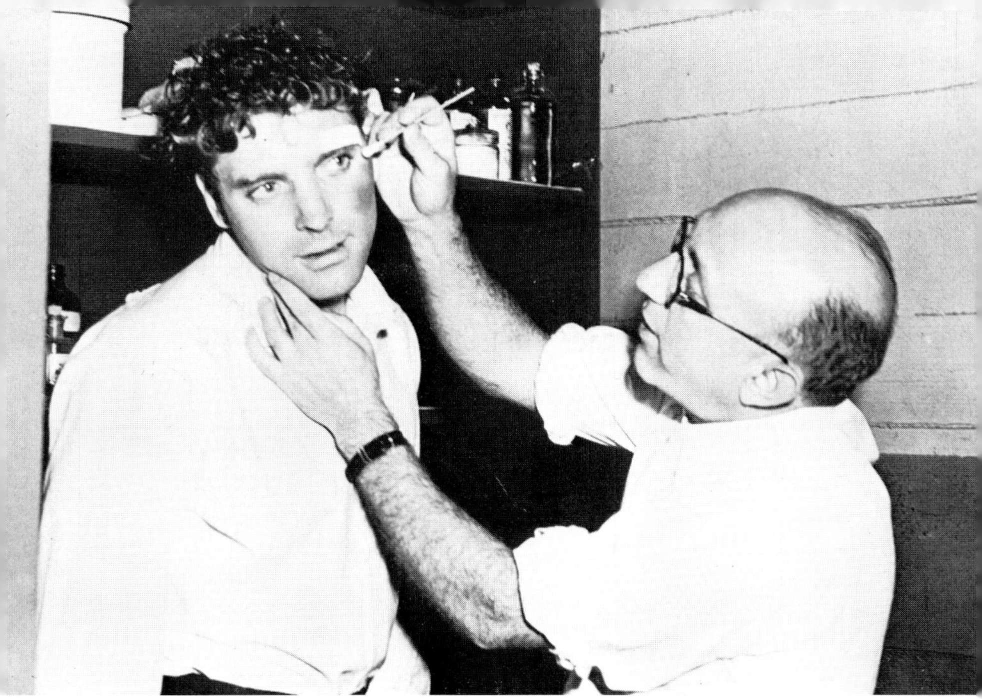

Siodmak mit Burt Lancaster bei den Dreharbeiten zu »The Killers« *(National Film Archive)*

»Criss Cross« (Gewagtes Alibi): Dan Duryea *(stehend),* Yvonne de Carlo, Burt Lancaster *(Universal/BR)*

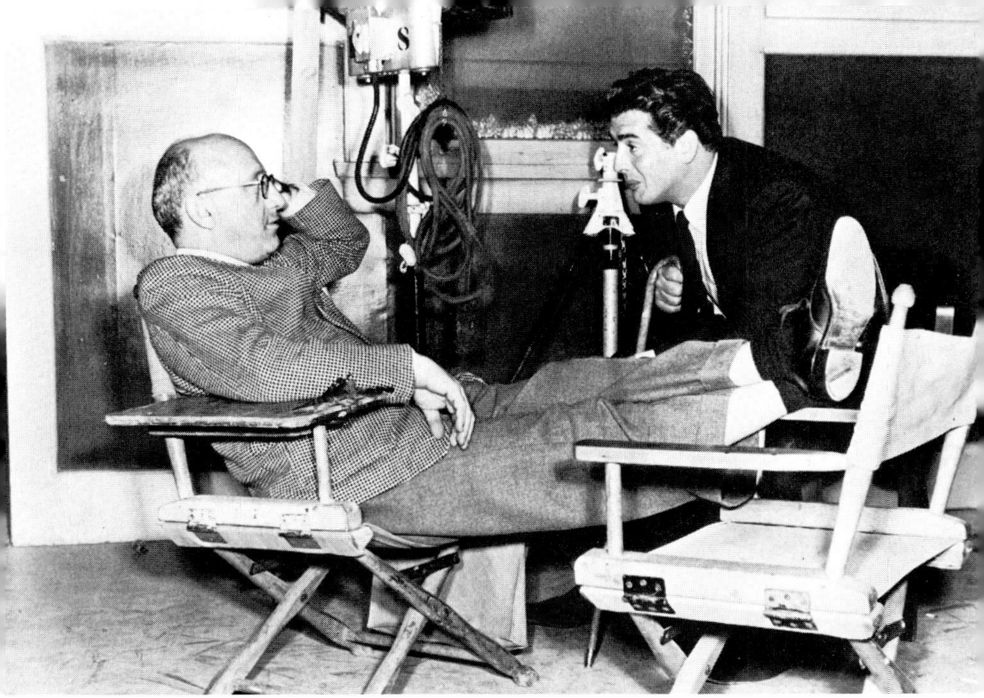

Siodmak mit Victor Mature bei den Dreharbeiten zu »Cry of the City« (Schrei der Großstadt) *(National Film Archive)*

Siodmak bei den Dreharbeiten zu »The Great Sinner« (Der Spieler) mit *(von rechts)* Gregory Peck, Walter Huston, Ethel Barrymore *(National Film Archive)*

willst! Hast du nicht eine Rolle für mich?«

Mir fiel ein Stein vom Herzen. Er lud mich zu einem Glas Wein ein, aber ich mußte erst Babs aus ihrem Zimmer holen und ihr die Geschichte erzählen. Sonst hätte sie geglaubt, ich wäre bereits tot.

Man mußte Luciano mit »Charles« anreden. Er haßte das Wort »Lucky« (Glücklicher) Luciano, was ich ihm nicht verübeln konnte. »Charles war sehr nett zu uns. Er lud uns immer ein. Wir durften nie zahlen. Eines Tages sagte er zu mir: »Wenn ich dir erzählen könnte, was sich im Jahre 1932–33 abgespielt hat, würdest du deinen Film ›The Killers‹ verbrennen. Leider kann ich nicht davon sprechen, sonst wäre auch ich nicht mehr am Leben!«

Eines Tages kam eine Freundin meiner Frau an den Tisch, wo wir mit Luciano saßen. Sie war sehr gelangweilt, verstand seinen Namen nicht und flüsterte Babs nach einer halben Stunde zu: »Wie kannst du dich nur mit diesem gräßlichen Kerl so lange unterhalten! Wer ist das eigentlich?« Babs wiederholte leise seinen Namen. Im gleichen Augenblick veränderte sich ihr Gesicht zu einem strahlenden Lächeln. Sie begann sich die Lippen zu schminken, ihr Gesicht zu pudern und sich angeregt mit ihm zu unterhalten. Plötzlich fand sie ihn faszinierend und war glücklich, seine Bekanntschaft zu machen. So groß ist die Anziehungskraft des Bösen auf Menschen.

Mein Producer war Robert Buckner, ein typischer Amerikaner. Alle meine Vorschläge wurden von ihm verworfen. Er verstand die italienische Mentalität überhaupt nicht. Der Chef-Kameramann war William Daniels. Er hat fast alle Garbo-Filme photographiert. Sie wollte nie einen anderen als ihn haben. Das Negativ wurde in Hollywood entwickelt und geschnitten. Ich habe mir den Film nicht angesehen . . .

*

Ich bekam eine neue Aufgabe: Einen Film bei Louis de Rochemont zu drehen. Der Film spielte in New England.

Ein Arzt in Hollywood hatte mir verordnet, täglich zu schwimmen. Manchmal lag eine dünne Eisschicht auf dem Wasser im Pool. Aber ich stieg heroisch hinein. Alle meine Mitarbeiter kamen aus Kalifornien, wo es bekanntlich sehr warm ist. Als wir in New England ankamen, war es Dezember und bitter kalt. Die Sonne schien herrlich. Der Strand war völlig vereist und die Wellen meterhoch. Ich fragte: »Wer geht mit mir schwimmen?« Alle glaubten, ich sei verrückt geworden. »Wollt ihr wetten, daß ich hineingehe?« Sie nahmen die Wette an.

In etwa zwei Minuten hatte ich beinahe tausend Dollar Wettgeld zusammen. Ich lief ins Wasser und schwamm zehn Minuten lang. Keiner hatte natürlich eine Ahnung, daß ich darauf trainiert war. Alle trauten ihren Augen nicht. Als ich triefend herauskam, standen ungefähr hundert Personen da. Sie waren alle in Pelze gehüllt, mit dicken Handschuhen und Ohrenschützern! »Das Meer ist hier so kalt, daß wir nicht einmal im Sommer baden gehen!« sagten sie.

Louis de Rochemont war ein wirklicher Schloßherr. Er besaß ein großes Gut in New England und züchtete aus Vergnügen Riesenschnauzer, Bouviers. Sie waren so groß wie Kälber und sehr gefährlich. Ich ging ohne Furcht in den Zwinger, da ich mich mit Hunden auskenne. Sie taten mir nichts, obwohl mich der Wärter vor ihnen gewarnt hatte. Ich wußte, daß de Rochemont der oberste Chef des F.B.I. in New England war und bemerkte einmal aus Spaß zu einem seiner Mitarbeiter, Christus sei der erste Kommunist gewesen, denn er hätte gesagt, daß alle Menschen gleich seien. Dieses Zitat stamme aus der Bibel und er könne es nachlesen. Natürlich wurde meine Bemerkung de Rochemont brühwarm hinterbracht. Wieder ein dunkler Fleck für mich in den Akten des F.B.I.

Der Film trug den Titel »The Whistle at Eaton Falls« und spielte im Arbeiter-Milieu. Es ging um ein soziales Problem. Wir hatten einen großen, dicken Gewerkschaftsführer engagiert, der mir Ratschläge geben sollte, falls ich etwas falsch machen würde.

Die Hauptrolle spielte Dorothy Gish, die in den zehner und zwanziger Jahren mit ihrer Schwester Lilian und D.W. Griffith Filme gemacht hatte. Zu meiner Zeit war sie schon eine alte Dame, aber eine wirkliche Dame, wie sie im Buch steht. Wir vertrugen uns glänzend. Der männliche Hauptdarsteller war Lloyd Bridges. Außerdem spielte noch Ernest Borgnine mit. Es war eine seiner ersten Rollen.

Ich beschäftigte ein junges Mädchen namens Sherlee, die jeden Schauspieler in New York kannte und mir mit untrüglichem Instinkt die richtigen Leute vorstellte. Eine davon war Maureen Stapleton. Bevor wir den Film anfingen, kam Maureen eines Tages weinend zu mir ins Büro. Sie hatte den Vertrag, der acht Wochen lief, am Tag vorher unterzeichnet und wollte Selbstmord begehen. Tennessee Williams hatte ihr die Hauptrolle in seinem neuen Stück angeboten. Als ich sah, wie unglücklich sie war, sagte ich zu ihr: »Maureen, ich will dir diese Chance nicht kaputtmachen, ich entlasse dich aus dem Vertrag!« Sie umarmte mich weinend, küßte mich und lief aus dem Zimmer. Sie hatte einen Welterfolg. Aber Freikarten schickte sie mir nicht zur Premiere, und ich bin ihr nie wieder begegnet.

Schauspieler! Ein Star ist ein Stern. Man sieht ihn am Firmament. Er leuchtet und spiegelt sich in seinem eigenen Glanz. Dann kommt eines Tages ein wundervolles Manuskript, ein großer Regisseur oder viel Geld. Der Star schwebt auf die Erde nieder. Der Regisseur wird sein Freund, seine Frau, sein Sohn, seine Mutter, sein Alles. Man kann sie in den Hintern treten, wie Maria Montez, die erwartete, mit »Majestät« angeredet zu werden, wenn sie eine Kaiserin spielte, oder die man ohrfeigen konnte, wenn sie eine Sklavin darstellte.

Wenn der Film zu Ende ist, schweben die Schauspieler wieder hinauf und spiegeln sich in ihrem Licht. Sie kommen noch einmal zurück, um den Applaus entgegenzunehmen. Dann verschwinden sie wieder, ohne sich im klaren zu sein, daß sie einen großen Teil ihres Erfolges den kleinen Leuten verdanken: dem Schriftsteller, Drehbuchautor, dem Produzenten, Schminker, Friseur, Kameramann und allen Technikern – oder auch manchmal dem Regisseur. Wenn man sie dort blinken sah, versuchte man manchmal, mit ihnen in Verbindung zu treten. »Hallo – Heinz – Maria – Joe – Harry – Ernst!« Aber sie antworteten nicht mehr. Vielleicht war auch meine Stimme inzwischen etwas leiser geworden.

Wir hatten den Film in Hollywood geschrieben, konnten aber leider das Buch nicht drehen, wie wir es uns vorgestellt hatten. Es mußten viele Änderungen vorgenommen werden und ich saß nach den Aufnahmen jeden Abend in meinen Zimmer und schrieb neue Szenen. Wir wohnten alle im selben Hotel und trafen uns nach dem Abendbrot in einem Saal. Ich entschuldigte mich wegen der Änderungen und ließ die neuen Seiten herumreichen.

Eines Abends erlitt der Schauspieler Arthur OConnell einen Tobsuchtsanfall. Er fing an zu schreien: »Das ist alles Mist . . . ich kann nicht jeden Abend eine neue Szene lernen . . . das ist amateurhaft . . . ich denke nicht daran, weiterzumachen!« Er brüllte etwa drei Minuten und beschimpfte die ganze Produktion und mich. Dann knallte er die Türe zu und verschwand. Ich saß während des gesamten Theaters ruhig da und sah ihn nur stumm an. Dann bat ich meinen Assistenten, die Rolle anstelle von Mr. OConnell zu lesen. Wir gingen die Szene noch einmal durch. Ich bedankte mich höflich bei den Anwesenden, und alle verließen auf Zehenspitzen das Zimmer.

Mein Gewerkschaftsführer saß mit offenem Mund da. »Mensch, wie haben Sie's nur fertiggebracht, Ihre Schnauze zu halten? Wenn mir das passiert wäre, hätte ich ihm eine in die Fresse gehauen!« Ich erklärte ihm: »Erstens war er im Recht, sich aufzuregen, und zweitens kann ich mich als Regisseur des Films nicht mit ihm auf eine Stufe stellen. Es wäre dann zu einem richtigen Krawall gekommen und ich hätte mich verteidigen müssen. Drittens brauche ich ihn noch! Und außerdem kann ein solcher Ausbruch nur einige Minuten dauern, dann kann er nicht weiter und weiß nicht, was er noch zu sagen hätte.«

»Wie glauben Sie, daß es jetzt weitergeht?« fragte er. »Ich erwarte in der nächsten Stunde einen Brief von ihm. Er wird einsehen, daß er im Unrecht war und sich vor allen Kollegen schlecht benommen hat.« Der Brief traf pünktlich ein. Die Tinte war etwas verwischt. Wahrscheinlich hat er beim Schreiben geweint.

Als wir uns am nächsten Tag trafen, fragte er mich ängstlich, ob ich seinen Brief erhalten hätte. Ich klopfte ihm beruhigend auf die Schulter: »Schon gut, schon gut«, sagte ich, »jedem Menschen können einmal die Nerven durchgehen!« Von diesem Augenblick an war er wie ein Lamm. Der Gewerkschaftsführer hat meine Einstellung sicher bis heute noch nicht begriffen.

25

Piraten auf Ischia

Es war im Jahre 1951. Ich war in London und bereitete den Film »Der rote Korsar« mit Burt Lancaster und Nick Cravat vor. Die Außenaufnahmen sollten auf Ischia stattfinden, einer Insel, die damals noch unbekannt war und nur ein einziges Hotel besaß. Da es ein englischer Film war, durften nach den bestehenden Gesetzen nur drei Ausländer engagiert werden. Mit Lancaster, Cravat und mir war die Quote erfüllt. Ich brauchte aber dringend eine feurige Schönheit für die weibliche Hauptrolle. Diesen Typ gab es natürlich nicht in England, außer vielleicht in Cork in Irland. Ich ließ mir sämtliche Probeaufnahmen vorführen, die je gedreht worden waren. Plötzlich sah ich sie: ein wunderschönes schwarzhaariges Mädchen. Sie sprach mit schwerem ungarischen Akzent, hieß Eva Bartok, hatte einen englischen Paß und befand sich zu dieser Zeit in Rom. Ich flog sofort nach Italien. Warner Brothers hatte sie gefunden. Ich bat sie, zu mir ins Hotel Excelsior zu kommen. Sie erschien mit ihrer Mutter, saß in einem kleinen Sommerkleidchen mit schikkem Hut mir gegenüber und sagte mit ihrem ungarischen Akzent: »Bitte sähr – weiß nicht, ob Vertrag annehmen kann. Habe viele Angebote.«

Natürlich unterschrieb sie, ohne zu zögern, einen Vertrag mit Warners. Ich war sehr zufrieden.

Wir kamen mit dreihundertfünfundvierzig Technikern und Schauspielern auf der Insel an. Eine solche Invasion hatte Ischia noch nie gesehen. Wir brachten Kostümschneider, Schuhmacher, Schminker, Friseure, Elektriker, den Chef-Architekten nebst fünf Assistenten, Scriptgirls, achtzig italienische, fünfundzwanzig englische und drei hochbezahlte amerikanische Kaskadeure mit. Die Produzenten waren Harold Hecht und Burt Lancaster, die inzwischen große Karriere gemacht hatten.

Die Produktionsleitung hatte ein Schiff gemietet, eine Galeone, die fünftausend Quadratmeter Segel hatte, mit zwei starken eingebauten Dynamos, die gebraucht werden sollten, wenn Windstille war. Außerdem gab es ein kleineres Schiff für die Piraten. Ich hatte mir die schönste Villa mit einem Garten ausgesucht. Sie lag an der Spitze von Porto dIschia gegenüber dem großen Felsen. Heute steht dort ein Hotel. Hecht kam mit seiner Frau und drei Kindern. Er war noch nie in Europa gewesen. Ich zeigte ihm die Stelle, wo ich drehen wollte, besonders den herrlichen Platz am Hafen, der über achthundert Jahre alt war und in den schönsten verblichenen Farben prunkte. Hecht war entsetzt und wollte ihn sofort neu streichen lassen. Ich regte mich über seine Ignoranz schrecklich auf und wollte mit dem Film überhaupt nicht erst anfangen, wenn er darauf bestand. Mein Art-Director war der gleichen Meinung. Hecht war zu dieser Zeit ein richtiger Banause.

Natürlich teilte auch der Architekt meine Meinung. Hecht hielt uns für dekadent und Idioten. Er hatte für seine Familie eine große alte Villa gemietet und ließ alle Fenster vergittern und den Brunnen zudecken, aus Angst, daß seinen Kindern etwas zustoßen könnte. Außerdem waren sie in tödlicher Angst wegen der hygienischen Zustände. Seine Frau hatte ungefähr zwanzig Abendkleider aus Paris mitgebracht und war entsetzt, daß es kein Nachtlokal auf der Insel gab, um diese Pracht vorzuführen. Sie ließ sich drei Badezimmer einbauen. Lancaster tat das gleiche. Ich wollte nicht zurückstehen und verlangte auch eines: nur ein einziges.

Die Zustände auf der Insel waren damals so primitiv, daß es zwei Tage dauerte, bis man Neapel per Telefon erreichen konnte. Dabei beträgt die Distanz nur dreißig Kilometer! Wie ließen ein Unterwasserkabel legen, um mit der Außenwelt in Verbindung treten zu können. Für die Außenaufnahmen waren sieben Monate vorgesehen.

Etwa acht Tage später, kurz vor Drehbeginn, erreichte uns

ein dringendes Telegramm von Warners aus Hollywood. Waldo Salt, der das Buch geschrieben hatte, war von McCarthy angeklagt worden, Kommunist zu sein. Es wurde uns untersagt, auch nur eine einzige Zeile aus dem Manuskript zu verwenden. Entweder sollten wir eine neue Geschichte mit den bereits engagierten Schauspielern erfinden, oder alle auszahlen und den Film abbrechen . . .

Wir entschieden uns, den Film zu machen. Ich arbeitete manchmal wochenlang ohne Drehbuch, aber langsam fanden wir die Formel. Es war natürlich etwas ganz anderes als die ursprüngliche Geschichte. Heute ist Salt rehabilitiert. Er schrieb »Midnight Cowboy« und hat einen Oscar bekommen.

Mrs. Hecht konnte es auf der Insel nicht aushalten. Sie wollte einmal ein Abendkleid anziehen und bestürmte ihren Mann, einen Abend auf Capri zu verbringen. Er mietete ein großes Motorboot, aber die Maschine sprang nicht an. Sie mußten mit einem Boot fahren, das kein Vorderdeck hatte und nach Fischen stank. Zwei Stunden später gerieten sie in einen fürchterlichen Sturm. Bei Sonnenaufgang waren sie, völlig durchnäßt, wieder zurück. Mrs. Hechts Pariser Kreation war ruiniert und Mr. Hechts Smoking ebenfalls. Ihre Frisur bestand nur noch aus Strähnen. Das war der einzige Ausflug, den sie machten . . .

Unsere englischen Arbeiter konnten das italienische Essen nicht vertragen. Wir mußten für sie einen Koch aus London einfliegen lassen. Selbstverständlich gab es täglich, auch bei einer Hitze von 40 Grad, nachmittags Tee während der Arbeit. Auch das italienische Sodawasser San Pellegrino schmeckte ihnen nicht. Obwohl wir etwa hunderttausend Flaschen mit dem großen roten Aufdruck »Eigentum von Warner Bros.« bestellt hatten, rührten sie es nicht an.

Die drei amerikanischen Kaskadeure, wir nennen sie »Stunt-Men«, versuchten den anderen zu zeigen, wie man stürzen kann, ohne sich zu verletzen. Sie legten leere Kartons auf die Stellen, wo sie hinzufallen hatten. Darüber kamen Matratzen. Ein amerikanischer Stunt-Man fiel aus vierzig Meter Höhe hinunter, ohne Schaden zu nehmen. Aber die Engländer, die das für unsportlich hielten, wollten die Idee nicht akzeptieren. Sie fielen ohne Schutz hin, hatten dauernd Hautabschürfungen oder Verstauchungen. Zum Schluß aber hörten sie doch auf die Amerikaner.

Wir hatten einen Stunt-Man aus Hollywood, der etwa zwei Meter dreißig groß war. Es war ein bildhübscher Kerl. Die Mädchen liefen ihm nach. Er war zum ersten Mal in Europa und selig, einmal allein von zu Hause fort zu sein. Jeden Abend ging er bummeln. Eines Tages erschien seine Frau auf Ischia. Obwohl sie zierlich und klein war, hatte er eine Mords-angst vor ihr. Er sagte: »Boys, wenn ihr mich einmal die Straße hinunterrasen seht und meine Frau mich verfolgt – stellt ihr bitte bitte ein Bein, damit sie mich nicht erwischt!«

Der Film war sehr anstrengend. Ich verlor bei der Hitze, die unter den Lampen manchmal bis zu achtzig Grad anstieg, etwa dreißig Pfund. Eines Tages inszenierte ich einen Kampf auf dem Boot. Ich stand auf einem Fahrwagen. In der Hitze des Gefechtes verlor ich die Balance und fiel aus etwa fünf Meter Höhe auf eine eiserne Kanone. Es gab einen fürchterlichen Knall. Alle dachten, ich hätte mir das Rückgrat gebrochen. Ich hatte mir aber nur eine sehr schmerzhafte Muskelzerrung im Rücken zugezogen und konnte mich kaum noch bewegen. Etwa zwei Stunden später lehnte ich mich erschöpft an einen großen Scheinwerfer. Im unteren Teil war der Widerstand eingebaut, mit etwa tausend Grad Hitze. Als ich mit meinem Bein damit in Berührung kam, machte es »Pffft.« Die gesamte Haut meines Oberschenkels war verbrannt. Unser Schiffsdoktor behandelte mich, so gut er es konnte. Ich war mehr tot als lebendig. Am Schluß der Aufnahmen, am Abend, wollte ich meinen Mitarbeitern erklären, welche Einstellung ich am nächsten Tag drehen wollte, humpelte hin und fiel noch zu guter Letzt über ein Seil, das ich übersehen hatte.

Mein Knie schwoll zu Kürbisgröße an. Ich bat um ein Schnellboot, um nach Haue zu fahren, denn die normale Rückfahrt in den Hafen von Ischia hätte etwa zwei Stunden gedauert. Unter größten Schmerzen kletterte ich das Fallreep hinunter. Das Schiff kam mir so groß wie ein Ozeandampfer vor. Als ich zu Hause ankam, hatte meine Frau etwa hundert Personen eingeladen. Ich hatte vergessen, daß es mein Geburtstag war. Ich erklärte ihr, daß ich mich sofort hinlegen müsse, aber sie bestand darauf, daß das unmöglich sei. Ich zog mich stöhnend um und schlief während des Essens am Tisch ein, da ich vollgepumpt mit Morphium war. Am nächsten Morgen um fünf Uhr früh stand ich wieder auf, um zu arbeiten. Es dauerte etwa acht Tage, bis meine Schmerzen nachließen.

Wenn ich den Film heute noch einmal ansehe und höre, wie das Publikum sich dabei amüsiert, bricht mir der Angstschweiß aus, wenn ich an diese anstrengende Arbeit denke.

Mein Freund Robert Thoeren schrieb, daß er nach Ischia kommen wolle, um uns zu besuchen. Er fragte vorsichtshalber an, ob es auch Mädchen auf der Insel gäbe. Meine Frau, die, wie alle ihres Geschlechtes, gern jemand verkuppelt, fand eine große schöne Italienerin, deren Haar ganz kurz geschoren war. Später stellte es sich heraus, daß sie während des Krieges ein Verhältnis mit einem großen Tier von der SS gehabt hatte. Sie kam vor ein Gericht und sagte: »Meine Herren, ich bin eine Patriotin bis hierher!« Ihre Hand deutete auf eine Stelle etwa zwei Zentimeter unterhalb des Nabels. Das Gericht lachte, und zur Strafe schnitt man ihr nur die Haare ab.

Meine Frau holte Thoeren am Hafen ab. Ich glaube, eine Stunde später lagen die Italienerin und er bereits im Bett.

Eine Freundin meiner Frau, Lucy aus Hollywood, hatte vor einigen Monaten ihren Mann verloren. Um über den Schock hinwegzukommen, luden wir sie nach Ischia ein. Sie kam als trauernde Witwe an, ganz in Schwarz gekleidet. Jeden Morgen ging sie zur Messe, um für die Seele ihres toten Mannes zu beten und um eine Kerze zur Erinnerung an ihn anzuzünden. Das dauerte ungefähr acht Tage.

Eines Morgens beim Baden tauchte ein wunderschöner großer, dunkelhaariger Italiener aus dem Wasser auf. Als ich ihn sah, hatte ich das Gefühl, daß er jeden Moment zu singen anfangen würde: »O sole mio!« Am nächsten Tag lagen auch sie im Bett. Thoeren schlief mit seiner Freundin nach dem Mittagessen im Wohnzimmer bei uns, Lucy mit ihrem Italiener im Fremdenzimmer, und Babs mußte immer auf einer Leiter vom Garten her in ihr Schlafzimmer hinaufklettern, um niemanden zu stören!

Thoeren sagte mir nach einigen Tagen, daß er nicht mit seiner Freundin schlafen könne, wenn er nicht meine Galeone im Meer sehen würde. Er beschrieb mir genau die Stelle, an der er das Schiff durch das Schlafzimmerfenster verfolgen konnte und bat mich, immer in einem bestimmten Sektor zu drehen, andernfalls er Angst hätte, impotent zu werden, wenn er das Schiff vom Bett aus aus den Augen verlöre . . .

Wir lernten den Maler Edoardo Colucci kennen, der schon seit vierzig Jahren auf der Insel lebte. Er besorgte uns die Hausgehilfen, darunter eine junge Frau, die sechs Wochen vorher ein Kind bekommen hatte. Alle zwei Stunden kam ihre jüngere Schwester mit dem Baby und sie stillte es in der Küche. Außerdem hatten wir zwei Jungen, etwa zehn Jahre alt, die als Boten arbeiteten. Sie rannten wie der Blitz in die Stadt, wenn wir etwas brauchten. Wie in Italien üblich, wurde unsere Küche zum Sammelplatz der gesamten Sippe: Großmutter, Onkel, Mutter und Nichten. Etwa zwanzig Personen nisteten sich bei uns ein. Sie aßen alles und tranken unseren ganzen Wein aus, bis Edoardo sie alle hinauswarf. Mein Italienisch war nicht gut genug, um dagegen zu protestieren. Ich hätte es als Fremder auch nicht gewagt.

Eines Tages fiel meine Frau die Treppe hinunter und verstauchte sich den Fuß. Damals gab es nur einen einzigen Arzt auf Ischia, einen Viehdoktor. Er kam und verschrieb ihr Bettruhe. Der Knöchel war furchtbar angeschwollen. Da unsere Toilette am Ende des Gartens lag, mußte ich Babs morgens und abends dorthin tragen, denn sie konnte noch nicht auf dem Bein stehen, und das Badezimmer im Haus war noch nicht fertig.

Nach etwa vierzehn Tagen konnten wir es nicht mehr mitansehen. Colucci schickte einen der Jungen in die Berge, um eine »Donna« zu holen, die alle Eingeborenen heilte. Sie wohnte etwa fünf Stunden zu Fuß von Ischia entfernt. Am nächsten Tag erschien sie und setzte sich aufs Bett meiner Frau. Sie betrachtete den Fuß aufmerksam. Zuerst wurde ihr Kaffee gebracht. Sie fächelte sich stumm Luft zu. Die beiden Frauen konnten sich nicht miteinander unterhalten. Nachdem sie Kaffee getrunken hatte, gab die »Donna« Befehle. Alle stürzten davon, um sie auszuführen.

Sie rührte einen dicken Brei aus Wasser und Mehl an. Dann zerriß sie Zeitungen in lange Streifen. Die beiden Jungen und unser Mädchen verfolgten diese Prozedur mit aufgerissenen Augen. Colucci und ein junger Fischer standen ebenfalls dabei. Nach einem langwierigen Zeremoniell machte sie das Bein frei. Colucci und der Fischer hielten meine Frau an der Schulter fest. Plötzlich riß die Alte mit aller Kraft an dem Knöchel und renkte ihn ein. Meine Frau fiel mit einem Schrei in Ohnmacht. Die »Donna« schmierte den Mehlbrei auf die Stelle und klebte die Papierstreifen darüber. Es wurde eine Art Gipsverband daraus.

Nach drei Tagen kam sie wieder aus ihrem Dorf zurück. Das gleiche Zeremoniell begann. Erst Kaffee. Wieder klatschte sie in die Hände. Es wurde heißes Wasser gebracht und sie löste den Verband vorsichtig vom Fuß. Etwa zehn Personen standen im Zimmer und verfolgten die Prozedur. Die Alte befahl meiner Frau: »Stehen Sie auf und gehen Sie!« Es hörte sich an, als spräche Jesus Christus zu Lazarus. Meine Frau machte einen zaghaften Versuch. Sie war geheilt! Alle fielen auf die Knie, bekreuzigten sich und fingen vor Freude an zu weinen. Ein Mirakel. Die »Donna« verlangte kein Geld. Sie akzeptierte schließlich fünftausend Lire, obwohl Colucci meinte, dreitausend wären auch genug gewesen. Sie sah aus wie Anna Magnani. Als sie wegging, begleiteten sie alle mit Segenswünschen und küßten ihr die Hände.

Wir hatten seit drei Monaten nichts von unserer Arbeit gesehen. Das Negativ wurde in London entwickelt. Endlich kamen etwa dreißig Rollen an. In der ganzen Stadt gab es nur ein einziges Kino, das uralt war. Die Türen schlossen nicht richtig. Licht fiel auf die Leinwand, die eine dunkelgraue Färbung hatte. Der Projektor war sehr schwach. Die Muster liefen an. Man sah auf der Leinwand nur Schatten und von der Handlung konnte man überhaupt nichts erkennen. Alle saßen wie erstarrt da. Wir glaubten, daß sich unser Kameramann Otto Heller, dessen erster Farbfilm es war, bei den Aufnahmen geirrt habe. Panik brach aus. Es war unmöglich, London von Ischia aus zu erreichen. Man wollte Otto Heller sofort entlassen, aber ich stand auf seiner Seite und sagte: »Wenn Otto geht, gehe ich auch!« Ein Techniker flog sofort nach London. Von dort aus telegrafierte er uns, er habe das Negativ geprüft. Alles sei in bester Ordnung. Als er zurückkam, brachte er eine neue Kopie mit, die zwar in dem Kino von Ischia immer noch grauenhaft wirkte, aber zumindest konnte man jetzt sehen, was auf der Leinwand vorging. Der Schreck sitzt mir noch heute in den Knochen.

Es kam beinahe noch einmal zu einer Katastrophe. Das Zollamt von Neapel bestand darauf, etwa fünfzig Rollen mit Negativ – fünf Wochen harter Arbeit – zu öffnen. Sie wollten den Inhalt sehen. Es brauchte viele Telefongespräche und dauerte Wochen, bis wir die Erlaubnis aus Rom erhielten, sie zu exportieren.

Otto Heller war einer der komischsten Menschen, die ich getroffen habe. Einmal kam er am 14. Juli, dem Nationalfeiertag Frankreichs, nachts in Paris an. Am nächsten Morgen öffnete er das Fenster und rief entsetzt aus: »Mein Gott, die Pest ist ausgebrochen!« und deutete auf eine Schweizer Fahne, das weiße Kreuz auf rotem Grund. Ich lachte über seine Bemerkung: »Siehst Du nicht, daß es ein weißes Kreuz ist?« Er antwortete mit ernstem Gesicht: »Ich sehe eben alle Farben im Negativ!«

Manchmal wundere ich mich, wie man alle diese Spannungen ertragen kann. Ein normaler Mensch wäre längst an Herzschlag gestorben.

Zum ersten Mal hatte ich Schwierigkeiten mit Burt Lancaster. Da er der Co-Produzent war und eigene Regie-Ambitionen hatte, wollte er mich nach etwa drei Monaten Drehzeit hinausekeln und den Film selbst zu Ende drehen. Jedes Mittel war ihm recht. Aber ich hielt eisern durch und ließ mich nicht provozieren. Schließlich wurde ich sehr hoch bezahlt und wollte mein Gehalt nicht verlieren. Er war ein Sadist erster Güte, und Hecht, sein Partner, hielt natürlich zu ihm.

Als wir später in London waren, verlangte ich von dem englischen Produktionsleiter, daß Hecht das Studio nicht betreten dürfe. Das geschah auch, denn es durften ja nur drei Ausländer arbeiten. Wir wohnten alle im »Claridge«, dem besten Hotel Londons. Frau Hecht und die Gemahlin des Drehbuchautors, die zum erstenmal in London waren, gingen nie aus, da sie sich für nichts in Europa interessierten. Sie betranken sich den ganzen Tag und waren, wenn wir abends aus dem Studio kamen, völlig blau, unfrisiert und noch im Morgenrock. Meine Frau dagegen war immer gut angezogen, schön zurecht gemacht und sah blendend aus.

Am Schluß des Films gab ich eine Party und lud alle ein. Alle, außer Lancaster. Er erschien nach etwa einer halben Stunde, blaß und wütend: »Du hast alle eingeladen, aber mich nicht!« Ich erwiderte: »Burt, du hast dich während der ganzen Arbeit so saumäßig gegen mich benommen, daß ich dich nie mehr sehen will! Du könntest der größte Schauspieler der Welt werden und mir eine Million Dollar für die Regie anbieten – ich werde nie mehr mit dir arbeiten! Mach, daß du rauskommst!« Ich habe ihn seitdem nie mehr gesehen . . .

Einige Jahre später erzählte mir ein Kollege, er habe mit Lancaster gesprochen. Burt hätte gesagt, alle Regisseure seien Dreck! »Und was hältst du von Siodmak?« fragte ihn daraufhin mein Freund. »Er ist auch ein Stück Dreck!« Nach einer Pause fügte Lancaster jedoch hinzu: »Ich aber auch!«

Eva Bartok, unsere weibliche Hauptdarstellerin, hatte sich unsterblich in einen Italiener verliebt. Sie erzählte mir eines Tages, ihr Freund sei schrecklich eifersüchtig und binde ihre Hände und Füße an die Bettpfosten, wenn er auf die Straße gehe, um Zigaretten zu kaufen. Wenn er nach zehn Minuten zurückkam, prüfte er die Knoten und behauptete, jemand sei inzwischen in ihrem Zimmer gewesen und habe mit ihr geschlafen.

Alles ging ganz gut und schön mit ihr. Aber zwei Tage vor der Abreise kam der englische Produktionsleiter aufgeregt und blaß zu mir. Etwas Schreckliches war passiert: Eva besaß, wie sich herausstellte, keinen englischen Paß, obwohl sie dies vor Beginn des Films behauptet hatte. Die Engländer in ihrer Fairneß hatten ihr alles geglaubt. Noch am gleichen Tag fanden sie einen Landsmann, der Eva – gegen eine große Entschädigung – heiratete. Sie durfte sich offiziell erst nach einem Jahr von ihm scheiden lassen. Was auch geschah.

Als wir in London waren, kam sie eines Tages aufgeregt zu mir. Sie weinte und war verzweifelt und teilte mir mit, sie sei in anderen Umständen. Sie war bereits Ende des dritten Monats und mußte sofort etwas dagegen unternehmen. Sie wußte keinen Arzt in London, kannte aber einen in Rom, der ihr helfen würde. Ich war in einer verteufelten Situation, da wir vier Wochen vor dem Ende des Films standen und ich sie täglich brauchte. Ich arrangierte heimlich, daß sie an einem Donnerstag früh nach Rom fliegen konnte. Sie versprach mir hoch und heilig, Montag morgen wieder da zu sein.

Der Montag verging – keine Eva – Dienstag kam – keine Eva. Ich mußte zur Direktion gehen und beichten. Die Warners versuchten, ihren Aufenthalt in Rom ausfindig zu machen. Ohne Erfolg. Mittwoch – keine Eva. Am Donnerstag erschien sie, mit schwarzen Ringen unter den Augen. Sie habe eine Sepsis gehabt und wäre beinahe gestorben, sagte sie. Später stellte sich heraus, daß anscheinend kein Wort an ihrer Erzählung stimmte. Sie wollte nur mit ihrem Freund einige Tage zusammensein. Seit dieser Zeit habe ich keiner Frau nachgegeben – selbst wenn sie Drillinge erwartet hätte . . .

26

Zurück nach Europa

1952 waren wir in Hamburg. Ich wollte die Geschichte des Grafen Luckner verfilmen. Luckner war ein Seeheld des Ersten Weltkrieges. Später wurde er als einziger deutscher Offizier von der britischen Marine ausgezeichnet und in ihren Annalen als einer der fairsten Feinde, der gegen die britische Navy gekämpft hatte, verewigt. Er hatte eine einzige Kanone auf seinem Schiff montiert. Die war camoufliert. Wenn er irgendwo einem feindlichen Frachter begegnete, ließ er Rauchbomben los, um den Feind glauben zu machen, sein Schiff sei in Brand geraten. Wenn man ihm dann zu Hilfe eilte, gab er einen einzigen Schuß ab, den er vor den Bug feuerte. Er nahm die ganze feindliche Mannschaft gefangen, tat aber nie jemandem etwas zuleide, sondern verpflegte sie mit allem, was er erbeutet hatte.

Er entkam später in den Pazifischen Ozean, nachdem er die Schiffe immer versenkt hatte. Die Engländer konnten sich lange Zeit nicht erklären, wo die Schiffe verschwunden waren oder warum man nie eine Leiche gefunden hatte. In der Nähe von Südamerika war sein Schiff so mit Gefangenen überfüllt, die inzwischen alle seine Freunde geworden waren, daß er sie auf ein gekapertes Schiff setzte. Aus Freundschaft gaben sie ihm 48 Stunden Vorsprung, damit er auf seinem Schiff entkommen konnte, und erst danach erfuhren die Engländer von seinen Taten. Eines Tages lief sein Schiff auf ein Riff, und er landete mit seiner Mannschaft auf einer kleinen pazifischen Insel, wo sie von einem englischen Kriegsschiff aufgenommen wurden. Der feindliche Admiral brachte Luckner ehrenvoll nach England zurück, wo man ihn als einen Helden feierte.

Natürlich wurde nie bekannt, ob das alles sich wirklich so

zugetragen hat, wie Luckner es mir erzählte. Irgendwo wird ein bißchen Seemannsgarn dabeigewesen sein. Aber wenn man sich mit ihm unterhielt, schien alles wahr zu sein. Er soll ungefähr zweiundvierzig Frachter auf jene Weise gekapert und versenkt haben.

Einmal, als sein Schiff von etwa zehn englischen Kriegsschiffen umzingelt war, vermißte man nach einigen Stunden drei Matrosen. Obwohl er sich in größter Gefahr befand, kehrte er um und suchte sie während der ganzen Nacht, bis er sie fand. Trotzdem gelang es ihm, im Morgengrauen den Ring seiner Feinde zu durchbrechen und noch einmal zu entkommen.

Graf Luckner war ein bezaubernder alter Herr, dem die Güte aus den Augen sah. Er protzte immer ein bißchen mit seiner Kraft, zerriß ein Telefonbuch, bog große eiserne Nägel und zeigte allerhand Kunststücke. Er war ein wirklicher Gentleman, ein Offizier der alten Schule. Wir verbrachten viele Abende mit ihm in Hamburg und hörten uns Geschichten an, die wie aus Tausendundeiner Nacht klangen.

Leider konnten wir den Film nicht machen. In Amerika fing man an, auf Breitleinwand zu drehen und die Patente dafür lagen damals bei der Fox. Der erste CimemaScope-Film, »Das Gewand«, den Henry Koster drehte, war mit einer solchen ungeheuren Propaganda aufgezogen worden, daß kein Produzent sich mehr traute, im alten Format zu drehen. Kirk Douglas war bereits in Hamburg. Er sollte Graf Luckner spielen. Wir mußten das Projekt leider abbrechen, obwohl Jules Buck und ich ein ganzes Jahr daran gearbeitet und alles vorbereitet hatten. Alle Rollen waren bereits besetzt.

Graf Luckner war zu dieser Zeit bereits achtzig Jahre alt, aber ich werde ihn nie vergessen. Er war für mich der Inbegriff des integren deutschen Offiziers und bis zu seinem Lebensende voller Kraft und Charme, manchmal naiv, liebenswert und trotz seines Alters wie ein großes Kind.

*

Universal bot mir einen langfristigen Kontrakt an. Sieben Jahre, ohne Optionen und zwei Monate bezahlte Ferien pro Jahr. Aber ich lehnte ab. Ich war überarbeitet. Außerdem hatte ich nichts von dem Geld, da ich zu hohe Steuern bezahlte und mir nur zwölf Prozent übrig blieben. Der Druck war auch zu groß und ich fühlte bereits den Niedergang der amerikanischen Film-Industrie.

Die Herstellungskosten eines Films sind etwa dreimal so hoch wie in Europa. Als ich noch in Hollywood arbeitete, konnte man folgendes beobachten: Eine Gewerkschaft baute die Dekoration in einem großen Studio auf. Die zweite brachte die einzelnen Stücke bis zur Tür. Eine dritte karrte sie bis zum Studio, in dem gedreht werden sollte. Die vierte stellte sie auf. Von da an kamen die verschiedenen Sparten, alle Mitglieder einer anderen Gewerkschaft: die Maler, Tapezierer, Elektriker, die die Kabel legten, andere, die die Lampen anschlossen. Die Möbel wurden eingeräumt, Requisiten herbeigebracht. Der Innenarchitekt richtete mit seinem Stab die Dekoration ein. Glasermeister setzten die Fenster ein. Eine andere Gruppe bemalte sie. Es arbeiteten ungefähr fünfzehn Gewerkschaften, von denen sich keine in die Arbeit der anderen mischen durfte. Genauso wie in England. Kein Wunder, daß die Kosten prohibitiv für einen Film wurden und Hollywood vor die Hunde ging.

Am liebsten arbeite ich in Frankreich. Dort fängt man um zwölf Uhr mittags zu drehen an und arbeitet ohne Pause bis neunzehn Uhr dreißig. Man hat noch Zeit Abendbrot zu essen und, wenn man Lust hat, auszugehen. Der einzelne Arbeiter ist intelligent und weiß genau, was er zu machen hat. Die Schauspieler kommen erst um zehn Uhr früh ins Studio. Alle sind ausgeschlafen und sehen hübsch aus. In anderen Ländern müssen sie bereits um sechs Uhr früh im Studio sein. Sie werden im Liegen geschminkt und sehen, noch halb schlafend, im Neonlicht wie Wasserleichen aus. Ich habe die schönsten Frauen der Welt in diesem Zustand gesehen. Mir ist dann immer der Appetit nach ihnen vergangen, selbst wenn sie bildschön zurechtgemacht wurden.

In England ist es ähnlich wie in Hollywood. Die meisten wollen nicht arbeiten. Warum auch? Sie bekommen eine wöchentliche Unterstützung vom Staat. Wenn sie im Studio angestellt sind, erhalten sie etwa fünf Pfund mehr pro Woche. Dazu kommen die Pausen für die Teezeit. Viermal am Tag. Morgens kommen die Arbeiter statt um neun Uhr erst zwanzig Minuten später. Aber um achtzehn Uhr neunundzwanzig geht mitten in der Szene das Licht aus. Wenn eine Viertelstunde länger gedreht werden soll, brauchen sie zehn Minuten, um darüber abzustimmen. Um achtzehn Uhr dreißig, eine Minute später, steht nur noch ein Mann neben mir, dem ich erkläre, welche Einstellung ich am nächsten Morgen brauche.

Eines Abends bat ich, daß man einige Stufen wieder einbauen sollte, die ich gleich am nächsten Morgen brauchte. Man erklärte mir, das sei unmöglich, weil ein Kabel etwa fünf Zentimeter über einer Ecke lag. Nur die Elektriker hatten das Recht, es zu berühren. Ich schob es mit einem Fuß weg. Am nächsten Morgen streikten die Arbeiter. Ich erklärte ihnen, daß ich Amerikaner sei. Nach unseren Vorschriften dürfe der Regisseur alles anrühren, ohne eine Gewerkschaft zu fragen.

Man verurteilte mich zu fünfzig Pfund Strafe. Darauf zog ich meine englische Gewerkschaftskarte hervor. Ich war auch, wie sie, Elektriker. Aus Vorsicht war ich in alle »Unions« eingetreten! Alles das kostete mich nur fünfzehn Pfund.

27

Mit Gina in der Wüste

In Europa war eine neue Generation herangewachsen. Kaum jemand kannte meinen Namen, und ich mußte wieder einmal von vorne anfangen. Ich war einer der Ersten, der sich entschlossen hatte, Hollywood zu verlassen, was wahrscheinlich auf meinen »sechsten Sinn« zurückzuführen ist.

Zuerst fuhren wir nach Paris und mieteten uns ein schönes Appartement. Mein Produzent, Michel Safra, mit dem ich schon mehrmals vor dem Kriege gearbeitet hatte, war glücklich, mich wiederzusehen, denn wir hatten immer Erfolge zusammen gehabt. Auch mein Freund Henri Baum, der früher mein Assistent und inzwischen zum Produktionsleiter avanciert war, stand mir wieder zur Seite. Obwohl er damals schon dreißig Jahre in Frankreich wohnte, ging ihm das deutsche Essen über alles. Er hatte viele Filme gemacht, in Hongkong, Afrika, Südamerika und in der Türkei. Überall suchte er zuerst nach einem deutschen Restaurant. Er war auch einmal in Kambodscha, in Ankor-Vat, hat aber die Schönheiten niemals beachtet, denn, wie gesagt, suchte er immer nur nach deutschem Bier und Würstchen.

Für Baum besteht ein Film aus Zahlen und Tagen. Manchmal geht er nachts ins Studio, besieht sich die Dekoration, um festzustellen, ob alles für den nächsten Tag in Ordnung ist. 1936 drehte ich in Frankreich den Film »Cargaison Blanche« mit Kate von Nagy und Jean-Pierre Aumont. Plötzlich fragte ich, wo Dalio, ein anderer Schauspieler, sei. Baum sah mich mit aufgerissenen Augen an und stotterte: »Wieso? Der steht doch gar nicht auf dem Programm!« Ich deutete auf das Drehbuch. Dalio sollte am Fenster vorbeigehen. Das hatte er übersehen und diese Fehlleistung nie vergessen. Noch heute, nach beinahe vierzig Jahren, kommt er darauf zu sprechen. Er kann es sich nicht verzeihen. Ich wünschte, ich hätte ihn in jedem Film als Mitarbeiter.

Michel Safra, mein Produzent, und Charles Spaak hatten die Idee, das Remake eines Films zu machen, den Jacques Feyder 1934 gedreht hatte und der zu den klassischen Werken gehörte: »Le grand jeu«. Ich sah mir die alte Kopie an. Der Eindruck war überwältigend. Manche Filme sind schon nach fünf Jahren veraltet. Ich beschloß, trotz einigen Unbehagens, den Film neu zu drehen.

Charles Spaak, einer der größten französischen Filmschriftsteller, seine beiden Töchter (eine davon ist Cathérine), meine Frau, Spaaks Mutter, die etwa achtzig Jahre alt war, und ich fuhren nach Evian. Der Bruder von Charles Spaak war damals Premierminister von Belgien. Die alte Madame Spaak hatte sich nach fünfundvierzigjähriger Ehe von ihrem Mann scheiden lassen, da er ein Königstreuer und sie eine Sozialistin war. Beide waren Senatoren im belgischen Parlament. Premierminister Paul Henri Spaak begann einmal eine Rede: »Ma chère maman, meine Herren Minister, meine Herren Abgeordneten . . .!«

Ich wurde Madame Spaak, die wie alle alten Leute ihre Wehwehchen hatte, als »Docteur« Siodmak vorgestellt und begann sofort, sie zu behandeln. Ich schrieb ihr ein Tagesprogramm auf: Acht Uhr null ein halbes Glas Evian-Wasser. Acht Uhr dreiundvierzig eine Tasse Tee mit einem Ei, aber nur viereinhalb Minuten gekocht. Neun Uhr sechzehn wieder ein halbes Glas Evian. Zwölf Uhr dreizehn einhundert Gramm Fleisch ohne Salz, dazu Salat, nur mit Zitronensaft angemacht. Sechzehn Uhr achtundvierzig Tee mit etwas Toast! So ging es bis zum Abend. Sie war andauernd beschäftigt und konzentrierte sich auf den Zettel, worauf alles notiert war und wurde jeden Tag gesünder. Kurz vor ihrem Tode mit siebenundachtzig Jahren sagte sie zu ihrem Sohn: »Der einzige gute Arzt, den ich im Leben gehabt habe, war ›Docteur‹ Siodmak!«

Eines Tages herrschte Poststreik in Frankreich. Ich hatte die ganze Familie Spaak schon eine Woche vorher zum

Abendbrot eingeladen, aber nur noch etwa dreitausend alte Francs in der Tasche. Charles und ich gingen ins Casino. Wir gewannen in zehn Minuten jeder fünfzigtausend Francs und hatten ein fabelhaftes Dîner.

Die Franzosen waren damals noch in Algerien. Ich flog nach Oran und von dort mit einer kleinen Piper-Maschine nach Touggurt weiter. Der Flug dauerte etwa drei Stunden. Unter uns sah es wie eine Mondlandschaft aus. Manchmal entdeckte man einige Palmen um einen arthesischen Brunnen, sonst nur Kamelspuren. Man hatte uns gesagt, daß einige Tage vorher ein Flugzeug mit drei Passagieren etwa zwei Kilometer von Touggurt notgelandet war. Den Insassen war nichts passiert, aber sie hatten die Orientierung verloren, liefen immer im Kreis herum und wurden alle tot aufgefunden. Sie waren verdurstet.

Nach etwa eineinhalb Stunden wandte sich der Pilot zu mir: »Nehmen Sie mal den Knüppel und steuern Sie! Ich habe keine Ahnung, wo wir uns befinden. Ich muß erst einmal die Karte studieren!« Ich nahm das Steuer und flog zum ersten Mal in meinem Leben allein. Plötzlich sah ich ein altes französisches Fort, das die Fremdenlegionäre vor vielen Jahren aus Lehm errichtet hatten. Es interessierte mich. Ich überflog es in einem Bogen, um es mir aus der Nähe anzusehen. Auf der Rückseite las man in großen weißen Buchstaben: »Buvez Coca-Cola!« Trinken Sie Coca-Cola! – So weit war der amerikanische Fortschritt bereits vorgedrungen.

In Touggurt gab es außer der französischen Garnison nur ein einziges Hotel mit etwa zwanzig Zimmern. Ich belegte es für die gesamte Drehzeit. Drei Zimmer konnten wir allerdings nicht bekommen. Dort logierten alte Engländerinnen. Jeden Morgen zogen sie mit einem Maulesel und einer Staffelei in die Wüste, um zu malen. In ihrer Begleitung befand sich stets ein etwa fünfzehnjähriger hübscher Araberjunge. Anscheinend fanden sie aber nie das richtige Motiv, denn wenn sie abends zurückkehrten, sah ich nie, was sie gearbeitet hatten. Nur der junge Araber war schrecklich müde und schlief sofort, auf den Knien hockend, vor dem Hotel ein . . .

Aus Touggurt kamen die berühmten algerischen Datteln. Die Franzosen gaben damals den Arabern, die die Früchte pflückten, fünf Francs (alter Währung) und eine Handvoll Datteln für etwa zehn Stunden Arbeit. Während meines Aufenthaltes brach ein Sturm los, der die gesamte Ernte vernichtete. Millionen von Datteln lagen im Sand. Tausende von Arabern lasen sie auf. Jeder kehrte mit nur einer Handvoll in sein Zelt zurück. Auf die Idee, sie wegzukarren oder sie kiloweise in ihrem Burnus davonzutragen, kam niemand.

Unser Film, »Die letzte Etappe«, erzählte eine Geschichte, die gegen die Fremdenlegion gerichtet war. Natürlich gefiel diese Idee den französischen Militärs gar nicht. Wir setzten Himmel und Hölle in Bewegung, um Ausrüstung, Waffen und Soldaten zu bekommen. Jemand intervenierte sogar beim Kriegsminister. Am Abend vor unserer Abreise erhielten wir eine definitive Absage. Aber auf meinen Assistenten Henri Baum konnte man sich verlassen. In Algerien lebten etwa tausend ehemalige Fremdenlegionäre. Viele davon waren deutscher Abstammung. Sie waren in Vereinen zusammengeschlossen, hatten ihre eigenen Fahnen, Gewehre und Uniformen, und obwohl die meisten schon über vierzig Jahre alt waren, lebten sie immer noch in ihrer glorreichen Vergangenheit. Kaum hatte Henri erfahren, daß wir keine Unterstützung zu erwarten hätten, gingen am gleichen Abend Telegramme los. »Jetzt fahren wir in die ›deutsche Wüste‹«! sagte Henri Baum.

Die früheren Legionäre reisten mit der gesamten Ausrüstung im Zug nach Touggurt. Wir nahmen das erste Jet-Flugzeug von Paris nach Oran, etwa eine Stunde Flug, um von dort aus – nach einem großen Empfang durch Journalisten – mit einer dreimotorigen Maschine weiterzufliegen. Unser Star, Gina Lollobrigida, hatte entsetzliche Angst. Wie sich später herausstellte, nicht zu Unrecht. Auf dem Rückflug nach Paris explodierte der Jet über Korsika. Sämtliche Insassen kamen dabei ums Leben.

Als wir uns Touggurt näherten, sah ich vom Flugzeug aus, daß man den monatlichen Markt abhielt. Es wimmelte von

Tausenden von Arabern. Manche kamen aus Dörfern, die fünfhundert Kilometer entfernt waren. Auf dem Markt wurde einfach alles verkauft: leere Flaschen, Bidons, alte Nägel, Gebäck, Parfum in Riesenflaschen und allen Farben, sogar kleine Kinder. Kaum angekommen, rasten wir mit unseren Kameras los. Das Flugzeug, das von seiner Rundreise wieder zurückkam, nahm sofort das Negativ mit. Am gleichen Abend war es bereits in Paris in der Kopieranstalt.

Mein Freund Henri Baum ging – frech wie er war – zum französischen Kommandanten und bat ihn um Unterkunft für unsere Legionäre, die am nächsten Tag ankommen sollten. Man stellte uns die Kaserne und alle Waffen, die wir benötigten, zur Verfügung. Wir wollten etwa zwölf Tage drehen. Es gab auch einen Empfang für uns im Hause des Generals, mit Gina als Ehrengast. Aber der Kommandant traute sich den ganzen Abend nicht, ein einziges Wort mit ihr zu wechseln oder sie anzusehen, aus Todesangst vor seiner Frau.

Gina Lollobrigida war während unserer Drehzeit nur etwa vier Tage beschäftigt. Sie saß in ihrem kleinen armseligen Zimmer und kam nur zum Essen in das Restaurant, sonst blieb sie in ihrer Kemenate. Ich wunderte mich darüber und fragte, womit sie sich den ganzen Tag beschäftigte. Es stellte sich heraus, daß sie alle ihre Bilder aus Zeitschriften ausschnitt, retouchierte und in große Alben einklebte. Sie interessierte sich für nichts sonst und ging auch nicht ein einziges Mal auf die Straße, um sich die malerische Umgebung anzusehen. Als wir den Film beendet hatten, mußte ich noch eine Zusatzaufnahme von ihr machen. Wir hatten aber keine Zeit mehr, ein Kostüm für sie anzufertigen. Ich rief sie in Rom an und bat sie, irgend etwas aus ihrer Garderobe auszusuchen. Nach einigen Tagen bekam ich einen großen Expreßbrief. Sie hatte etwa dreihundert Kleider, die sie besaß, in allen Farben, von hinten und vorne, mit allen Knöpfen, gezeichnet und bat mich, eine Wahl zu treffen.

Eines Nachmittags, als ich von der Arbeit zurückkehrte, war meine Frau verschwunden. Da es nur eine einzige

Straße gab, konnte ich mir nicht vorstellen, wo sie sein konnte. Ich befürchtete, daß man sie in ein Araber-Bordell verschleppt hatte und wurde von Minute zu Minute aufgeregter. Fünfzig Personen suchten nach ihr. Nach etwa drei Stunden kam sie vergnügt an. Ich gab ihr vor Aufregung vor allen Leuten zwei Ohrfeigen. Sie lachte, denn sie wußte, daß dieser Ausbruch nur von meiner Angst um sie herrührte. Es stellte sich heraus, daß sie jenseits einer kleinen Mauer einen Garten entdeckt hatte. Dort liefen Tiere herum, ein dreibeiniger Wüstenfuchs, Kamele, Wüstenhasen, Esel und anderes Getier. Es gab auch grünes Gras und einen Wassertümpel. Dort lebten seit Jahrzehnten zwei alte Engländerinnen, die einen Tierschutzverein gegründet hatten. Sie gingen immer mit Revolvern herum und nahmen den Arabern die kranken Tiere weg, um sie gesundzupflegen. Die Araber sind sehr grausam zu ihren Kamelen und anderen Lasttieren. Bereits hinter Neapel fängt für mich Arabien an.

Die beiden Damen erzählten von einem kleinen Esel, den sie bei einem Araber gefunden hatten. Der Mann hatte ihm den Sattel an das Fleisch angenäht. Monatelang schleppte er schwere Lasten oder wurde als Reittier benutzt. Er war voller Schwären und Eiter. Sie nahmen dem Mann den Esel weg. Nach drei Wochen war er geheilt. Der Araber holte ihn wieder ab. Sie drohten, ihm das Tier endgültig wegzunehmen, wenn er es noch einmal schlecht behandeln würde. Nach fünf Wochen stand der Esel allein vor ihrer Tür. Er war siebenhundert Kilometer durch die Wüste gelaufen, um zu seinen Wohltäterinnen zurückzukehren.

Eines Tages sah ich etwas, was ich mir bis zum heutigen Tag nicht erklären kann. Ich erwartete meinen Schriftsteller Spaak in Oran. Es war gegen zweiundzwanzig Uhr. In dem kleinen Warteraum befanden sich außer mir noch etwa vier Personen. Ein Zettel war angeschlagen, wonach das Flugzeug eine Stunde Verspätung habe. Der Flugplatz war nicht sehr groß. Es war eine Sommernacht. Kein Lüftchen bewegte sich. Die Luft war ganz klar, der Himmel mit Myriaden von Sternen besät. Wir warteten. Plötzlich sagte jemand nach etwa einer halben Stunde: »Da kommt das Flugzeug!« Ich ging hinaus. Am Himmel bemerkte ich ein Licht, das wie ein kleiner Scheinwerfer aussah. Aber es bewegte sich nicht. Die anderen dachten, daß sie sich geirrt hätten und gingen wieder zurück. Ich blieb stehen und betrachtete mir das Objekt. »Ein Wetterballon«, dachte ich.

Nach einigen Minuten begann sich das Gebilde zu bewegen. Es stieg langsam senkrecht auf. Das war von einem Ballon zu erwarten und ich wunderte mich noch nicht. Plötzlich nahm es an Geschwindigkeit zu. Es machte einen riesigen Bogen und wurde immer schneller und schneller. Während ich es mindestens noch fünf Minuten lang verfolgen konnte, fing es wie eine Rakete an zu rasen und verschwand zuletzt zwischen den Sternen, wie ein Meteor. Während dieser ganzen Zeit vernahm man nicht das mindeste Geräusch. Ich war völlig nüchtern, aber ich habe bis heute noch keine Erklärung dafür.

Auch in Amerika, im Jahre 1943, hatte ich ein ähnliches Erlebnis. Wir fuhren an einem Militärdepot vorbei, das etwa zwanzig Kilometer lang und eingezäunt war. Ich sah ein Flugzeug ohne Propeller in der Luft stehen. Die Luft flimmerte in der Hitze. Es war kein Laut zu hören. Wir kamen immer näher und näher. Als wir noch etwa fünfzig Meter entfernt waren, setzte es geräuschlos zwischen den Baracken auf, ohne daß es jemand dirigierte. Meine Frau und ich beobachteten dieses unverständliche Manöver erstaunt.

Nach Beendigung unserer Außenaufnahmen kehrten wir nach Paris zurück. Erst drei Wochen nach unserer Abfahrt erhielt der Kommandant in Touggurt einen Brief des Kriegsministeriums aus Paris, in dem es ihm verboten wurde, uns Unterstützung zu gewähren. Wir waren längst auf und davon . . .

Als die Arbeiter im Studio erfuhren, daß Lollobrigida die weibliche Hauptrolle spielte, freuten sie sich sehr. Aber merkwürdigerweise hat sie im Leben keine sexuelle Ausstrahlung. Sie verbrennt sich vor Ehrgeiz, aber wirkt bei der Arbeit gar nicht auf Männer. Sie wurde im Studio nach einigen Tagen wie ein Möbelstück herumgeschoben. Keiner beachtete sie. Einmal beschwerte sie sich bei meinem Produzenten, daß sie nicht genügend Großaufnahmen hätte. Sie behauptete, ich kümmere mich nur um den männlichen Hauptdarsteller. Wahrscheinlich sei ich schwul! Diese Geschichte erzählte Michel Safra taktvollerweise laut vor der gesamten Mannschaft. Daraufhin warf ich ihn aus dem Atelier und erlaubte ihm nicht, es jemals wieder während der Aufnahmen zu betreten.

Gina hatte eine Szene im Film, in der sie vergewaltigt werden sollte. Sie zierte sich, da sie sich nicht halb nackt zeigen wollte, obwohl es nur etwa eine Zehntelsekunde dauerte. Ich bat die Arbeiter und Elektriker, mich während der Einstellung allein zu lassen. Das war ihnen nur recht. Sie waren viel mehr daran interessiert, während dieser Zeit Karten zu spielen. Der Kameramann, sein Assistent, Gina, ihr Partner, ich und ein Arbeiter blieben im Studio. Gina führte ein ungeheures Theater auf. Sie hatte sich den Busen mit Tesafilm verklebt, damit man nichts sehen konnte. Ein Jahr vorher hatte sie sich für »Playboy« völlig ausgezogen. Man hatte etwa sechs Seiten gebracht, auf denen sie nackt zu sehen war. Schauspieler!

Der Film wurde für das Festival in Cannes ausgewählt. Ich bat meinen Produzenten vergeblich, ihn dort nicht vorzuführen. Das Publikum würde sicher glauben, daß der alte Film von Jacques Feyder viel besser gewesen sei, obwohl sich die wenigsten noch an ihn erinnern konnten. Außerdem war Gina Italienerin und hatte trotz all ihrer Bemühungen einen schweren italienischen Akzent. Sie hatte sich geweigert, ihre Stimme synchronisieren zu lassen, da sie zu ehrgeizig war.

Zu dieser Zeit, 1954, war das Festival von Cannes noch sehr elegant. Die Herren trugen Frack und Smoking. Heute sieht man viele junge Leute im Sweater und mit langen Haaren. Die großen Schauspieler kommen nicht mehr. Es ist eine Art Filmbörse geworden. Nur noch Agenten und Einkäufer sitzen in den Hotelhallen und machen Luftgeschäfte.

Der Film wurde mit dem üblichen Tam-Tam aufgeführt.

Hunderte von Photographen – Blitzlichter – Fernsehen. Alle Berühmtheiten waren anwesend. Zum Schluß gab es nur wenig Applaus, wie ich vorausgesehen hatte. Ich war schweißgebadet und grinste nur verzweifelt auf den Photos. Sogar meine Zähne sahen aus, als ob ich ein falsches Gebiß hätte. Wenn man für eine Aufnahme zu lächeln hat, sagt der Photograph immer: »Denken Sie an ›Cheese‹!« Ich dachte an ›Scheiße‹ (Shit).

Die meisten Uraufführungstheater wollten den Film nicht spielen. Er wurde aber dann in den kleineren Kinos ein großer Erfolg. Auch in Deutschland und Amerika. Dort hatte man nie etwas von Jacques Feyder gehört, und Gina war zu dieser Zeit ein Weltstar. Außerdem war der Film meiner Meinung nach gut gelungen.

Im Anschluß an diese Arbeit ging ich nach Deutschland. Wir wohnten in München und nahmen uns eine reizende Wohnung. Ich hatte dort gleich ein typisches Erlebnis: Es war Winter. Ich wollte mit meinem Wagen in das Bavaria-Studio, das in Geiselgasteig liegt. Ich kannte den Weg nicht genau. Vor mir fuhr ein Bayer in seiner Landestracht langsam auf einem Fahrrad. Als ich auf gleicher Höhe mit ihm war, rief ich ihm zu: »Gehts hier nach Geiselgasteig?« Er sagte: »Hm . . .« Ich wiederholte meine Frage. Er stieg ab und kam zu meinem Wagen: »Wos sogenS?« Ich wiederholte: »Es ist sehr nett von Ihnen anzuhalten, aber das ist unnötig . . . Geht es hier nach Geiselgasteig?« Er machte eine lange Pause, dachte angestrengt nach und antwortete endlich: »I bin der Gaisner-Huber!«

Ich habe diese Geschichte einmal Sigi Sommer in München erzählt. Er fand sie völlig natürlich und hat sich nicht darüber gewundert; er fand sie auch nicht komisch.

28

»Radden« oder nicht?

Ich mietete mir eine Villa in der Nähe von Rom, in Albano. Ich hatte den Auftrag, »Die Ratten«, nach dem berühmten Theaterstück von Gerhart Hauptmann zu drehen. Jochen Huth und seine Frau Friedel arbeiteten am Skript. Jochen ging, als Hitler an die Macht kam, nach Amerika. Er konnte es in Deutschland nicht mehr ertragen, obwohl er kein Jude ist. Er lernte einen bekannten Agenten kennen, Mr. Pauker. Eines Tages kam dieser strahlend auf zu ihm: »Huth . . . ich kann Sie an Paramount ›verkaufen‹!« Jochen wurde wütend. »Ich lasse mich nicht verkaufen«, sagte er. Niemand konnte ihn davon überzeugen, daß »to sell« ein Fachausdruck und überall in Amerika gebräuchlich ist. Er verstand die Bedeutung nicht, lehnte den Vertrag ab und ging nie nach Hollywood. Seine Frau entwarf Kleider. Auch er begann zu nähen und trug abends die fertigen Sachen zu den Kunden. Sie plagten sich sehr, viele Jahre lang. Aber er hatte seinen Stolz und wollte sich nicht »verkaufen« lassen. Das nenne ich Charakter.

Das Drehbuch, das ich glänzend fand, war fertig. Wer »Die Ratten« als Theaterstück gesehen hat, weiß, daß es eigentlich aus zwei Teilen besteht. Gerhart Hauptmann, der das Stück im Jahre 1911 geschrieben hat, wollte die Tragödie der kleinen Frau John zeigen. Hauptmann hatte für sich die Rolle eines Theaterdirektors namens Hassenreuther eingebaut, den er selbst bei der Uraufführung spielte.

Die Figur des Theaterdirektors war ein glanzvoller Part meines früheren Lehrers Erich Ponto. Als der Film zu Ende war, spielte Maria Schell die Luise in »Kabale und Liebe« in Salzburg. Erich Ponto trat im zweiten Akt als Kammerdiener auf: nur eine Vignette, aber eine Glanzrolle. Natürlich war er hervorragend und erntete einen Riesenapplaus. In der Pause ging ich hinter die Bühne, um ihm zu gratulieren. Ich hatte ihn seit fünfunddreißig Jahren nicht mehr gesehen. Oft hatte ich ihm eine Rolle angeboten, die er aber immer ablehnte. Er wollte wahrscheinlich nicht unter einem ehemaligen Schüler spielen. Ich begrüßte ihn, als er vor dem Spiegel in seiner Garderobe saß. Ich war gerührt. Ich sagte, wie sehr ich mich freute, ihn wiederzusehen. Er sah mich streng an: »Siodmak, ich habe ›Die Ratten‹ gesehen!« Er schüttelte nur den Kopf. Seine Lieblingsrolle war gekürzt, was er nicht verwinden konnte. Er fragte nicht, wie es mir gehe, ob ich verheiratet sei oder Kinder habe und was meine Pläne seien. »Ich habe ›Die Ratten‹ gesehen!« – bei diesem einzigen Satz blieb es. Drei Monate später starb er.

Schauspieler!

Artur »Atze« Brauner war der Produzent des Films »Die Ratten«. Herr Tischendorf, der damals den besten Verleih besaß, hatte den Film akzeptiert. Tischendorf kam aus Sachsen und sprach auch diesen herrlichen Dialekt, wie ich manchmal auch: aber ich bin »Angel«-Sachse!

Es war Brauner gelungen, Maria Schell für die Hauptrolle der Karka zu gewinnen. Maria war zu dieser Zeit der Top-Star in Deutschland. Viele meiner Kollegen behaupteten, daß sie sehr schwierig sei. Aber ich hatte in meinem Leben schon mit anderen Stars ihrer Art gearbeitet und weiß, wie sie zu nehmen sind. Maria ist eine Vollblut-Schauspielerin. Um ihre Rolle richtig zu spielen, ging sie in ein Lager in den Osten. Sie kaufte sich dort ein schreckliches Kleid, dazu Büstenhalter, Unterwäsche, Strümpfe und Schuhe, die sie natürlich erst reinigen ließ. Außerdem hatte sie sich eine Dauerwelle in der DDR machen lassen. Sie ließ sich ihre Ohrläppchen durchstechen und trug zwei kleine falsche Perlen darin. Da sie ein Mädchen zu spielen hatte, das in anderen Umständen war, trug sie dieses einzige Kleid während des ganzen Films. Sie sah absolut echt aus.

Außerdem kopierte sie die ganze Rolle mit der Hand in ein Buch. Ihre Handschrift hatte sich völlig verändert, sah aus wie die eines ungebildeten Dienstmädchens. Sie lebte sich völlig in ihre Rolle ein. Ein Schauspieler muß neurotisch sein. Der Regisseur auch ein bißchen, sonst schafft man es nicht.

Die anderen Rollen besetzte ich mit Heidemarie Hatheyer, Gustav Knuth und Curd Jürgens, der den verlumpten Bruder von Frau John spielte. Eine glänzende Besetzung. Jürgens war damals noch nicht der berühmte und beliebte Schauspieler, der er heute ist. Curd ist ein echter Lebenskünstler, ein Freund von mir und ungeheuer großzügig. Ich wünschte, ich hätte etwas von seinem Lebensstil und seiner »showmanship«!

Der Film fing gleich mit einem Krawall an. Brauner stellte mich Herrn Tischendorf vor. Es war im Bayerischen Hof in München. Tischendorf war froh, den Film zu haben. Auch Brauner war glücklich. Tischendorfs erste Sätze lauteten: »Ich freue mich, mid Ihnen zu arbeiden! Ich habe auch schon einen klänzenden Diddel für den Film! Was halden Sie denn davon: ›Mudder, dein Gind ruft!‹«&

Ich sah ihn erstarrt an. »Herr Tischendorf«, sagte ich, »der Film heißt ›Die Ratten‹. Dafür bin ich engagiert.« Er wurde böse: »Radden . . . Radden . . . wenn das Bubligum den Diddel liest, denkd jeder an eene Radde oder Balledradde. Da geht gein Mensch ins Gino!«

Ich blieb selbstverständlich dabei, daß der Film »Die Ratten« heißen müßte. Schließlich kannten ja Millionen das Stück von Gerhart Hauptmann. »Dann mach ich den Film nich«, sagte Herr Tischendorf. »Also schön, dann machen wir den Film nicht!« antwortete ich. Brauner wurde blaß. Tischendorf ging wütend davon. Aber er lud Maria Schell und mich am nächsten Tag zu sich nach Hause ein. Er wollte sich wieder mit mir versöhnen. Nur um ihn zu beruhigen, sagte ich, daß ich mir die Sache überlegen wolle.

In den nächsten Wochen kamen täglich Anrufe an Brauner von Tischendorf. Der Verleih hatte sich immer wieder neue Titel ausgedacht: »Die Fremde« – »Vom Dunkel ins Licht« – »Geheimnisvoller Mord« – und noch andere schöne Sachen. Ich reagierte gar nicht darauf, und in allen Interviews sprachen Schell, Hatheyer, Knuth, Jürgens und ich nur von »Die Ratten«. Tischendorf war außer sich. Als der Film fertig war, kam er ins Atelier, um ihn sich anzusehen. Er saß voller Wut im Projektionsraum: »Jedst wer ich mir den Film mal ansehn und dann sagen welchen Diddel er griecht!« Ich wußte, daß er nichts machen konnte, denn wir hatten schon eine ungeheure Reklame für »Die Ratten« gemacht . . .

Als das Licht anging, wußte er zuerst nicht, was er sagen sollte. Dann rief er wütend: »Also scheen, – soll das Ding ›Die Radden‹ heißen! Gein Mensch wird ins Gino gommen und sich diese Scheiße ansehen!«

Herr Tischendorf hatte unrecht. Bei der Premiere im Gloria-Palast in Berlin klatschte das Publikum eine volle Stunde. Wir hatten achtundsechzig Vorhänge und bekamen einen Berliner »Bären«. Da Tischendorfs Verleih erstklassig war, spielte er ein Vermögen ein. Er zahlte mir auch prompt meinen Anteil am Gewinn aus, was mir später nur noch einmal, bei Frau Ilse Kubaschewski, der Inhaberin von Gloria-Film in München, passiert ist.

*

Gustav Knuth erzählte mir einmal eine Geschichte. Sein Sohn studierte in Zürich. Seine Frau und er gastierten zu dieser Zeit in Frankfurt. Er erhielt einen Anruf von seinem Sprößling: »Ich muß Euch dringend sprechen. Es handelt sich um eine Sache über Tod und Leben!« Seine Eltern reisten mit dem nächsten Flugzeug voller Todesangst nach Zürich. Sie trafen den Jungen in der »Kronenhalle«, einem berühmten Restaurant. Ihr Sohn studierte erst einmal die Speisekarte. Seine Eltern wurden immer nervöser. Schließlich schlug Vater Knuth mit der Faust auf den Tisch: »Wenn es sich um ›Leben und Tod‹ handelt, dann denke zuerst einmal nicht ans Fressen!« Sein Sohn sagte: »Vati, du hast mir doch immer gesagt, daß ich mein Leben gestalten könnte, wie ich es will. Du weißt, daß ich mir Jura ausgesucht habe. Nun, ich habe es mir anders überlegt. Ich möchte Schauspieler werden, und wenn mein Talent dazu nicht ausreicht: Regisseur!«

*

Ich hatte für den Film einen Berliner Drehorgelspieler ausgesucht. Er trug einen uralten Frack, einen Zylinder und ein ehemals weißes Hemd. Er hatte nur noch zwei Zähne im Mund und stank fürchterlich nach Fusel. Seine Frau dagegen war adrett angezogen, immer sauber und sehr höflich. Ich konnte mir beim besten Willen nicht vorstellen, warum sie ihn geheiratet hatte. Sie tat mir wirklich leid. Eines Tages fragte ich sie, wie lange sie schon mit ihm zusammen sei. Ihre Antwort warf mich beinahe um: »Det Joldstück«, sagte sie, »wir sind schon seit zehn Jahren zusammen. Zwanzig Jahre habe ich im Haushalt von früh bis spät abends geschuftet, bis ich eines Tages det Joldstück kennenjelernt habe!« Sie strich ihm zärtlich über das Gesicht. Wo doch manchmal die Liebe hinfällt! Am Weihnachtstag war der Film fertiggestellt. Sie erhielten dreihundert Mark, ließen die Drehorgel im Studio stehen und versoffen das ganze Vermögen während der Feiertage. Auch eine Art zu leben . . . Hauptsache aber, sie waren glücklich.

Maria Schell gab nach einiger Zeit ein Interview. »Siodmak ist der beste Regisseur, mit dem ich je gearbeitet habe. Er hat mich immer machen lassen, was ich wollte!« Schauspieler!

*

Über O. W. Fischer kann ich mich nicht beklagen. Obwohl er als sehr launisch bekannt ist, hatte ich mit ihm keine Schwierigkeiten. Er war zuvorkommend, höflich und sehr präzis. Natürlich hat er, wie wir alle, auch merkwürdige Eigenschaften. Mit ihm drehte ich 1956 »Mein Vater, der Schauspieler«.

In seinem Haus, eine Art Museum, das in der Nähe von Lugano liegt, darf man als Besucher nur Filzpantoffeln tragen. Beim Eintreten muß man die Schuhe ausziehen. Selbstverständlich ist Rauchen streng verboten. Babs ließ sich aber davon nicht abhalten, und O. W. Fischer lief immer mit einem Aschenbecher – wo er ihn gefunden hat, weiß ich nicht – hinter ihr her.

Er spielte einen verwitweten Vater. Sein Partner war der kleine Oliver Grimm. O.W. Fischer gab sich die größte Mühe, ihn als Freund zu gewinnen. In den Mustern war er sehr überzeugend. Aber bei der Premiere spürte man die eisige Kälte, die von der Leinwand kam. Man glaubte ihm die Liebe zu seinem Sohn nicht.

Natürlich gibt es auch wirkliche Komödianten. Dazu gehört mein Freund Heinz Rühmann. Er spielte auch einmal eine Vaterrolle mit Oliver Grimm als Sohn. Man sagte mir, daß er ihn während der Arbeit nicht ausstehen konnte, weil Kinder und Tiere dem Hauptdarsteller immer alle Szenen stehlen. Aber auf der Leinwand hatte man nicht diesen Eindruck. Das Publikum war von seiner Vaterliebe gerührt. Viele weinten.

Die Kamera ist unbestechlich. Sie registriert alle Emotionen und Energien.

Ich erinnere mich an einen Fall in Hollywood. Ein Senator hatte, um Wahlstimmen zu fangen, vorgeschlagen, daß alle alten Leute monatlich eine Rente bekommen sollten. Die Abstimmung darüber wurde von der Bevölkerung mit Riesenmehrheit angenommen. Als man sich dann ausrechnete, wie viele Milliarden das kosten würde, wurde die Sache aus technischen Gründen noch einmal aufgerollt. Zu dieser Zeit kam das Fernsehen auf. Der Senator, der die Sache aufgebracht hatte, erschien persönlich auf dem Bildschirm. Man sah ihm an, daß er unseriös war. Besonders die Amerikaner haben für so etwas ein feines Gespür. Beim nächsten Wahlgang verlor er seinen Sitz, und das Gesetz wurde abgelehnt.

In dem Film »Mein Vater, der Schauspieler«, spielte auch Peter, der Mann von Annie Capell, einer bekannten deutschen Agentin, mit. Annie, die vor dem Krieg ein sehr luxuriöses Leben führte, war eine der besten Freundinnen von Babs. Als meine zukünftige Frau, damals noch Frau Dr. Simon, ihr sagte, daß sie sich scheiden lassen wolle, um mich zu heiraten, war sie entsetzt: »Von dem schönen Maggie willst du weggehen, um mit dem häßlichen Siodmak zusammen zu sein? Du bist verrückt!«

Meine Ansicht ist: Schönheit vergeht, aber mies bleibt mies! Bei mir gibt es keine Überraschungen . . . Zum Schluß, nach vielen Jahren, war ich bis zu ihrem Tode mit Annie Capell innig befreundet.

29

Mein Freund Atze

Mein Freund Artur Brauner hatte etwa sechs Filme vorbereitet. Er brauchte einen Verleih. Jahrelang wurden seine Filme von Gloria-Film verliehen. In diesem Jahr war Frau Kubaschewski mit ihm böse. Sie behauptete, er hätte sie in der vorigen Saison hereingelegt und wollte keinen Film von ihm verleihen. Artur war verzweifelt. Er fuhr zweimal im Monat nach München, um sie umzustimmen. Vergeblich. Wenn sie ihn aus ihrem Büro hinauswarf, kam er zum Hintereingang wieder herein, denn er brauchte dringend den Vertrag. An einem Weihnachtstag wurde sie so wütend, daß sie ihm androhte, ihn handgreiflich hinauswerfen zu lassen, wenn er noch einmal versuchen würde, zu ihr zu kommen. Artur fuhr gebrochen mit dem Fahrstuhl nach unten.

Vor der Tür traf er einen Schweizer Produzenten, Lazar Wechsler. Er hatte die einzige Firma in Zürich, die bekannt war und viele Preise erhalten hat. Da es tiefer Winter war, trug Wechsler einen schweren Mantel. Er hatte immer kleine Geschenke bei sich, billige Schweizer Uhren und Schokolade. Er gab Brauner drei schön verpackte Tafeln. Artur drehte sich auf der Stelle um. Nach zwei Minuten war er wieder im Büro von Frau Kubaschewski. Er sagte: »Hier, Frau Ilse, ich will meiner bittersten Feindin wenigstens das Leben etwas versüßen!« Frau Kubaschewski war zu Tränen gerührt. Sie hatte eine solche Geste von Brauner nie erwartet. Sie nahm mit Dank das kleine Geschenk und kaufte alle sechs Filme, mit einer großen Garantie, für ihren Verleih.

Das Schlimmste in der Filmbranche sind die Verleiher. Man kann niemals feststellen, wieviel sie wirklich ausgeben. Deshalb verlange ich immer eine Stargage für meine Arbeit. Von der Beteiligung sieht man meistens nichts.

Als Jules Dassin den Film »Sonntags nie« mit Melina Mercouri, seiner heutigen Frau, in Griechenland drehte, hatte ihm ein amerikanischer Verleih hundertfünfundfünfzigtausend Dollar geliehen. Als der Film herauskam, spielte er diesen Betrag allein in Deutschland, Frankreich und Italien in etwa einer Woche ein. Der amerikanische Verleih hatte ihn für die englisch sprechenden Länder. Nach sechs Monaten bekam Dassin seine erste Abrechnung. Der Film war bereits in allen großen Städten Amerikas angelaufen. Nach der Aufstellung hatte die Firma errechnet, daß Dassin siebentausend Dollar zu bekommen habe. Sie hatten alle lebenden und toten Klosettfrauen und Sekretärinnen, die jemals bei ihnen gearbeitet hatten, draufgeschlagen. Dazu kamen die Privatvorführungen, Kopien und Verleihspesen.

Jules Dassin war außer sich. Er stellte ein Ultimatum. Er verlangte als Zahlung eine Million Dollar innerhalb achtundvierzig Stunden, andernfalls er den Film zurückziehen würde. Vertraglich hatte er ein Recht dazu. Am nächsten Tag war die Million bereits auf sein Konto überwiesen.

Mit einem Verleih kann man nur mit dem Brecheisen arbeiten. (Wahrscheinlich ist es mit Buchverlegern genauso!)

Von »Atze« Brauner kann ich nur die merkwürdigsten Sachen berichten. Es ist sicherlich wahr, daß er – wenn man ihn nicht gut kennt – nicht überall beliebt ist. Aber das führe ich auf Neid zurück, weil er Erfolge hat. Ich bin überzeugt, daß er genial ist. Er hat ein Gedächtnis, das wie ein Computer arbeitet und er kennt die Herstellungskosten von jedem einzelnen Film, den er in den letzten Jahrzehnten gemacht hat. Er kann so schnell im Kopf rechnen wie eine Maschine und irrt sich nie. Aber natürlich werden die Filme in seinem Gehirn immer teurer, besonders für Mitarbeiter, die beteiligt sind! Ich habe sechs Filme mit ihm gemacht, aber noch nie einen Pfennig von dem Gewinn gesehen, weil sie immer aufwendiger wurden. Trotzdem habe ich Hochachtung vor seinem Geschäftssinn, der mir leider nicht in die Wiege gelegt worden ist.

Seine Frau Maria ist ein Schatz. Selbstverständlich weiß

sie alles über das Geschäftsgebaren ihres Mannes. Wenn ich das Gefühl habe, von ihm nicht richtig behandelt worden zu sein, gehe ich zu ihr. Brauner kann nicht vertragen, wenn man heftig wird und ihn anschreit. Er haßt alle Auseinandersetzungen und gibt dann meistens nach. Auf irgendeine Art ist er scheu. Die einzige, die ihn richtig behandeln kann, ist seine Sekretärin Inge Laeppché. Wenn er merkt, daß eine Sekretärin vor ihm Angst hat, nutzt er das aus. Und wenn eine der jungen zukünftigen Schauspielerinnen ihn sprechen will, späht er verstohlen durch die Tür, ob sie auch hübsch ist. Die häßlichen schiebt er seinem Stab zu.

Von seinem Sohn Heini erzählt man sich folgende Geschichte. Als Heini etwa acht Jahre alt war, fragte ihn jemand: »Heini, was würdest du tun, wenn dein Vater dir hundert Mark geben würde?« Heini antwortete: »Nachzählen!«

Ich saß mal mit Artur zusammen. Er war sehr nervös, öffnete sich das Hemd, strich sich aufgeregt über die Stirn: »Ich muß einmal atmen«, sagte er, »aber ich habe keine Zeit!«

Der Aufstieg Arturs ist etwas mysteriös. Er kam aus Polen. Man erzählt, daß er auf der Flucht eine Regimentskasse gefunden habe und damit nach Berlin gekommen sei. Wahrscheinlich ein Märchen. Er hat mir einmal gesagt, daß er während des Krieges in Afghanistan gewesen sei. Wie und warum habe ich nie herausgefunden. Seine reizende Frau Maria, an der ich sehr hänge, ist auch polnischer Abstammung. Sie tarnte sich während der Hitlerzeit mit blonden Haaren als Arierin und arbeitete in einer Fabrik, wo sie Kanonenrohre hin- und herschob. Die kleine Frau ist ungeheuer kräftig, was man ihr gar nicht ansieht. Während eines Tanzes mit mir geriet sie einmal außer Rand und Band vor Vergnügen. Ich versuchte sie festzuhalten, aber ich schaffte es nicht. Sie war viel kräftiger als ich.

Brauner ist ein Familienmensch. In der Nacht schläft er auf einem Manuskript. Wenn er es einmal gelesen hat, behält er jede Seitenzahl im Kopf. Seine Autoren müssen immer nachblättern, was sie geschrieben haben, denn er weiß es besser als sie selbst.

Ein wirklicher Executive ist ein Mann, der versteht, sich seine Mitarbeiter auszusuchen, der nicht alles selber macht, sondern Arbeit delegiert. Im Büro von L. B. Mayer oder Darryl Zanuck lag nie ein Brief auf dem Schreibtisch. Brauner dagegen ist ein Einmann-Unternehmen. Er ist immer in Eile, muß jeden Brief selbst diktieren und jeden Scheck persönlich unterzeichnen. Er hat etwa hundert Manuskripte, die nie ganz durchgearbeitet sind. Das Telefon klingelt ununterbrochen, so daß man sich nie mit ihm allein unterhalten kann. Abends, wenn er nach Hause kommt und man glaubt, ihn einmal für sich zu haben, kommen seine Kinder ins Zimmer, um mit ihm zu spielen. Man muß sehr energisch sein, damit er einmal fünf Minuten zuhört und dann blitzschnell seine Entscheidung trifft, die natürlich zu seinen Gunsten ausfällt. Manchmal taucht er unerwartet bei mir in Ascona auf. Aber dann hüte ich mich, mit ihm über Geschäfte zu sprechen. Es ist wie bei einem Chinesen: Wer zuerst davon anfängt, hat bereits verloren . . .

Brauner fing nach dem Kriege ganz klein an. Er mietete eine alte Giftgasfabrik in Spandau und begann, ein Studio zu bauen. Er war einer der wenigen, die Vertrauen zu Berlin hatten. Der Senat unterstützte ihn dabei. Die deutsche Filmindustrie verdankt Brauners Initiative viel.

Ich habe ihm einmal gesagt, daß er in Amerika eine große Karriere gemacht hätte. Aber er hat es auch so geschafft. Mir ist ein intelligenter Mensch lieber als ein Dummkopf. Deshalb war mir Artur immer sympathisch und ich habe ihn persönlich gern. Man weiß, woran man bei ihm ist und paßt auf. Es kann auch vorkommen, daß er von jemandem hereingelegt wird. Aber leider kommt das selten vor: Ich habe es noch nie geschafft!

30

»Nachts, wenn der Teufel kam«

Ich bin auf die Filme, die ich nach meiner Rückkehr aus Amerika gemacht habe, nicht stolz. Bis auf zwei: »Die Ratten« und »Nachts, wenn der Teufel kam«.

Während der Hitler-Zeit fing man einen Mann, der über achtzig Frauen ermordet hatte. Er schien etwas zurückgeblieben, war aber bauernschlau. Da er alle Morde zugab, glaubte die Gestapo einen Vorwand für ein Gesetz zu besitzen, mit dem man alle »minderwertigen« Personen hätte eliminieren können. Man trug diesen Entwurf im Hauptquartier des Führers vor. Aber die Parteigrößen waren dagegen, denn schließlich war Deutschland zu dieser Zeit ein Polizeistaat: Ein Mörder, dem es für Jahre gelungen war, so viele Verbrechen unter den Augen der Behörden zu begehen, ohne daß man ihn dabei erwischt hätte, wäre eine große Blamage für die Polizei geworden. Es wurde daher beschlossen, den Verbrecher ohne Prozeß hinzurichten. Was auch geschah. Man gab ihm eine Zyankali-Spritze, und kein Mensch erfuhr etwas davon.

Diese Geschichte wurde nach dem Kriege von dem bekannten Journalisten Will Berthold ausgegraben. Er fand auch den Polizeibericht und Tonbandaufnahmen mit der Stimme des Mörders. Er schrieb darüber in einer Illustrierten. Gloria-Film kaufte die Rechte. Ich sah die Möglichkeit, aus diesem Stoff einen wirklichen Anti-Nazi-Film zu machen und begann mit meinem Freund Werner Jörg Lüddecke die Arbeit. Werner besitzt eine wunderbare Fähigkeit, diese Zeit zu beschreiben. Er fuhr als junger Mann während des Krieges mit einem U-Boot nach Japan und sollte unerwünschte Elemente, die sich dorthin geflüchtet hatten, zurückbringen, damit sie in Deutschland verurteilt werden konnten. Seine Abenteuer hat er in einem Film erzählt, der von Fox mit Marlon Brando in der Hauptrolle in Amerika gedreht wurde: »Morituri«. Während des Krieges wurde er Anti-Militarist. Er kam in ein sogenanntes Todesbataillon, wurde mit vielen anderen an die Front geschickt, und zwar dorthin, wo man sicher war, daß niemand lebend zurückkommen würde. Glücklicherweise ging in diesem Augenblick der Krieg zu Ende.

Wir setzten uns zusammen und versuchten, mit dieser Geschichte eine Parabel zum Dritten Reich zu finden. Ich glaube, das Buch wurde sechsmal umgeschrieben. Dann hatte ich das Studio in Baldham bei München zur Verfügung, das zu dieser Zeit Gloria-Film gehörte. Dort drehte ich, ohne Einmischung der Produktion, den Film »Nachts, wenn der Teufel kam«.

Einige Jahre zuvor hatte ich Mario Adorf in den Kammerspielen in München gesehen. »Die Caine war ihr Schicksal« wurde aufgeführt. Mario Adorf hatte kein Wort zu sprechen. Er saß auf der rechten Bühnenseite als Stenograph und tippte auf einer stummen Schreibmaschine den Verlauf des Prozesses mit. Das machte er mit einer solchen Aufmerksamkeit und Intensität, daß er mir – und wahrscheinlich nicht nur mir allein – auffiel und ich mich bereits damals entschloß, ihn eines Tages zu beschäftigen. Er spielte den Mörder.

Man hat immer behauptet, daß Frau Kubaschewski, die Inhaberin der Gloria-Film, alle Manuskripte auch ihrem Dienstmädchen zu lesen gab. Sie wollte die Meinung von »Lieschen Müller« hören. Damit hat sie viele Jahre lang Erfolg gehabt. Ihr Verleih war der beste in Deutschland. Sie besitzt einen ausgezeichneten Geschäftssinn. Mit ihren Mitarbeitern fand sie immer Stoff, die dem Publikum gefielen. Außerdem ist sie eine attraktive Frau. Was kein Fehler ist.

Ich glaube nicht, daß ihr Dienstmädchen dieses Drehbuch gelesen hat, sonst hätte Frau Ilse nicht ihr Einverständnis gegeben. Der Film entsprach wahrscheinlich nicht ganz ihrem Geschmack, aber sie fühlte instinktiv, daß er das Publikum interessieren könnte. Ich verlangte nur ein kleines Honorar, aber eine größere Beteiligung. Die Arbeit war sehr befriedigend. Wir waren alle besessen von dem Stoff.

Der Verleih machte einen Kunstfehler. Er führte den Film zuerst in Essen in einem Riesenkino auf. Da das Publikum gewöhnt war, dort leichte Filme zu sehen und das weibliche Publikum wahrscheinlich vor dem Titel Angst hatte, gingen nur wenige Leute hinein. Es war ein totaler Mißerfolg, denn »Nachts, wenn der Teufel kam« war ein Kammerspiel. Aber ich hatte Glück. Bei der Bundesfilmpreis-Verleihung in Berlin bekam der Film zehn Auszeichnungen. Der Verleih brachte den Film danach in kleinen intimen Kinos heraus und er wurde zu einem großen Erfolg.

»Nachts, wenn der Teufel kam« wurde sogar für einen Oscar nominiert. Ich wurde als Ehrengast nach Hollywood eingeladen. Man stellte mir einen großen offenen Wagen mit zwei Chauffeuren zur Verfügung. Ich kam mir wie der Bundeskanzler vor, denn der Wagen war mit zwei deutschen Standarten beflaggt, mit denen ich durch Los Angeles fuhr. Dreißig Jahre vorher mußte ich wegen Hitler fliehen und plötzlich war ich der Vertreter Deutschlands in Amerika. Alle meine Bekannten machten große Augen, als ich durch Beverly Hills fuhr. Die Polizisten standen stramm. Eine groteske Situation. Ich war Gast von MGM. Als ich dort im Restaurant saß, in dem etwa achthundert Leute aßen, waren von dem ursprünglichen Personal, das ich einmal gekannt hatte, nur noch zehn Personen unter Vertrag. Der Rest waren junge Leute, die alle für das Fernsehen arbeiteten und Reklamefilme drehten, die eine Minute dauerten. Es war ein trauriger Anblick für mich, der Hollywood in seinen Glanzzeiten gekannt hat.

Ich besuchte viele Freunde, auch Kirk Douglas, der mich einlud, einen neuen Film anzusehen, den er produziert hatte. Der Saal war voll besetzt. Ich traf einen einzigen Menschen, den ich noch kannte, obwohl ich fünfzehn Jahre dort gearbeitet hatte.

Auch bei Universal hatte die Telefonistin meinen Namen

noch nie gehört. Ich mußte ihn buchstabieren, bevor sie mich mit dem Chef verband. Wahrscheinlich war sie erst zwanzig Jahre alt, und ich nahm es ihr nicht übel, obwohl es mir einen leichten Stich gab.

Manchmal sehe ich noch alte amerikanische Filme im Fernsehen und lese die Namen vieler, mit denen ich einmal vor Jahren gearbeitet habe. Wenn ich in ein fremdes Land komme, sei es in Europa, in Afrika oder in Asien und eine Gesellschaft dort dreht, finde ich immer jemanden, der einmal mit mir gearbeitet hat: einen Assistenten, Schauspieler, das Scriptgirl oder einen Elektriker, der mich wiedererkennt und mir die Hand schüttelt. Film ist eine Gesellschaft wie die »Freimaurer«. Man erkennt sich, wo man auch ist und gehört sofort dazu.

31

Romy, Rühmann und andere

Auch mit Romy Schneider habe ich einmal gearbeitet. Ihr Gegenspieler war Curd Jürgens. Wir drehten in Paris und Wien. Der Altersunterschied zwischen den beiden war beinahe unüberbrückbar, da sie ein Liebespaar spielten. Der Film hieß »Katja«, nach dem berühmten Roman der Prinzessin Bibesco. Er war schon 1938 von Jacques Tourneur verfilmt worden. Romy ist ein Liebling von mir. Ich bewundere, wie sie sich gemausert hat und trotz der vielen Schnulzen, die sie gedreht hat, eine wirkliche Schauspielerin geworden ist. Natürlich haben ihr ihre französischen Erfahrungen dabei ungeheuer geholfen. Obwohl sie ihr wahrscheinlich manchmal beinahe das Herz gebrochen haben, ist sie heute darüber hinweggekommen, ein Spitzenstar geworden und wird hoffentlich noch viele Erfolge haben. Ich wünsche ihr das Beste, denn sie ist wirklich fleißig, begabt und besitzt einen ungeheuren Ehrgeiz.

Mein Freund Curd Jürgens kam einmal während der Dreharbeiten zu mir und sagte: »Mensch, Robert . . . mach bloß heute keine Großaufnahme von mir. Mir läuft der Whisky aus den Augen!« Er besitzt sehr viel Humor, ist besonders von der Bühne besessen und überhaupt nicht eitel. Daß er ein wirklicher »Showman« ist, merkt man ihm nicht an. Er sagte einmal etwas zynisch zu mir: »Weißte, warum ich noch Filme und Theater mache? In Amerika glauben sie, daß ich in Europa berühmt bin – und hier sind sie der Überzeugung, daß mein Name in Amerika bekannt ist!« Aber dieser Zynismus ist nur Verstellung. In Wirklichkeit ist er vom Theater und auch vom Film besessen und wird es nie aufgeben, solange er in der Lage ist zu spielen und das Publikum ihn sehen will.

Ruth Leuwerik ist eine Schauspielerin in der Art von Barbara Stanwyck, absolut uneitel. Sie weiß genau, was sie zu spielen hat und würde nie eine Szene machen. Sie hat viele Erfolge mit O. W. Fischer gehabt, und beide waren sehr beliebt. Jeder Regisseur hatte eine Freude daran, mit ihr zu arbeiten. Ich habe mit ihr »Dorothea Angermann« mit Kurt Meisel gedreht. Auch Kurt ist ein präziser und guter Schauspieler und kennt sein Metier von Grund auf.

*

Es wurde immer behauptet, daß mit Heinz Rühmann schwer auszukommen sei. Da wir vor dem Krieg bereits einen Film zusammen gemacht hatten, war es sehr leicht, mit ihm »Mein Schulfreund«, nach dem Stück von Johannes Mario Simmel, zu drehen. Heinz und ich stehen seit langer Zeit auf Du und Du, obwohl ich weiß, daß er sich mit niemandem auf die gleiche Stufe stellt. Er bewahrt immer Distanz. In diesem Anti-Nazi-Film, in dem Rühmann einen Briefträger spielt, der einmal mit Hermann Göring in die Schule gegangen ist, brauchte ich einen Mimen, der Alexander Golling hieß, eine wichtige Stellung in der Partei eingenommen und während des Krieges beinahe die ganze UFA-Produktion beherrscht hatte. Er gab große Feste, und kein Schauspieler wagte, eine Einladung abzusagen, denn alle fürchteten seinen Einfluß bei den Spitzen des Dritten Reiches. Da mir seine frühere Einstellung bekannt war, glaubte ich nicht, daß er diese Rolle annehmen würde. Zu meinem großen Erstaunen akzeptierte er sie. Er war der perfekte Typ dafür, und ich kann mir bis heute nicht erklären, warum er die Rolle spielte.

*

Im übrigen war auch Ernst Schröder als Hauptmann Kühn dabei. Er legte sich seine Rolle zurecht, wie er sie sich vorstellte. Als ich ihm nach der ersten Probe sagte, daß ich mir den Charakter anders vorgestellt hatte, wurde er ausfallend.

Er verbat sich, von mir Regieanweisungen entgegenzunehmen und bestand darauf, die Rolle so zu spielen, wie er es für richtig hielt.

Ich machte mir einen Spaß daraus, ihn nach jeder Aufnahme zu fragen, ob ihm seine Darstellung gefallen habe. Wenn er glaubte, sie noch besser spielen zu können, wiederholte er sie, bis er zufrieden war. Ich gab ihm keine Hilfe, beschäftigte mich mit allen anderen und ließ ihn links liegen. Natürlich hatte er nicht den Erfolg, den er sich vorgestellt hatte. Schröder, der sehr intelligent ist und Erfolge als Regisseur und Darsteller auf der Bühne hat, würde sich wohl selbst öfters gewundert haben, wenn sich einer seiner Mitarbeiter so renitent wie er benehmen würde. Ich möchte gern wissen, wie er sich dabei verhalten hätte. Wahrscheinlich hätte er die Rolle umbesetzt, wie auch ich manchmal gern, wenn ich das Geld und die Zeit dafür gehabt hätte. Schließlich ist ja nicht die Konzeption eines einzelnen Darstellers die Hauptsache in einem Film. Er muß sich dem Ensemble unterordnen und so spielen, wie der Regisseur seine Arbeit vor Augen hat.

Ich erkenne jede individualistische Einstellung eines Mitarbeiters an, aber der Regisseur ist schließlich die letzte Instanz und für den Film verantwortlich.

*

Der Produzent Sam Spiegel war ein großer Showmann, hatte aber nie Geld. Spiegel gab von seinem Gewinn immer hundertzwanzig Prozent ab und war dauernd verschuldet. Durch seine Erfolge fand er jedoch immer wieder ein Studio, das ihn finanzierte. Dann arbeitete er mit David Lean zusammen und produzierte »Lawrence of Arabia«. Er bekam zwanzig Prozent von der Gesamteinnahme und wurde über Nacht zum Dollarmillionär. An »Lawrence of Arabia« bin ich nicht ganz unbeteiligt. Ich wollte einen Film mit Nadja Tiller in London machen. Er hieß »Das Bittere und das Süße« von Lord Robin Maugham, dem Neffen von Somerset Maugham.

In Oxford fand ich einen jungen Schauspieler, der sehr talentiert war. Der Verleih akzeptierte ihn jedoch nicht, weil er keinen Namen hatte. Er hieß Peter OToole und ist heute einer der wenigen Großen des Films. Jules Buck, einer meiner besten Freunde, mit dem ich bereits bei »The Killers« gearbeitet hatte, machte ebenfalls seine Bekanntschaft. Sie gründeten eine Gesellschaft und sind heute noch immer innig befreundet und Partner. Beide sind durch die Zusammenarbeit sehr reich geworden.

Nadja Tiller, eine begabte Schauspielerin, die wir ja alle kennen, ist ungeheuer ehrgeizig. Obwohl sie am Anfang nur Schul-Englisch sprach, studierte sie Tag und Nacht mit dem Erfolg, daß sie als Ausländerin nicht einmal synchronisiert werden mußte. Ihre Aussprache und Intonation ist perfekt. Ich wünschte, daß ich so gut englisch sprechen könnte!

Spiegel wollte eigentlich Peter Finch für die Hauptrolle in »Lawrence of Arabia«, aber der hatte keine Zeit. Seine Wahl fiel schließlich auf Peter OToole. Er schickte ihn vor Beginn der Dreharbeiten nach Marokko, wo Peter auf Rennkamelen reiten lernen mußte. Die Vorbereitungen dauerten eineinhalb Jahre. Eine berühmte Rechtsanwältin arbeitete den Vertrag zwischen Peter OToole, Sam Spiegel und Columbia aus. Columbia glaubte OToole unter Dauervertrag zu haben. Aber dem war nicht so. Die Anwältin Denise Sée, eine reizende Frau, mit einem russischen Prinzen verheiratet, war schlauer als alle amerikanischen Rechtsanwälte: Jules Buck und Peter OToole waren frei.

»Lawrence of Arabia« wurde ein Welterfolg und bekam in Hollywood viele »Oscars«. Spiegel als Produzent hielt die Ansprache. Er erwähnte nicht ein einziges Mal David Lean, seinen Regisseur, dem er den Erfolg verdankte.

Einen Film machen ist eine Sache der Kooperation. Ich sage mir immer: Wenn zehn Idioten anderer Meinung sind als ich, haben sie wahrscheinlich recht! Und so habe ich aus vielen Filmen Szenen herausgeschnitten, die mir persönlich gefielen.

Spiegel wurde immer autoritärer. Er war schließlich der

große Produzent, der alles auf die Beine gestellt hatte. Er wählte Regisseure, die er beherrschen konnte, arbeitete am Manuskript, schrieb die Dialoge, schnitt den Film selbst und mischte sich in alles hinein. Keiner wagte, ihm zu widersprechen. Meiner Meinung nach ist das ein Fehler. Er hat auch in den letzten Jahren keinen Welterfolg mehr gehabt. Schade. Er ist ein hervorragender Produzent, mit viel Charme, aber er sollte mehr auf seine Mitarbeiter hören.

32

Serbische Abenteuer

Für Artur Brauner habe ich fünf Filme gemacht. Einer davon hieß »Der Shut«, eine Karl-May-Geschichte, die ich in Jugoslawien drehte. Ich hatte sie in meiner Jugend gelesen und mußte sie, wie unter Zwang, verfilmen. Da bereits etliche Filme dieser Art aufgeführt waren, wollte Frau Kubaschewski, die Inhaberin des Gloria-Verleihs, den Film nicht haben und lehnte es ab, eine Garantie zu geben. Brauner überredete sie, den Film in ihren Verleih aufzunehmen. Wenn er kein Erfolg würde, hätte sie kein Risiko und könnte ihn wieder absetzen. Der Film war ein Erfolg und hatte eine der größten Einnahmen der Karl-May-Filme.

Ich drehte den »Shut« in Peç in Jugoslawien. Dieser Ort liegt an der albanisch-türkischen Grenze. Dort laufen die serbischen Frauen noch nach Art der Mohammedaner verschleiert herum. Die Männer folgen ihnen mit altmodischen Gewehren. Aus dieser Gegend erzählt man sich sehr komische Geschichten. Die Männer reiten auf kleinen Mauleseln, und die Frauen gehen mit schweren Körben, die sie auf dem Kopf balancieren, hinter ihnen her. Jeden Mittwoch ist Markt in der nächstgrößeren Stadt. Eines Tages sieht man eine Frau auf dem Esel reiten. Es ist kurz nach dem Krieg. Der Mann läuft zu Fuß hinter ihr her. Die Leute sind erstaunt darüber: »Ich lasse meine Frau vorausreiten«, sagte er, »es sind noch zu viele Minenfelder hier!« Ein anderes Mal sitzt er, wie gewöhnlich, auf dem Esel. Seine Frau läuft hinter ihm her. Wieder sind die Leute erstaunt, da kein Markttag ist. »Ich muß ins Hospital«, sagte er, »meine Frau ist krank!«

Serben sind sehr stolze Menschen. Sie bewohnen immer ein großes Haus. Frauen sieht man nie. Wenn der Sohn etwa sechzehn Jahre alt ist, geht er nach Belgrad oder ins Ausland und arbeitet dort so lange, bis er genügend Geld gespart hat, um sich eine Frau zu kaufen. Dann kehrt er in sein Elternhaus zurück, um dort mit der Familie bis zum Ende seines Lebens zu wohnen. Er heiratet ein junges Mädchen von etwa fünfzehn Jahren und hat mit ihm eine große Anzahl Kinder. Die junge Frau darf nie ausgehen. Mit dreißig Jahren sehen die Frauen bereits uralt aus und sind immer verschleiert. Erst wenn sie Großmütter geworden sind, kann man manchmal ihr Gesicht sehen. Aber dann macht es keinen Spaß mehr.

Ich war einmal in ein serbisches Haus eingeladen. Eine große Seltenheit. Wir saßen zu fünft in einem großen Raum. In der Mitte stand ein eiserner Ofen, auf dem Kaffee warm stand. Da es keine Stühle gab, saßen wir wie Mohammedaner mit gekreuzten Beinen auf dem Fußboden. Der Älteste, der Chef des Hauses, dem niemand zu widersprechen wagt, reichte uns persönlich die kleinen Kaffeetassen. Dann ließ er es sich nicht nehmen, große Ziegenfelle für uns auszubreiten. Man warnte mich, ihm dabei zu helfen. Wir saßen herum. Natürlich verstand ich kein einziges Wort der Unterhaltung, die ohnehin sehr schleppend war. Als wir uns verabschiedeten, drückte er uns zwei kleine Äpfel in die Hand. Das bedeutete, daß wir von nun an seine Freunde seien. Selbst wenn wir einen Mord begangen hätten, würde er uns bei sich aufnehmen und vor der Polizei verstecken, so daß uns nie jemand finden würde. Wenn ich einmal Schwierigkeiten hätte, würde ich sofort nach Peç fliegen und mich unter seinen Schutz stellen. Aber ich könnte das Haus nicht mehr finden, und Interpol würde mich sicher erwischen.

Ich wurde eines Tages dort sehr krank. Nach etwa drei Tagen konnte ich es vor Schmerzen nicht mehr aushalten. Ich mußte ins Spital in Peç. Erst wurde ich in ein großes Zimmer geführt, in dem etwa sechs Ärzte in nicht sehr sauberen Kitteln die dort wartenden Patienten untersuchten. Sie fuhren mit ihren Fingern in jede Öffnung der Kranken hinein, ohne sich die Hände zu waschen. Ich kam dann zu dem Leiter, einem Professor. Er diagnostizierte meine Krankheit, obwohl ich selbst schon wußte, was mir fehlte, und verschrieb mir absolute Bettruhe. Ich sollte mich etwa acht Wochen lang keinesfalls bewegen. Natürlich traute er sich nicht, mich offiziell krank zu schreiben, da das die Produktion ein Vermögen gekostet hätte und er die Verantwortung nicht übernehmen wollte. Da ich täglich etwa achtzehn Stunden auf den Beinen war, fragte ich ihn, wie er sich das vorstelle. Ich sollte mich tragen lassen, meinte er. Auf meinen Einwand, daß ich auch einmal durch die Kamera sehen müßte, um die richtige Einstellung zu finden, erwiderte er, daß ich sterben könnte, falls ich mich zu bewegen versuchte.

Ich dankte ihm, ging in mein Hotel und fing an, mich selbst zu behandeln. Trotz achtzehnstündiger täglicher Bewegung war ich nach zehn Tagen wieder gesund. Als ich wieder zu ihm kam, konnte er es nicht fassen, daß ich geheilt war. Es kam ihm wie ein Mirakel vor. Nicht umsonst bin ich Dr. Siodmak . . .

Im Jahre 1954 wollte ich den Film »Serajewo«, die Geschichte der Ermordung des österreichischen Thronfolgers Franz-Ferdinand, machen. Die dramatische Entwicklung, die schließlich zum Ausbruch des Ersten Weltkrieges 1914–18 führte, ist noch vielen Leuten bekannt. Aber einmal beschäftigte ich eine junge spanische Schauspielerin in einem Film, die zu meinem Erstaunen nicht einmal vom letzten Krieg oder je den Namen Hitler gehört hatte.

Ich fuhr nach Serajewo, wo ich von einem ganz jungen Mädchen empfangen wurde, das mir einen kleinen Feldblumenstrauß, in Zeitungspapier gewickelt, überreichte. Dann wurde ich in das einzige Studio geführt, das ungefähr fünfzehn mal dreißig Meter groß war. In allen kommunistischen Ländern arbeitet man immer mit einer Delegation, die aus ungefähr zwanzig Personen besteht. In Wirklichkeit kann niemand allein eine Entscheidung treffen. Es ist immer ein Kollektiv. Die Sitzungen dauern tagelang. Es konnte vorkommen, daß der große Chef plötzlich, aus irgendeinem Grund, seines Amtes enthoben wurde und man ihn nach einigen Wochen als kleinen Angestellten wiederfand. Vielleicht war er Hotelportier oder Gepäckträger geworden.

Das hat sich natürlich heute etwas geändert, und Co-Produktionen mit Jugoslawien waren später sehr oft erfolgreich. Der Staat stellte Mittel zur Verfügung, wie man sie in Hollywood nicht besser finden konnte. Aber im Jahre 1954 war das noch anders. Der Drehbuchautor war ein älterer, hinkender Herr. Wie man mir sagte, hatte er auch mit den Verschwörern gearbeitet und zwanzig Jahre im Gefängnis verbracht. Genauso lange schrieb er bereits an dem Drehbuch. Als wir alle um einen großen Tisch saßen, bat ich ihn, mir seine Fassung zu erzählen. Eisiges Schweigen. Keiner wollte den Inhalt verraten. Sie forderten mich auf, meine Version zum besten zu geben. Ich hatte nicht eine einzige Zeile geschrieben und fing an, zu improvisieren. Wenn man unter Druck steht, hat man immer Einfälle. Ich sprach etwa eine Stunde lang. Als ich mit meiner Erzählung fertig war, waren alle begeistert. Meine Geschichte, sagten sie ganz offen, sei viel besser als die ihre. Jetzt ging es darum, wie lange es dauerte, bis ich sie zu Papier gebracht haben würde. Ich hatte aber die Hälfte meiner Einfälle bereits wieder vergessen.

Ich rief Johannes Mario Simmel in Berlin an und bekam zufälligerweise sofort eine Verbindung. Er nahm das nächste Flugzeug und war noch am gleichen Abend da. Während des Abendessens erzählte ich ihm die Geschichte. Er hörte sie aufmerksam etwa zehn Mal an, dann akzeptierte er dankbar eine Flasche Whisky von mir und verzog sich auf sein Zimmer, um sofort mit der Arbeit zu beginnen.

Ich hatte mich mit der Delegation für den nächsten Morgen um zehn Uhr verabredet. Simmel erschien bereits um acht Uhr früh zum Frühstück. Er hatte über Nacht etwa achtzig Schreibmaschinenseiten geschrieben. Eine unglaubliche Leistung. Ich traute meinen Augen nicht. Nur der Schluß stimmte nicht ganz, denn er war wahrscheinlich zu diesem Zeitpunkt bereits etwas müde geworden. Er trank einige Tassen starken türkischen Kaffee, verschwand wieder in sein Zimmer und kam eine Stunde später mit zehn neuen Seiten zurück. Nach etwa dreißig Minuten erschien die berühmte Delegation. Sie erkundigte sich, wann sie das Exposé haben könnten. Ich überreichte es ihnen. Sie waren derart erstaunt, daß ich lachen mußte. Sie wollten eine serbische Übersetzung davon haben und glaubten, daß es etwa sechs bis acht Wochen dauern würde, bis sie fertig sei. Ich gab ihnen vierundzwanzig Stunden Zeit. Ihr Stolz ließ es nicht zu, mir zu sagen, daß ich etwas Unmögliches verlangt hätte. Und wirklich waren sie am nächsten Morgen damit fertig.

Ich sah mir das Städtchen Serajewo an diesem Tage genau an. Es hatte nichts mehr von dem Charme aus der Zeit der österreichisch-ungarischen Monarchie. Es stand nur noch ein großer Zeitungskiosk da, der aber geschlossen und zerfallen war. Sonst sah es wie eine kleine Industriestadt aus.

Die unvermeidlichen Diskussionen, die Stunden und Stunden dauerten, begannen. Es gab eine hitzige Auseinandersetzung in serbisch. Da ich mehrere Sprachen spreche, schnappte ich verschiedene Worte auf und unterband einmal einen Streit mit dem Hinweis, daß sie sich geirrt hätten. Alle hörten auf zu reden und sahen mich verblüfft an. Ich hatte richtig geraten.

Ich schlug vor, die Ankunft der Österreicher in einem kleinen Bahnhof zu drehen, der erhöht auf dem Berg lag. Sie protestierten. Jeder Mensch in der ganzen Welt wüßte, daß der Erzherzog mit seinem Gefolge nicht dort angekommen sei. Ein anderes Mal tappte ich mehrere Stunden im dunkeln über einen Vorschlag von mir: Ein Hirte sollte im Morgengrauen Schafe durch den kleinen Fluß treiben. Endlich erfuhr ich, daß sich die Österreicher den höchsten serbischen Feiertag zum Empfang seiner Kaiserlichen Hoheit ausgesucht hatten. Man wollte Serbien provozieren. Kein Serbe würde an diesem hohen Feiertag arbeiten, sagten sie. Ich schlug vor, dem Hirten einen Fez aufzusetzen, um anzudeuten, daß es sich um einen Türken handle. Damit waren sie alle einverstanden. Natürlich hatte ich die allergrößten Schwierigkeiten, sie zu überzeugen, daß auch serbische Verräter, die für Wien spitzelten, in ihren Reihen waren. Das ging ganz deutlich aus den Protokollen hervor, die in den Wiener Archiven lagen.

Alle diese Unterhaltungen wurden schließlich so irritierend, daß ich ihnen ein Ultimatum stellte. Entweder hätten sie die Fakten zu akzeptieren oder ich würde den Film nicht machen. Nach langem Hin und Her und Rückfragen in Belgrad waren sie endlich einverstanden. Ich lud sie alle nach Hamburg ein. Gyula Trebitsch und Walter Koppel, die damals noch Partner waren, wollten den Film verleihen und finanzieren.

Wir wohnten in dem herrlichen Hotel »Vier Jahreszeiten« in Hamburg. Es war eine neue Welt für die Jugoslawen. Ich zahlte königlich für ihren Aufenthalt und lud sie zu einem fabelhaften Essen ein. Aber wir kamen nicht dazu, einen Vertrag abzuschließen. Wie ich bereits vermutet hatte, war niemand bereit, die ganze Verantwortung zu übernehmen. Als sie zurückfuhren, hatten sie für das gesamte Geld, das ich ihnen gegeben hatte, Sachen gekauft, die sie zu Hause natürlich nicht bekommen konnten. Ich mußte alle ihre Schulden zum zweiten Mal bezahlen. Der Film kam nicht zustande, wie ich befürchtet hatte, obwohl es sich um eines der aufregendsten Ereignisse der Weltgeschichte handelt.

33

Ein Western in Spanien

Als ich im Jahre 1967 den Cinerama-Film »Custer of the West« drehte, war mein Produzent Philip Yordan. Er hatte seine Karriere als Rechtsanwalt in Amerika begonnen, schrieb dann ein sehr erfolgreiches Theaterstück »Anna Lucasta«, das monatelang am Broadway in New York aufgeführt und auch verfilmt wurde. Er erhielt 1954 einen Drehbuch-»Oscar« für den Western »Broken Lance« und wurde jahrelang zu vielen großen Filmen hinzugezogen, als eine Art »Film-Ddoktor«, wenn die Autoren steckengeblieben waren.

Mit dreißig Jahren war er bereits Dollarmillionär. Phil ist ein merkwürdiger, komplizierter Charakter. Er war schon drei- oder viermal verheiratet, immer mit sehr schönen Frauen. Ich frage mich, wie ihm das gelungen ist, da er ein schweres Augenleiden hat. Während des ganzen Jahres, als ich mit ihm arbeitete, war es mir unmöglich, ihn wirklich kennenzulernen. Er erhebt nie seine Stimme. Ich wußte nie, ob ihm meine Arbeit gefiel und ob er sich die Szene anders vorgestellt hatte. Er ist bis zum Exzeß loyal zu seinen Mitarbeitern und verteidigte sie immer. Aber dann ändert er hinter dem Rücken des Regisseurs viele Szenen und stellte den ganzen Film auf den Kopf. Er öffnet Briefe erst nach Monaten, und man erhält von ihm keine Antwort, auch wenn man ihn dringend darum bittet.

Die Geschichte des Films handelt von General Custer, der während des amerikanischen Bürgerkrieges berühmt wurde und schließlich von der Regierung in Washington in den Westen geschickt wurde, um die Indianer aus den ihnen legal überlassenen Jagdgründen zu vertreiben, da man eine Eisenbahnlinie durch ihre Gebiete legen wollte. Ein Kampf um

Leben und Tod. In unserer Geschichte war Custer gegen den ihm übertragenen Befehl, aber er mußte ihn ausführen. Zum Schluß kämpfte er mit 157 seiner Soldaten gegen etwa 4000 Indianer und kam dabei um. Er wußte genau, daß er in seinen Tod ging. Es gibt Hunderte von Büchern und etliche Filme über diese legendäre Figur, viele unterschiedliche Versionen über diesen komplizierten Charakter.

Der weiße Schimmel, den Custer geritten hatte und der die Schlacht überlebte, wurde unter »Buffalo Bill« noch jahrelang in dem Riesenzirkus Barnum & Bailey gezeigt, aber ich bezweifle, daß es sich immer um denselben Schimmel handelte . . .

Robert Shaw, ein begabter englischer Schauspieler, der auch Theaterschriftsteller ist, stellte Custer dar. Custer hatte einen Freund in der Armee, General Philip Sheridan. In Spanien lebte ein früherer bekannter amerikanischer Schauspieler: Lawrence Tierney. Er war ein riesenhafter Mann, eine große Persönlichkeit, war aber seit Jahren nicht mehr in einem Film beschäftigt worden, weil er angeblich in eine Totschlagsaffäre in Amerika verwickelt war und daher nicht mehr zurück konnte. Es ging ihm sehr schlecht. Er betrank sich jeden Abend und suchte in diesem Zustand immer Schlägereien.

Er schien mir für die Figur von General Sheridan wie geschaffen und da ich von seinem Talent überzeugt war, überredete ich Phil Yordan, ihm noch einmal eine Chance zu geben. Tierney versprach, nicht mehr zu trinken und sich anständig zu benehmen. Ich bin überzeugt, daß er die besten Absichten hatte, daß er glaubte, eine neue Karriere beginnen zu können. Aber die Zusammenarbeit mit ihm war eine Tortur für mich. Jeder richtige Trinker bekommt Ausfallserscheinungen wie ein Morphinist. Tierney war von einer derartigen Nervosität im Studio, daß sich alle Mitarbeiter vor ihm fürchteten. Und wenn ich endlich mit ihm zu Ende probiert hatte und drehen wollte, mußte er unbedingt noch einmal im letzten Moment veschwinden, da er plötzlich Todesangst bekam, spielen zu müssen. Er hatte eine Art Verfolgungswahn. Das geringste Geräusch störte ihn, und alle meine Mitarbeiter hielten den Atem an, damit er keinen Wutausbruch bekam und die ganze Dekoration zertrümmerte. Mein Produzent Yordan sagte nichts und überließ mich meinem Schicksal.

Etwa sechs Wochen nach Beginn des Films fing Tierney wieder an zu trinken, was ihn noch wütender gegen sich selbst machte, da er von einem schlechten Gewissen geplagt wurde. Eines Abends verbat sich eine Amerikanerin in einer Bar sein unmögliches ordinäres Benehmen. Darauf schlug er ihr zwei Zähne aus. Am nächsten Tag erschien die Polizei, um ihn über die Grenze abzuschieben. Nur durch die Intervention der Produktion wurde die Angelegenheit bereinigt. Aber von diesem Moment an lebte er in dauernder Furcht, und es wurde immer schwerer, mit ihm zu arbeiten.

Tierney hatte einen Vertrag abgeschlossen, wonach ihm täglich nur zehn Dollar ausbezahlt wurden, während die Gage erst am Ende des Films ausgehändigt werden sollte, um so ein Druckmittel gegen ihn in der Hand zu haben. Nach etwa vier Monaten blieb noch eine einzige Szene seiner Rolle übrig und ich begann aufzuatmen. Aber in der Nacht vor seinem letzten Drehtag kam es wieder zu einer Katastrophe. Er wurde in eine Schlägerei verwickelt. Diesmal ließ sich die spanische Präfektur auf nichts ein. Er sollte innerhalb achtundvierzig Stunden Spanien verlassen.

Am Morgen erschien er völlig betrunken im Büro und verlangte sein Geld. Da es gegen acht Uhr früh war, konnte man es ihm nicht aushändigen. Einen Scheck wollte er nicht akzeptieren, sondern verlangte Bargeld in kleinen Scheinen. Es war unmöglich, ihn loszuwerden. Als Yordan und ich in das Studio fahren wollten, riß er plötzlich die Tür des fahrenden Wagens auf und warf sich quer über uns hinein. Dann versuchte er, auf mich einzuschlagen, konnte sich aber nicht richtig bewegen. Ich rief dem Fahrer zu, anzuhalten, öffnete die Tür und riß den großen schweren Mann, der etwa zweihundertfünfzig Pfund wog, mit einer solchen Wucht aus dem Wagen, daß er über den Kühler eines Autos fiel und auf der

Straße liegen blieb. Er weinte hinter uns her: »Du hast mich geschlagen ... du hast mich geschlagen!« Ich war so wütend und außer mir, daß ich ihm noch eine Tracht Prügel verabreichen wollte, aber Yordan hielt mich zurück: »Du mußt versuchen, die letzte Szene zu Ende zu drehen. Wir brauchen ihn ja nur noch einen Tag. Dann kann er meinetwegen zum Teufel gehen!«

Gegen elf Uhr erschien Tierney im Studio. Er war kleinlaut und ernüchtert. Yordan zahlte ihm wortlos sein Geld aus. Ich drehte die Szene, aber aus Vorsicht zuerst alle Einstellungen mit ihm. Er ging in sein Hotel und legte das ganze Bündel Geld in den oberen Teil der Toilette, da er befürchtete, daß es ihm jemand stehlen würde. Bei seinen nächtlichen Exkursionen umgab er sich immer mit schäbigen jungen Leuten, die auch am Tag bei ihm aus- und eingingen. Dann begann er wieder zu trinken und konnte sich nicht mehr erinnern, wo er das Geld versteckt hatte. Er kam noch einmal völlig verglast zurück und beschuldigte uns, es gestohlen zu haben. Als die Polizei ihn am nächsten Morgen abholen wollte, zog er an der Toilettenschnur. Hunderte von kleinen Dollarscheinen verstopften das ganze Rohr. Alles mußte abmontiert werden, aber ein Teil des Geldes war durch den Abfluß verschwunden. Zwei Stunden später überquerte er bereits die Grenze. Ich habe ihn nie wieder gesehen.

Aber das Unglück ging weiter. In der gleichen Nacht fiel der elektrische Strom in Madrid aus. Das Negativ blieb in der Maschine der Kopieranstalt stecken und wurde überentwikkelt. Es gab keine Möglichkeit, es zu retten und wir konnten nur einzelne Teile davon gebrauchen. Noch heute sitzt mir der Schreck in den Knochen, wenn ich an diesen Tag denke. Zum Glück hat das Publikum es nicht bemerkt und der Film war überall ein Erfolg.

34

Neue Zeiten

Die Welt hat sich völlig verändert. Als Caruso starb, weinten viele Menschen. Aber als Toscanini und andere berühmte Künstler nicht mehr da waren, wurden sie nicht vermißt. Man kann alle ihre Meisterwerke auf Schallplatten und mittels anderen Medien sehen und hören, als ob sie noch am Leben wären.

Ich persönlich habe das Gefühl, daß ich zeitlos bin!

Ich verhandle mit großen Gesellschaften in Italien und Frankreich über einen neuen Film. Während ich achtzehn Stunden arbeiten kann, ohne müde zu werden, klappen die jungen Mitarbeiter schon nach der Hälfte der Zeit zusammen und sind dann unfähig, sich zu konzentrieren.

Als ich meinen letzten Film in Rumänien machte – er hatte acht Monate Drehzeit –, stand ich täglich um fünf Uhr früh auf. Um sechs Uhr fuhr ich los. Bis zum Drehort waren es mindestens zwei Stunden. Es war glühend heiß. Jeden Tag warteten zirka dreitausend Personen auf mich, darunter Orson Welles, Sylva Koscina, Laurence Harvey und viele andere Schauspieler und Komparsen. Die Sonne brannte bis neunzehn Uhr auf mich herunter. Dazu kamen die Schwierigkeiten, mich verständlich zu machen. Fast keiner sprach englisch, sehr wenige deutsch. Wenn man einem Assistenten etwas auf französisch erklärte, sagte er: »Da . . da . . da«. Das heißt »Ja . . ja . . ja!« Aber am nächsten Tag war es nicht »Da . . da . .da«! Er war zu stolz, mich noch einmal zu fragen und hoffte, mich verstanden zu haben.

Das sogenannte Essen bestand aus fetter Schweineleber und Innereien. Für etwa dreihundert Personen hatten wir nur etwa zweihundert Flaschen Mineralwasser zur Verfügung. Gegen halb acht Uhr abends fuhren wir über schreckliche Wege ins Studio zurück. Das dauerte wieder zwei Stunden. Dann sah ich mir die Muster oder den Schnitt an und fuhr weitere fünfzig Kilometer allein nach Hause. Die Straße war nicht beleuchtet. Die Zigeunerwagen und Radfahrer auch nicht ... Außerdem kreuzten oft Menschen die Straße, als ob noch nie ein Auto vorbeigekommen wäre. Man sah alles erst im letzten Augenblick. Daß ich nie jemanden verletzt oder getötet habe, ist ein Wunder. Dabei war ich nach achtzehnstündiger Arbeit in der Sonne, im Dreck, von Fliegen belästigt, so abgespannt, daß ich kaum mehr die Augen offen halten konnte. Endlich zu Hause angekommen, brachte mir mein Mädchen einen Whisky, dann gabs ein Bad, das noch mit Holz aufgeheizt werden mußte, noch einen Whisky und wieder kalten Schweinebraten, auf den ich natürlich keinen Appetit hatte. Eine Zeitlang konnte man – während der Studentenunruhen in Frankreich – Kaviar kaufen. Das war ein Fest.

Die Herstellung der Dekorationen im Studio verursachte mir Alpträume. Jede Zeichnung mußte in der natürlichen Größe 1 : 1 eingereicht werden. Schon Monate vorher mußte genau überlegt werden, welche Requisiten gebraucht werden: Tische, Stühle, Aschenbecher, Weinflaschen, Schwerter, Schilde, Speere und andere Utensilien. Wenn diese Sachen auf der Zeichnung nicht eingetragen waren, konnte man sie nicht mehr bekommen. Ich dachte dabei oft an die wundervollen Zeiten von Hollywood zurück. Wenn ich damals um Mitternacht plötzlich eine zwölfreihige Perlenkette brauchte, war sie nach zehn Minuten da. Alle Studios dort hatten einen Fundus, der von 300 000 .v. Chr. bis zu der modernsten Zeit reichte. Es gab einen besonderen Raum mit allen Telefonbüchern der ganzen Welt und zwar von jedem Jahrgang. Ich verlangte einmal das Telefonbuch von 1910 aus Dresden. Es war vorhanden, und ich suchte nach unserer damaligen Hausnummer und Adresse, die ich auch prompt fand.

Vor etwa einem Jahr hat MGM den gesamten Fundus versteigert: Kleider, die Greta Garbo vor dreißig Jahren im Film getragen hat, den Kampfwagen aus »Ben Hur« und unzählige andere Requisiten. Sie brachten über zwei Millionen Dollar ein, obwohl sie das Vielfache gekostet hatten. Schade! Der Traum von Hollywood ist endgültig ausgelöscht . . .

Ich lebe jetzt in Ascona. Ein merkwürdiger Ort. Es wimmelt von Talenten: Schriftsteller, Maler, Bildhauer. Aber nach einiger Zeit wird jeder zu einem Eigenbrödler und will von der Außenwelt nichts mehr wissen. Ich bin eine Ausnahme, glaube ich, und muß ganz einfach im Leben stehen. Wahrscheinlich werde ich eines Tages in einem Regie-Stuhl sitzen, »Aufnahme!« sagen und tot umfallen. Das ist, was ich mir wünsche. Aber ich möchte bis zu meinem Lebensende arbeiten.

Das Leben ist wie eine Lawine: mal rauf – mal runter. Wir nennen das in Amerika »humble-pie«-essen, und ich habe sehr viel herunterschlucken müssen. Das Leben ist wirklich sehr kurz. Es dauert einundzwanzig Jahre, bis man achtzehn ist. In zehn Jahren ist man bereits fünfzig und dann vergeht die Zeit immer schneller und fängt an zu rasen.

Bernhard Shaw hat einmal gesagt: »Jugend ist das Schönste, was es auf der Welt gibt. Was für eine Dummheit der Natur, sie an Kinder zu verschwenden.«

Wenn ich einmal sterbe, stelle ich mir vor, daß meine Freunde beim Essen sitzen. Jemand sagt dann: »Habt Ihr gehört, daß Siodmak gestorben ist?« Dann sind sie alle erschreckt, bis einer sagt: »Kann ich mal das Salz haben?« Zwei Monate später könnte jemand sagen: »Erinnerst du dich? Robert hat mal eine sehr komische Geschichte erzählt. Was war denn das? Ich kann mich nicht mehr erinnern!« Damit ist alles vergessen, und ich bin auch gedanklich begraben.

Filmographie

Die Angaben in dieser Filmographie basieren auf folgenden Quellen:

1. Günter Knorr: »Robert Siodmak«, Filmkundliche Hefte 1–2, 1973, Deutsches Institut für Filmkunde, Wiesbaden (Die umfangreichste Dokumentation über das Werk von Siodmak).
2. Jack Edmund Nolan: »Robert Siodmak«. In »Films in Review«, Vol. XX, Nr. 4, New York, April 1969.
3. Charles Higham: »Robert Siodmak in America«. In »Film Journal« 9, Melbourne, Februar 1958.

Bei etlichen Filmen wurden Korrekturen und Ergänzungen vorgenommen. Nicht in die Filmographie aufgenommen wurde der Film »Conflict« (USA, 1945) von Curtis Bernhardt, zu dem Siodmak und Alfred Neumann die Originalidee lieferten.
1966 begann Siodmak in Paris mit den Dreharbeiten zu einem Thriller mit dem Titel »La Scarabée dOr«, der in einem frühen Stadium von dem Regisseur Jacques Deray übernommen wurde und als »LHomme de Marrakesh« (»Der große Coup von Casablanca«) in die Kinos kam.
Für das britische Fernsehen entwickelte Siodmak 1958/59 die Serien »O.S.S.« und »The Killer« (keine Ähnlichkeiten mit dem gleichnamigen Film).

Abkürzungen:

D = Deutschland
BRD = Bundesrepublik Deutschland
F = Frankreich
I = Italien
USA = Vereinigte Staaten von Amerika

Menschen am Sonntag D 1929

Uraufführung: 4. 2. 1930
Regie: Robert Siodmak, Edgar A. Ulmer
Produktion: Seymour Nebenzahl für Filmstudio 29
Drehbuch: Robert Siodmak, Billy Wilder, nach einer Idee von Curt Siodmak
Kamera: Eugen Schüfftan
Kameraführung: Fred Zinnemann
Länge: 73 Minuten
Besetzung: Brigitte Borchert (das Mädchen aus dem Schallplattengeschäft), Christel Ehlers (ein Mannequin), Annie Schreyer (die Freundin Erwins), Wolfgang von Waltershausen (ein Weinvertreter), Erwin Splettstößer (ein Taxichauffeur)

Vier junge Menschen an einem Sommer-Sonntag in Berlin. Stummfilm mit Laiendarstellern.

Der Kampf mit dem Drachen
oder: Die Tragödie des Untermieters D 1930

Uraufführung: 1930
Regie: Robert Siodmak
Produktion: UFA
Drehbuch: Curt Siodmak
Kamera: Günther Rittau, Konstantin Tschetwerikoff
Musik: Herbert Lichtenstein
Bauten: Willi A. Hermann
Länge: 12 Minuten
Besetzung: Hedwig Wangel (der Drache), Felix Bressart (der Untermieter)

Ein möblierter Herr läuft Amok, worauf seine Zimmmerwirtin tot zu Boden sinkt. Das Gericht spricht ihn frei.
Kurzfilm-Groteske.

Abschied D 1930

Uraufführung: 25. 8. 1930
Regie: Robert Siodmak
Produktion: Bruno Duday für UFA
Drehbuch: Emmerich Preßburger, Irma von Cube
Kamera: Eugen Schüfftan
Musik: Erwin Bootz
Bauten: Max Knaake
Länge: 71 Minuten
Besetzung: Brigitte Horney (Hella), Aribert Mog (Peter Winkler), Emilia Unda (Frau Weber), Konstantin Mic (Bogdanoff), Frank Günther (Conférencier), Edmée Symon, Gisela Draeger (Lennox Sisters), Erwin Bootz (Bootz), Martha Ziegler (Lina), Wladimir Sokoloff (Baron)

Verkrachte Existenzen in einer Großstadt-Pension. Die unglückliche Liebe einer jungen Frau.

Der Mann, der seinen Mörder sucht D 1930

Uraufführung: 5. 2. 1931
Regie: Robert Siodmak
Produktion: Erich Pommer für UFA
Drehbuch: Ludwig Hirschfeld, Curt Siodmak, Billy Wilder, frei nach dem Bühnenstück »Jim, der Mann mit der Narbe« von Ernst Neubach
Kamera: Konstantin Tschet(werikoff)
Schnitt: Victor Gertler
Musik: Friedrich Hollaender
Bauten: Robert Herlth, Walter Röhrig
Länge: 97 Minuten
Besetzung: Heinz Rühmann (Hans Herfort), Lien Deyers (Kitty), Raimund Janitschek (Otto Kuttlapp), Hans Leibelt (Adamowski), Hermann Speelmans (Jim), Friedrich Hollaender (Vorsitzender der »Weißen Weste«), Gerhard Bienert (Schupo), Franz Fiedler, Eberhard Mack, Erik Schütz, Roland Varbo, Wolfgang von Waltershausen

Ein lebensmüder jungen Mann schließt einen Selbstmordpakt mit einem Einbrecher. Er überlegt es sich anders und muß sich vieler Anschläge erwehren. Kriminal-Groteske, frei nach Jules Vernes »Les tribulations d'un Chinois en Chine«.
Remake: »D.O.A.« (1950) von Rudolph Maté mit Edmond O'Brien.

Bei den Dreharbeiten zu »The Crimson Pirate« (Der rote Korsar) 1951 auf Ischia: Siodmak mit Burt Lancaster *(National Film Archive)*

Peter van Eyck und Gina Lollobrigida in »Die letzte Etappe« *(Allianz-Film)*

Curd Jürgens und Maria Schell in »Die Ratten« *(CCC-Film)*

Siodmak mit Nadja Tiller bei den Dreharbeiten zu »Das Bittere und das Süße« 1959 in London *(National Film Archive)*

Alexander Golling und Heinz Rühmann in »Mein Schulfreund« *(ARD-Filmredaktion)*

Siodmak mit Honor Blackman bei den Dreharbeiten zu »Kampf um Rom« 1969 in Rumänien *(National Film Archive)*

Das Ehepaar: Robert und Babs Siodmak in Ascona *(Archiv Curt Siodmak)*

Voruntersuchung D 1931

Uraufführung:	20. 4. 1931
Regie:	Robert Siodmak
Produktion:	Erich Pommer für UFA
Drehbuch:	Robert Liebmann, nach dem Bühnenstück von Max Ahlsberg und Otto Ernst Hesse
Kamera:	Konstantin Tschet, Otto Beck
Bauten:	Erich Kettelhut
Länge:	95 Minuten
Besetzung:	Albert Bassermann (Dr. Bienert), Hans Brausewetter (Walter Bienert), Charlotte Ander (Gerda Bienert), Gustav Fröhlich (Fritz Bernt), Annie Markart (Erna Kabisch), Edith Meinhardt (Ella Ziehr), Oskar Sima (Karl Zülke), Julius Falkenstein, Heinrich Gretler, Hermann Speelmans, Jakob Tiedtke, Gerhard Bienert, Heinz Berghaus, Carl Lambertini
	Autour D'Une Enquete (franz. Version)
Regie:	Robert Siodmak
Dialogregie:	Henri Chomette
Besetzung:	Jean Périer (Début Magistral), Colette Darfeuil (Erna), Pierre-Richard Wilm (Fritz Bernt), Annabella, Robert Ancelin, Bill Bockett, Jacques Mauri, Pierre Frank, Gaston Modot, Paul Olivier

Nach dem Mord an einer Prostituierten befürchtet der zuständige Richter, sein eigener Sohn könnte der Täter sein.
Parallel zur deutschen Fassung drehte Siodmak eine französische Version: in den ersten Tonfilm-Jahren ein gebräuchliches Verfahren, da es noch keine technischen Möglichkeiten zur Synchronisation gab.

Stürme der Leidenschaft D 1931

Uraufführung:	22. 1. 1932
Regie:	Robert Siodmak
Produktion:	Erich Pommer für UFA
Drehbuch:	Robert Liebmann, Hans Müller
Kamera:	Günther Rittau
Schnitt:	Victor Gertler
Musik:	Friedrich Hollaender
Bauten:	Erich Kettelhut
Länge:	101 Minuten
Besetzung:	Emil Jannings (Gustav Bumke), Anna Sten (Russen-Anna), Trude Hesterberg (Yvonne), Franz Nicklisch (Willy Prawanka), Otto Wernicke (Kriminalkommissar), Hans Deppe (der Nuschler), Hans Reimann, Julius Falkenstein, Anton Pointner, Wilhelm Bendow

Tumultes (franz. Version)

Regie:	Robert Siodmak
Dialogregie:	Yves Mirande
Besetzung:	Charles Boyer (Gustav Bumke = Ralf Schwarz), Robert Arnoux, Clara Tambour, Florelle, Armand Bernard, Thomy Bourdelle,

Ein gerade aus dem Gefängnis entlassener Geldschrankknacker wird von seiner jungen Braut immer wieder betrogen, bis er ihren wahren Charakter erkennt.

Quick D 1932

Uraufführung:	8. 8. 1932
Regie:	Robert Siodmak
Produktion:	Erich Pommer für UFA
Drehbuch:	Hans Müller, nach dem Bühnenstück von Félix Gandéra
Kamera:	Günther Rittau, Otto Braecker
Schnitt:	Victor Gertler
Musik:	Hans-Otto Borgmann, Gérard Jacobson, Werner Richard Heymann (Lied)
Bauten:	Erich Kettelhut
Länge:	95 Minuten
Besetzung:	*(deutsche Version)* Lilian Harvay (Eva Prätorius), Hans Albers (Quick), Willi Stettner (Dicky), Albert von Kersten (Professor Bertram), Paul Hörbiger (Lademann), Carl Meinhard (Direktor Henkel), Paul Westermeier (Clock), Genia Nikolajewa (Marion), Käthe Haack (Frau Koch), Flokkina von Platen (Charlotte), Fritz Odemar (Oberkellner)
	(franz. Version) Lilian Harvey, Jules Berry (Quick), Pierre Brassuer, Armand Bernard, Pierre Finaly, Marcel André, Pierre Piérade, Paulette Duvernet, Yvonne Herbert, Jeane Fusier-Gir, Fernand Frey

Eine kapriziöse junge Dame umwirbt einen berühmten Clown, erkennt ihn aber nicht ohne Maske. Komödie mit Musical-Elementen.

Brennendes Geheimnis D 1932

Uraufführung:	20. 3. 1933
Regie:	Robert Siodmak
Produktion:	Tonal-Film, Berlin
Drehbuch:	Friedrich Kohner, nach der Novelle von Stefan Zweig
Kamera:	Robert Baberske, Richard Angst
Schnitt:	Max Brenner
Musik:	Allan Gray
Liedertexte:	Max Kolpe
Bauten:	Robert Dietrich, Hans Blanke, Ruth Stemann
Länge:	90 Minuten
Besetzung:	Alfred Abel (der Mann), Hilde Wagener (die Frau), Hans Joachim Schaufuß (Edgar), Lucie Höflich (Mutter der Frau), Willi Forst (Haller), Ernst Dumcke (Baron Tosse), Alfred Beierle, Hans Richter, Rina Marsa, Heinz Berghaus, Erwin Jürgensen, Kurt Pulvermacher, Lotte Stein

Beim Urlaub in einem Schweizer Hotel entdeckt ein zwölfjähriger Junge die Affäre seiner eleganten Mutter mit einem berühmten Rennfahrer. 1964 plante Siodmak ein Remake dieses psychologischen Kammerspiels.

Le Sexe Faible F 1933

Uraufführung:	17. 10. 1933
Regie:	Robert Siodmak
Produktion:	André Haguet für Nero-Film
Drehbuch:	Edouard Bourdet, nach einem Bühnenstück
Kamera:	Armand Thirard
Bauten:	J. L. Athalin
Länge:	85 Minuten
Besetzung:	Victor Boucher (Antoine), Jeanne Cheirel (Mme. Leroy-Gomez), Pierre Brasseur (Jimmy), José Noguéro (Carlos Pinto), Mireille Balin (Nicole), Betty Stockfield (Miss Freeman), Fernand Fabre (Manuel), Suzanne Dantés (Christina), Philippe Hériat (Philippe), Nadine Picard (Lily), Marguerite Moréno (Komtesse Polaki)

Eine reiche südamerikanische Witwe bemüht sich, ihre Söhne mit möglichst wohlhabenden Frauen zu verheiraten; Gesellschaftskomödie.

La Crise Est Finie F 1934

Uraufführung:	November 1934
Regie:	Robert Siodmak
Produktion:	Seymour Nebenzahl für Nero-Film
Drehbuch:	Curt Siodmak, Friedrich Kohner, Jacques Constant
Kamera:	Eugen Schüfftan
Musik:	Jean Lenoir, Franz Wachsmann (Waxman)
Länge:	74 Minuten
Besetzung:	Albert Préjean (Marcel), Danielle Darrieux (Nicole), Suzanne Dehelly (Olga), Regine Barry (Lola), René Lestelly (René), Marcel Carpentier (Bernouillin), Jeanne Loury (Mme. Bernouillin), Milly Mathis, Pitouto, Paul Velsa, Paul Escoffier

Die Abenteuer einer Komödianten-Truppe aus der Provinz, die in einem leerstehenden Pariser Theater eine Show auf die Beine stellt.

La Vie Parisienne (Pariser Leben) F 1935

Uraufführung:	22. 1. 1936
Regie:	Robert Siodmak
Produktion:	Nero-Film
Drehbuch:	Emmerich Preßburger, Michel Carré, Benno Vigny, nach der Operette von Jacques Offenbach
Kamera:	Armand Thirard, Jean Isnard
Musik:	Jacques Offenbach, in der Berarbeitung von Maurice Jaubert
Bauten:	Jacques Colombier
Länge:	95 Minuten
Besetzung:	

(franz. Version)
Max Dearly (Don Romero de Montesa), Conchita Montenegro (Helenita), Georges Rigaud, Marcelle Praince, Germaine Aussey, Jean Périer, Roger Mann, Christian Gérard

(engl. Version) Max Dearly, Conchita Montenegro, Neil Hamilton, Eva Moore, Carol Goodner, Austin Trevor

Ein brasilianischer Millionär kommt nach dreißig Jahren wieder nach Paris, diesmal mit seiner Tochter, die von zwei Liebhabern umworben wird. Inhaltlich hat dieser Film mit der gleichnamigen Operette kaum etwas zu tun. Die gleichzeitig entstandene englische Version wurde drastisch gekürzt.

Le Grand Refrain F 1936

Uraufführung: 7. 10. 1936
Regie: Yves Mirande
Künstlerische Überwachung: Robert Siodmak
Produktion: André E. Algazy für Métropa-Film
Drehbuch: Yves Mirande
Kamera: Harry Stradling
Musik: Werner Richard Heymann
Bauten: Eugène Lourié
Länge: 90 Minuten
Besetzung: Fernand Gravey (Charles Panard), Jacqueline Francell (Yvette), Gabriel Signoret (der Marquis), André Alerme (Davin), Jeanne Aubert (Léone de Vinci), Aimos (ein Landstreicher), Jean Tissier, Lucien Callamand, Jean Dax, Cécile Lemaire, die Comedian Harmonists

Ein talentierter junger Kino-Pianist verliert durch die Intrige eines einflußreichen Nebenbuhlers seinen Job, landet bei der Heilsarme und erlebt schließlich doch noch die glanzvolle Aufführung seiner Operette. Siodmak half seinem Freund, dem Autor Yves Mirande, bei der Inszenierung dieser musikalischen Komödie.

Mr. Flow F 1936

Uraufführung: 18. 11. 1936
Regie: Robert Siodmak
Produktion: Nicolas Vondas
Drehbuch: Henri Jeanson, Charles Noti, nach dem Roman von Gaston Leroux
Kamera: René Gaveau, Jean Bachelat
Musik: Michel Lévine
Länge: 85 Minuten
Besetzung: Louis Jouvet (Durin; Mr. Flow), Fernand Gravey (Antonin Rose), Edwige Feuillère (Lady Héléna Scarlett), Wladimir Sokoloff (Merlow), Jean Périer, Jim Gérald, Philippe Richard, Mila Parély, Tejund Maki, Jean Wall

Die komplizierten Abenteuer eines rätselhaften Gentleman-Diebs und eines schüchternen jungen Anwalts, der unter dem Einfluß einer schönen Frau zum Safeknacker wird. Elegante Kriminalkomödie.

Cargaison Blanche (Weiße Fracht für Rio) F 1936
(Le Chemin De Rio)

Uraufführung:	7. 1. 1937
Regie:	Robert Siodmak
Produktion:	Nero-Film
Drehbuch:	Henri Jeanson, Herbert Juttke, G. Murrary, nach dem Bericht »Cargaison Clandestine« von Jean Masson
Kamera:	René Gaveau
Musik:	Paul Dessau
Länge:	100 Minuten
Besetzung:	Käthe von Nagy (Marion Baker), Jean-Pierre Aumont (Henri Voison), Marcel Dalio (Férez), Suzy Prim (Estella), Jules Berry (Moréno), Giséle Preville (Béatrice), Charles Grandval, Abel Jacquin, Gaston Modot, Georges Janin, Marcelle Praince, Sylvia Bataille, Mady Berry

In Barcelona kommt ein junger Reporter einem Mädchenhändler-Ring auf die Spur und trifft dabei eine Kollegin, die sich zum Schein als Tänzerin verdingt hat.
In England wurde dieser Film, den Siodmak selber »dirty« nannte, von der Zensur verboten.

Mollenard F 1937

Uraufführung:	Januar 1938
Regie:	Robert Siodmak
Produktion:	Edward Corniglion-Molinier
Drehbuch:	Oscar Paul Gilbert, Charles Spaak nach dem Roman von Oscar Paul Gilbert
Kamera:	Eugen Schüfftan
Musik:	Darius Milhaud
Bauten:	Alexandre Trauner
Länge:	91 Minuten
Besetzung:	Harry Baur (Justin Mollenard), Albert Préjean (Kerotret), Gabrielle Dorziat (Frau Mollenard), Robert Lynen (Gianni), Ludmilla Pitoeff (Maria), Walter Rilla (Frazer), Pierre Renoir (Bonnerot), Marta Labarr, Jacques Baumer, Gina Manès, Jacques Louvigny, Roger Legris, Pierre Labry

Nach Abenteuern auf hoher See verliert Kapitän Mollenard sein Kommando und wird im heimatlichen Dünnkirchen von seiner herrschsüchtigen Frau tyranisiert. Seine treue Mannschaft berfreit ihn, er stirbt auf hoher See.
»Films in Review«: »Siodmaks bester Film bis zu diesem Zeitpunkt.«

Ultimatum F 1938

Uraufführung:	8. 11. 1938
Regie:	Robert Wiene, Robert Siodmak
Produktion:	Charles Georges Horset für PAN-Forrester
Drehbuch:	Pierre Allary, Léo Lania, Alexandre Arnoux nach dem Roman von Léo Lania
Kamera:	Ted Pahle, Jacques Mercanton
Schnitt:	Tonka Taldy
Musik:	Adophe Bachard
Bauten:	E. Duquesne
Länge:	90 Minuten
Besetzung:	Erich von Stroheim (General Simovitch), Dita Parlo (Anna Salic), Bernard Lancret (Stankosalič), Georges Rollin (Leutnant Ristic), Abel Jacquin (Kapitän Burgstaller), Marcel Aimos (Usir), Marcel André, René Dary

Die tragischen Beziehungen zwischen serbischen Militärs und Österreichern kurz nach dem Attentat von Sarajewo, 1914.
Siodmak übernahm die Regie von dem erkrankten Robert Wiene (»Das Kabinett des Dr. Caligari«), der kurz darauf starb. Der Film gilt als schwache Imitation von Jean Renoirs »Die große Illusion«.

Pièges (Fallensteller) F 1939

Uraufführung:	September 1939
Regie:	Robert Siodmak
Produktion:	Michel Safra für Spéva
Drehbuch:	Jacques Companeez, Ernst Neubach, Simon Gentillon
Kamera:	Ted Pahle, Michel Kelber, Jacques Mercanton
Schnitt:	Yvonne Martin
Musik:	Michelet
Bauten:	Georges Wakhevitch, Maurice Colasson
Länge:	111 Minuten
Besetzung:	Erich von Stroheim (Peras), Maurice Chevalier (Robert Fleury), Marie Déa (Adrienne), Pierre Renoir (Brémontier), André Brunot (Ténier), Milly Mathis (Rose), Jean Temerson (Batol), Henry Bry (Oglou), Jacques Varennes (Maxim), Madeleine Geoffroy (Valerie), Mady Berry, Cathérine Farel, Robert Le Vigan, Jean Brochard, Julienne Paroli

Im Auftrag der Polizei bietet sich eine schöne junge Frau als Lockvogel für einen vielfachen Mädchenmörder an, der nach jeder Tat von Baudelaire inspirierte Gedichte an die Polizei schickt.
Stilistisch weist dieser psychologische Thriller bereits auf Hollywoods »Film Noir«.

West Point Widow USA 1941

Uraufführung:	20. 6. 1941
Regie:	Robert Siodmak
Produktion:	Sol C. Siegel für Paramount
Drehbuch:	Frederick Hugh Herbert, Hans Kräly, nach der Geschichte von Anne Wormser »The Baby's Had a Hard Day«
Kamera:	Theodor Sparkuhl
Schnitt:	Archie Marshek
Bauten:	Hans Dreier, Haldane Douglas
Länge:	63 Minuten
Besetzung:	Anne Shirley (Nancy Hull), Richard Carlson (Dr. J. Krueger), Richard Denning (Rhody Graves), Frances Gifford (Daphne), Maude Eburne (Mrs. Willits), Janet Beecher (Mrs. Graves), Cecil Kellaway (Dr. Spencer), Archie Twitchell (Dr. Joe Martin), Lilian Randolph (Sophie), Patricia Farr, Sharon Lynne

Junge Krankenschwester, die heimlich mit einem West-Point-Kadetten verheiratet ist, zieht ihr Kind allein auf. Am Ende findet sie ihr Glück mit einem Arzt.

Fly By Night USA 1941

Uraufführung:	19. 1. 1942
Regie:	Robert Siodmak
Produktion:	Sol C. Siegel für Paramount
Drehbuch:	Jay Dratler, zusätzlicher Dialog von F. H. Herbert, nach einer Geschichte von Ben Roberts und Sydney Sheldon
Kamera:	John F. Seitz
Schnitt:	Arthur Schmidt
Bauten:	Hans Dreier, Haldane Douglas
Länge:	74 Minuten
Besetzung:	Richard Carlson (Dr. Jeff Burton), Nancy Kelly (Pat Lindsay), Albert Bassermann (Dr. Storm), Miles Mander (Prof. Langer), Walter Kingsford (Heydt), Martin Kosleck (George Taylor), Nestor Paiva (Grube), Edward Gargan (Charlie Prescott), Michael Morris (Dr. Prescott)

Junger Arzt gerät unter Mordverdacht. Er entlarvt Nazi-Agenten als die wahren Schuldigen.

The Night Before The Divorce USA 1942

Uraufführung:	6. 3. 1942
Regie	Robert Siodmak
Produktion:	Ralph Dietrich für 20th Century-Fox
Drehbuch:	Jerry Sackheim, nach dem gleichnamigen Stück von Gina Kaus und Ladislas Fodor
Kamera:	Peverell Marley
Schnitt:	John Brady
Musik:	Emil Newman
Bauten:	Richard Day, Lewis Creber
Länge:	67 Minuten
Besetzung:	Lynn Bari (Lynn Nordyke), Mary Beth Hughes (Lola May), Joseph Allen Jr. (George Nordyke), Nils Asther (Victor Roselle), Truman Bradley (Bruce Campbell), Kay Linaker (Hedda Smythe), Mary Treen (Olga), Thurston Hall (Bert Harriman), Spencer Charters (Richter), Leon Belasco (Leo), Tom Fadden, Alec Craig

Nach einem Flirt und einer Mord-Affäre kehrt ein junger Mann zu seiner aufreizend tüchtigen Frau zurück.

My Heart Belongs To Daddy USA 1942

Uraufführung:	7. 11. 1942
Regie:	Robert Siodmak
Produktion:	Sol C. Siegel für Paramount
Drehbuch:	Frederick Hugh Herbert
Kamera:	Daniel Fapp
Schnitt:	Alma MacRorie
Bauten:	Hans Dreier, Haldane Douglas
Länge:	75 Minuten
Besetzung:	Richard Carlson (Prof. R. I. C. Kay), Martha ODriscoll (Joyce Carey Whitman), Cecil Kellaway (Alfred), Florence Bates (Mrs. Saunders), Mable Paige (Mrs. Eckles), Velma Berg (Babs), Frances Gifford (Grace), Francis Pierlot (Dr. Mitchell), Maurice Cass, Paul Stanton, Cecil Cunningham

Aufgrund merkwürdiger Umstände bringt eine Nachclub-Tänzerin ihr Kind im Haus eines verwitweten Wissenschaftlers zur Welt, woraufhin sich viele komische Komplikationen ergeben.

Someone To Remember USA 1943

Uraufführung:	21. 8. 1943
Regie:	Robert Siodmak
Produktion:	Robert North für Republic
Drehbuch:	Francis Hyland, nach »The Prodigal's Mother« von Ben Ames Williams
Kamera:	Jack Marta
Schnitt:	Ernest Nims
Musik:	Walter Scharf
Bauten:	Russell Kimball
Länge:	80 Minuten
Besetzung:	Mabel Paige (Mrs. Freeman), John Craven (Dan Freeman), Harry Shannon (Tom Gibbons), Tom Seidel (Bill Hedge), David Bacon (Ike Dale), Richard Crane (Paul Parker), Chester Clute (Mr. Roseby), Russell Hicks (Mr. Stanton), Dorothy Morris (Lucy Stanton), Charles Dingle (Jim Parsons)

Eine alte Dame, deren Sohn seit vielen Jahren verschwunden ist, kümmert sich rührend um junge Studenten, von denen sie einen für ihren Enkel hält.
»Someone to Remember« gilt als beste unter Siodmaks frühen amerikanischen B-Produktionen.

Son Of Dracula USA 1943

Uraufführung:	4. 11. 1943
Regie:	Robert Siodmak
Produktion:	Ford Beebe für Universal
Drehbuch:	Eric Taylor, nach einer Originalidee von Curt Siodmak
Kamera:	George Robinson
Schnitt:	Saul Goodkind
Musik:	Hans J. Salter
Bauten:	John B. Goodman, Martin Obzina
Länge:	80 Minuten
Besetzung:	Robert Paige (Frank Stanley), Louise Allbritton (Katherine Caldwell), Lon Chaney Jr. (Graf Alucard), George Irving (Colonel Caldwell), Frank Craven (Dr. Brewster), J. Edward Bromberg (Prof. Lazlo), Evelyn Ankers, Samuel S. Hinds, Adeline de Walt Reynolds, Patrick Moriarty, Etta McDaniel

Auf dem Landsitz »Dark Oaks« stört Graf Alucard (Dracula, rückwärts buchstabiert) auf verhängnisvolle Weise das Familienleben der Caldwells.

Cobra Woman USA 1943

Uraufführung:	12. 5. 1944
Regie:	Robert Siodmak
Produktion:	George Waggner für Universal
Drehbuch:	Richard Brooks, Gene Lewis, nach einer Geschichte von W. Scott Darling
Kamera:	George Robinson, W. Howard Greene (Technicolor)
Schnitt:	Charles Maynard
Musik:	Edward Ward
Bauten:	John B. Goodman, Alexander Golitzen
Länge:	71 Minuten
Besetzung:	Maria Montez (Tollea; Nadja), Jon Hall (Ramu), Sabu (Kado), Lois Collier (Veeda), Edgar Barrier (Martock), Samuel S. Hinds (Pater Paul), Mary Nash (Königinmutter), Moroni Olsen (MacDonald), Lon Chaney Jr. (Hara)

Abenteuer auf der geheimnisvollen Cobra-Insel. Zwillingsschwestern, beide gespielt von Maria Montez, kämpfen um die Macht und um einen Mann.
Bizarre Südsee-Phantasie. Siodmak: »›Cobra Woman‹ war verrückt, aber hat Spaß gemacht.« Siodmaks erster Farbfilm.

Phantom Lady (Zeuge gesucht) USA 1943

Uraufführung:	28. 1. 1944
Regie:	Robert Siodmak
Produktion:	Joan Harrison für Universal
Drehbuch:	Bernard C. Schoenfeld, nach dem Roman von William Irish
Kamera:	Elwood Bredell
Schnitt:	Arthur Hilton
Musik:	Hans J. Salter
Bauten:	John B. Goodman, Robert Clatworthy
Länge:	87 Minuten
Besetzung:	Franchot Tone (Jack Marlow), Ella Raines (Carol Richman), Alan Curtis (Scott Henderson), Aurora Miranda (Estela Monteiro), Thomas Gomez (Burgess), Elisha Cook Jr. (Cliff Milburn), Andrew Tombes Jr., Regis Toomey, Joseph Crehan, Doris Lloyd, Virginia Brissac, Fay Helm, Milburn Stone, Jay Novello

Eine Sekretärin unternimmt eine lange, gefährliche Odyssee durch das nächtliche New York, um einen Mord aufzuklären, für den ihr Chef hingerichtet werden soll.
Ein Meisterwerk des »Film Noir«, einer der besten Filme von Siodmak.

Christmas Holiday USA 1944

Uraufführung:	28. 6. 1944
Regie:	Robert Siodmak
Produktion:	Felix Jackson für Universal
Drehbuch:	Herman J. Mankiewicz, nach der Erzählung von W. Somerset Maugham
Kamera:	Elwood Bredell
Schnitt:	Ted J. Kent
Musik:	Hans J. Salter
Lieder:	Irving Berlin, Frank Loesser
Bauten:	John B. Goodman, Robert Clatworthy
Länge:	92 Minuten
Besetzung:	Deanna Durbin (Jackie Lamont, Abigail Martin), Gene Kelly (Robert Manette), Richard Whorf (Simon Fenimore), Dean Harens (Charles Mason), Gladys George, Gale Sondergaard (Mrs. Manette), David Bruce

In Rückblenden wird die Geschichte einer jungen Frau erzählt, die unwissentlich einen gefährlichen Verbrecher heiratet und nach dessen Verurteilung in einem Freudenhaus landet.

The Suspect (Unter Verdacht) USA 1944

Uraufführung:	26. 1. 1945
Regie:	Robert Siodmak
Produktion:	Islin Auster für Universal
Drehbuch:	Bertram Millhauser, adaptiert von Arthur T. Norman, nach einer Erzählung »This Way Out« von James Ronald
Kamera:	Paul Ivano
Schnitt:	Arthur Hilton
Musik:	Frank Skinner
Bauten:	John B. Goodman, Martin Obzina
Länge:	85 Minuten
Besetzung:	Charles Laughton (Philip Marshall), Ella Raines (Mary Grey), Dean Harens (John Marshall), Stanley C. Ridges (Huxley), Henry Daniell (Mr. Simmons), Rosalind Ivan (Cora Marshall), Molly Lamont (Mrs. Simmons), Raymond Severn, Eve Amber, Maude Eburne, Clifford Brooke, Gerald Hamer, Keith Hitchcock

Im London des Jahres 1902 bring ein unglücklicher Ehemann seine Frau um. Als ein anderer des Mordes beschuldigt wird, stellt er sich.

The Strange Affaire Of Uncle Harry USA 1945

Uraufführung:	17. 8. 1945
Regie:	Robert Siodmak
Produktion:	Joan Harrison für Universal
Drehbuch:	Stephen Longstreet, nach dem Stück »Uncle Harry« von Thomas Job, adaptiert von Keith Winter
Kamera:	Paul Ivano
Schnitt:	Arthur Hilton
Musik:	Hans J. Salter
Bauten:	John B. Goodman, Eugene Lourie
Länge:	80 Minuten
Besetzung:	George Sanders (Harry Quincy), Geraldine Fitzgerald (Lettie Quincy), Ella Raines (Deborah Brown), Sara Algood (Mona), Moyna MacGill (Hester), Samuel S. Hinds (Dr. Adams), Harry von Zell, Ethel Griffies, Judy Clark, Craig Reynolds, Will Wright, Irene Thedrow, Coulter Irwin, Dawn Bender, Ruth Charrington

Weil sich eine seiner beiden Schwestern gegen seine erste Liebe stellt, versucht der nicht mehr ganz junge Harry, sie zu vergiften. Der Anschlag trifft die falsche Schwester. Die andere wird des Mordes angeklagt. Die Zensurbehörde, das »Hays Office«, bestand darauf, daß die Handlung am Ende als ein Traum von Harry erscheint, damit die amoralischen Züge der Geschichte gemildert würden.

The Spiral Staircase (Die Wendeltreppe) USA 1945

Uraufführung:	24. 12. 1945
Regie:	Robert Siodmak
Produktion:	Dore Schary für RKO
Drehbuch:	Mel Dinelli, nach dem Roman »Some Must Watch« von Ethel Lina White
Kamera:	Nicholas Musuraca
Schnitt:	Harry Marker, Harry Gerstad
Musik:	Roy Webb
Bauten:	Albert S. dAgostino, Jack Okey
Länge:	83 Minuten
Besetzung:	Dorothy McGuire (Helen Capel), George Brent (Prof. Albert Warren), Ethel Barrymore (Mrs. Warren), Kent Smith (Dr. Parry), Rhonda Fleming (Blanche), Gordon Oliver (Steve Warren), Elsa Lanchester (Mrs. Oates), Sara Algood (Krankenschwester), Rhys Williams (Mr. Oates), James Bell (Polizist)

Eine amerikanische Kleinstadt, kurz nach der Jahrhundertwende, wird von einem pathologischen Mädchenmörder in Schrecken versetzt. Die schöne, stumme Helen gerät in höchste Gefahr, bevor der Täter im Haus der Warrens von seiner eigenen Mutter erschossen wird.
Einer der berühmtesten (und besten) Filme von Siodmak. 1974 drehte der Regisseur Peter Collinson in England ein mediokres Remake (»The Spiral Staircase« / Das Geheimnis der Wendeltreppe) mit Jacqueline Bisset und Christopher Plummer.

The Killers (Die Killer; Rächer der Unterwelt) USA 1946

Uraufführung:	30. 8. 1946
Regie:	Robert Siodmak
Produktion:	Mark Hellinger für Universal
Drehbuch:	John Huston (nicht im Vorspann), Anthony Veiller, nach der Geschichte »The Killers« von Ernest Hemingway
Kamera:	Elwood Bredell
Schnitt:	Arthur Hilton
Musik:	Miklos Rozsa
Bauten:	Jack Otterson, Martin Obzina
Länge:	102 Minuten
Besetzung:	Burt Lancaster (Peter Lunn, der Schwede), Edmond O'Brien (Jim Reardon), Ava Gardner (Kitty Collins), Albert Dekker (Big Jim Colfax), Sam Levene (Lt. Sam Lubinsky), John Miljan (Jake), Virginia Christine (Lilly), Vince Barnett (Charleston), Charles D. Brown (Packy Robinson), Donald McBride, Phil Brown, Charles McGraw, William Conrad, Queenie Smith, Garry Owen, Harry Hayden, Bill Walker, Jack Lambert, Jeff Corey, Wally Scott, Noel Cravat

In Rückblenden rollt ein Versicherungs-Detektiv die Geschichte des ehemaligen Boxers Pete Lunn auf, der sich, verführt von der schönen Kitty, mit Verbrechern einließ.
Ernest Hemingway hielt »The Killers« für die einzige gelungene Verfilmung eines seiner Werke. Ein Remake drehte Don Siegel 1964 mit Lee Marvin, Angie Dickinson, Ronald Reagan und John Cassavetes.

The Dark Mirror (Der schwarze Spiegel) USA 1946

Uraufführung:	Oktober 1946
Regie:	Robert Siodmak
Produktion:	Nunnally Johnson für Universal
Drehbuch:	Nunnally Johnson, nach der Geschichte von Vladimir Pozner
Kamera:	Milton Krasner
Schnitt:	Ernest Nims
Musik:	Dimitri Tiomkin
Bauten:	Duncan Cramer
Länge:	85 Minuten
Besetzung:	Oliva de Havilland (Terry Collins, Ruth Collins), Lew Ayres (Scott), Thomas Mitchell (Lt. Stevenson), Richard Long (Rusty), Charles Evans (Bezirksanwalt), Garry Owen (Franklin), Lester Allen (Benson), Lela Bliss, Marta Mitrovich, Amalita Ward

Zwillinge geraten in Mordverdacht. Eine muß die Täterin sein. Ein Psychologe, der sich in eine von ihnen verliebt hat, klärt den Fall auf.

Time Out Of Mind USA 1947

Uraufführung:	3. 5. 1947
Regie:	Robert Siodmak
Produktion:	Robert Siodmak für Universal
Drehbuch:	Abem Finkel, Arnold Phillips, nach dem Roman von Rachel Fields
Kamera:	Maury Gertsman
Schnitt:	Ted J. Kent
Musik:	Mario Castelnuovo-Tedesco, Miklos Rozsa
Bauten:	Bernard Herzbrun, John F. De Cuir
Länge:	88 Minuten
Besetzung:	Phyllis Calvert (Kate Fernald), Robert Hutton (Chris Fortune), Ella Raines (Rissa Fortune), Eddie Albert (Jake), Leo G. Carroll (Captain Fortune), Helena Carter (Dora Drake), Olive Blakeney (Mrs. Fernald), Harry Shannon (Captain Rogers), Janet Shaw, Emil Rameau, Samuel S. Hinds, Lillian Fontaine

Konflikte in einer Schiffsbauer-Familie in Maine. Der konservative Captain Fortune begreift nicht, daß seine Kinder eigene Wege gehen. Sein Sohn wird ein erfolgreicher Komponist.
Siodmak hielt wenig von diesem Film, den er nur unter dem Druck des Studios machte.

Cry Of The City (Schrei der Großstadt) USA 1948

Uraufführung:	9. 9. 1948
Regie:	Robert Siodmak
Produktion:	Sol C. Siegel für 20th Century-Fox
Drehbuch:	Richard Murphy, nach dem Roman »The Law And Martin Rome« von Henry Edward Helseth
Kamera:	Lloyd Ahern
Schnitt:	Harmon Jones
Musik:	Alfred Newman
Bauten:	Lyle Wheeler, Albert Hogsett
Länge:	95 Minuten
Besetzung:	Victor Mature (Lt. Vittorio Candella), Richard Conte (Martin Rome), Fred Clark (Lt. Collins), Berry Kroeger (Niles), Shelley Winters (Brenda), Betty Gard (Miss Pruett), Hope Emerson (Rose Given), Tommy Cook (Tony), Debra Paget (Teena Riconti), Roland Winters, Walter Baldwin, Tito Vuolo, Mimi Aguglia, Konstantin Shayne, Howard Freeman, Joan Miller, June Storey, Dolores Castle, Kathleen Howard

Ein Polizist und ein Gangster, als Kinder einst Freunde, liefern sich ein mörderisches Duell in den Straßen von New York. »Cry of the City« blieb Siodmaks einziger Ausflug in das Genre des semidokumentarischen, an Originalschauplätzen gedrehten Kriminalfilms, der im Hollywood der späten vierziger Jahre zur Blüte gelangte. Die Handlung erinnert stark an W.S. Van Dykes »Manhattan Melodrama« (1934) mit Clark Gable, William Powell und Myrna Loy.

Criss Cross (Gewagtes Alibi) USA 1948

Uraufführung:	Februar 1949
Regie:	Robert Siodmak
Produktion:	Michael Kraike für Universal
Drehbuch:	Daniel Fuchs, nach dem Roman von Don Tracy
Kamera:	Frank Planer
Schnitt:	Ted J. Kent
Musik:	Miklos Rozsa
Bauten:	Bernard Herzbrun, Boris Leven
Länge:	87 Minuten
Besetzung:	Burt Lancaster (Steve Thompson), Yvonne de Carlo (Anna), Dan Duryea (Slim Dundee), Stephen McNally (Pete Ramirez), Richard Long (Slade Thompson), Esy Morales (Orchesterleiter), Tom Pedi (Vincent), Percy Helton (Frank), Alan Napier (Finchley), Griff Barnett, Meg Randall, Joan Miller, Edna M. Holland, John Doucette

Aus Liebe zu seiner Ex-Frau Anna, die inzwischen einen gefährlichen Gangster geheiratet hat, läßt sich der Angestellte eines Geldtransport-Unternehmens auf einen Überfall ein. Die Geschichte wird, wie oft bei Siodmak, in Rückblenden erzählt.

The Great Sinner (Der Spieler) USA 1949

Uraufführung:	5. 1. 1949
Regie:	Robert Siodmak
Produktion:	Gottfried Reinhardt für MGM
Drehbuch:	Ladislas Fodor, Christopher Isherwood, nach einer Geschichte von Ladislas Fodor und René Fülöp-Miller nach dem Roman von Dostojewski
Kamera:	George Folsey
Schnitt:	Harold F. Kress
Musik:	Bronislaw Kaper
Bauten:	Cedric Gibbons, Hans Peters
Länge:	110 Minuten
Besetzung:	Gregory Peck (Fedor), Ava Gardner (Pauline Ostrovsky), Melvyn Douglas (Armand de Glasse), Walter Huston (General Ostrovsky), Ethel Barrymore (Madame Ostrovsky), Frank Morgan (Aristide Pitard), Agnes Moorehead (Emma Getzel), Friedrich Ledebur (Sekretär), Ludwig Donath (Doktor), Curt Bois (Juwelier), Ludwig Stossel (Hoteldirektor), Ernö Verebes, Eva Sterns

In Wiesbaden verfällt ein russischer Schriftsteller einer schönen Generalstochter und der Faszination des Roulette-Spiels. Gleichwohl kommt es zu einem Happy-End.

Siodmak behauptet, Mervyn LeRoy hätte viele Szenen nachgedreht und von seiner eigenen Arbeit sei nur noch wenig zu sehen. LeRoy indessen bestreitet, irgendetwas mit »The Great Sinner« zu tun gehabt zu haben.

Thelma Jordan (Strafsache Thelma Jordan) USA 1949

Uraufführung:	Januar 1950
Regie:	Robert Siodmak
Produktion:	Hal B. Wallis für Paramount
Drehbuch:	Ketti Frings, nach einer Geschichte von Marty Holland
Kamera:	George Barnes
Schnitt:	Warren Low
Musik:	Victor Young
Bauten:	Hans Dreier, Earl Hedrick
Länge:	100 Minuten
Besetzung:	Barbara Stanwyck (Thelma Jordan), Wendell Corey (Cleve Marshall), Paul Kelly (Miles Scott), Joan Tetzel (Pamela Marshall), Stanley Ridges (Kingsley Willis), Richard Rober (Tony Laredo), Minor Watson (Richter Calvin Blackwell), Barry Kelley (Staatsanwalt Pierce), Laura Elliot, Basil Ruysdael, Jane Novak, Gertrude W. Hoffman, Harry Antrim, Kate Lawson, Theresa Harris

Ein Staatsanwalt verliebt sich in eine Mörderin.
Auch bekannt unter dem Titel »The File on Thelma Jordan«.

Deported USA 1950

Uraufführung:	Oktober 1950
Regie:	Robert Siodmak
Produktion:	Robert Buckner für Universal
Drehbuch:	Robert Buckner, nach einer Geschichte von Lionel Shapiro
Kamera:	William Daniels
Schnitt:	Ralph Dawson
Musik:	Walter Scharf
Bauten:	Bernard Herzbrun, Nathan Juran
Länge:	89 Minuten
Besetzung:	Marta Toren (Gräfin Amalia di Lorenzi), Jeff Chandler (Vic Smith; Vittorio Mario Sparducci), Claude Dauphin (Vito Buccoli), Marina Berti (Gina Carapia), Richard Rober (Bernardo Gervase), Silvio Minciotti, Adriano Ambrogi, Michael Tor, Erminio Spalla, Dino Nardi, Guido Celano, Tito Vuolo

Ein nach Neapel deportierter italo-amerikanischer Gangster wird durch die Liebe einer jungen Gräfin wieder auf den rechten Weg gebracht.
Gedreht in Italien.

The Whistle At Eaton Falls USA 1951

Uraufführung:	August 1951
Regie:	Robert Siodmak
Produktion:	Louis de Rochemont für Columbia
Drehbuch:	Lemist Esler, Virginia Shaler
Kamera:	Josef Brun
Schnitt:	Angelo Ross
Musik:	Jack Schaindlin
Bauten:	Herbert Andrews
Länge:	96 Minuten
Besetzung:	Lloyd Bridges (Brad Adams), Dorothy Gish (Mrs. Doubleday), Carleton Carpenter (Eddie Talbot), Murray Hamilton (Al Webster), James Westerfield (Joe London), Leonore Lonergan (Abbie), Russel Hardie (Dwight Hawkins), Helen Shields (Miss Russell), Dora Merande (Miss Pringle), Ernest Borgnine (Bill Street), Parker Fennelly, Diana Douglas, Anne Francis, Anne Seymour, Arthur O'Connell

Ehemaliger Gewerkschaftsführer übernimmt eine in wirtschaftliche Schwierigkeiten geratene Plastik-Fabrik in New England. Nach Arbeitskämpfen gelingt ihm eine Erfindung, die das Werk rettet.

The Crimson Pirate (Der rote Korsar) USA 1952

Uraufführung:	27. 9. 1952
Regie:	Robert Siodmak
Produktion:	Harold Hecht, Norman Deming für Warner Brothers
Drehbuch:	Roland Kibbee
Kamera:	Otto Heller (Technicolor)
Schnitt:	Jack Harris
Musik:	William Aewyn
Bauten:	Paul Sheriff
Länge:	104 Minuten
Besetzung:	Burt Lancaster (Vallo), Nick Cravat (Ojo), Eva Bartok (Consuelo), Torin Thatcher (Humble Bellows), James Hayter (Prudence), Leslie Bradley (Baron Gruda), Margot Grahame (Bianca), Noel Purcell (Pablo Murphy), Frederick Leicester (El Libre), Christopher Lee (Attaché), Dana Wynter

Berühmter Pirat im 18. Jahrhundert hilft Rebellen gegen die spanische Krone und gewinnt die Liebe der Tochter des Anführers.
Abenteuerfilm mit parodistischen Elementen.
Gedreht in Italien und England.

Le Grand Jeu (Il Grande Giuoco) (Die letzte Etappe) F/It 1953

Uraufführung:	12. 4. 1954
Regie:	Robert Siodmak
Produktion:	Michael Safra für Spéva-Film, Paris / Rizzoli-Film, Rom
Drehbuch:	Charles Spaak, nach seinem eigenen und Jacques Feyders Drehbuch zu Jacques Feyders gleichnamigem Film von 1934
Kamera:	Michel Kelber (Eastmancolor)
Schnitt:	Victoria Mercanton
Musik:	Georges van Parys, Maurice Thiriet
Bauten:	Léon Barsacq
Länge:	103 Minuten
Besetzung:	Gina Lollobrigida (Silvia, Helena), Jean-Claude Pascal (Pierre Martel), Arletty (Blanche), Raymond Pellegrin (Mario), Peter van Eyck (Fred), Lucien Temerson (Noblet), Jean Hebey (der Brigadier), Odette Laure, Leila Farida, Miss Darling, Odette Baranecy, Margo Lion, Paul Amiot, Gérard Buhr

Von seiner Frau in den Ruin getrieben, tritt ein Pariser Anwalt in die Fremdenlegion ein und trifft in Algier eine Prostituierte, die seiner Frau täuschend ähnlich sieht.
1958 in den USA unter dem Titel »Flesh and the Woman« verliehen.

Die Ratten BRD 1955

Uraufführung:	28. 6. 1955
Regie:	Robert Siodmak
Produktion:	Artur Brauner (CCC)
Drehbuch:	Jochen Huth, nach dem Bühnenstück von Gerhart Hauptmann
Kamera:	Göran Strindberg
Schnitt:	Ira Oberberg, Klaus Eckstein
Musik:	Werner Eisbrenner
Bauten:	Rolf Zehetbauer
Länge:	97 Minuten
Besetzung:	Maria Schell (Pauline Karka), Curd Jügens (Bruno Mechelke), Heidemarie Hatheyer (Anna John), Gustav Knuth (Karl John), Ilse Steppat (Frau Knobbe), Fritz Rémond (Harro Hassenreuther), Lore Seitz (Hebamme Kielbacke), Barbara Rost (Selma Knobbe), Hans Stiebner (Maskenverleiher), Carl Hellmer, Hans Bergmann, Erich Dunskus, Carl de Vogt, Manfred Meurer

Hauptmanns Drama von 1911, verlegt nach Berlin in den ersten Jahren nach dem Zweiten Weltkrieg. Ein Mädchen aus dem Osten überläßt der Frau eines Fuhrunternehmers ihr Kind.
Der neben »Nachts, wenn der Teufel kam« beste Film von Siodmak nach seiner Rückkehr.

Mein Vater, der Schauspieler BRD 1956

Uraufführung:	7. 9. 1956
Regie:	Robert Siodmak
Produktion:	Artur Brauner (CCC)
Drehbuch:	Gina Falkenberg, Maria Matray, Klaus Hardt, nach einer Geschichte von Hans Grimm
Kamera:	Kurt Hasse
Schnitt:	Ira Oberberg
Musik:	Werner Eisbrenner
Bauten:	Otto Erdmann, Willi Vorwerg
Länge:	105 Minuten
Besetzung:	O. W. Fischer (Wolfgang Ohlsen), Hilde Krahl (Christine Behrendt), Oliver Grimm (Michael), Peter Capell (Robert Fleming), Susanne von Almassy (Gerda Eissler), Erica Beer (Olympia Renée), Hilde Körber (Souffleuse), Evi Kent, Siegfried Lowitz, Manfred Inger, Helmut Rudolph, Erich Fiedler, Lori Leux, Siegfried Schürenberg, Heinz Holl, Hermine Sterler, Erich Dunskus, Anneliese Wurtz, Arno Paulsen, Ilse Abel, Barbara Rost

Nach dem Tod seiner Frau, einer erfolgreichen Schauspielerin, gerät ein Filmstar in eine tiefe Krise und wird von seinem Sohn gerettet.

Nachts, wenn der Teufel kam	BRD 1957
Uraufführung:	19. 9. 1957
Regie:	Robert Siodmak
Produktion:	Robert Siodmak für Divina
Drehbuch:	Werner Jörg Lüddecke, nach einem Zeitungsbericht von Will Berthold
Kamera:	Georg Krause
Schnitt:	Walter Boos
Musik:	Siegfried Franz
Bauten:	Rolf Zehetbauer, Gottfried Will
Länge:	105 Minuten
Besetzung:	Claus Holm (Axel Kersten), Mario Adorf (Bruno Lüdke), Hannes Messemer (Rossdorf), Peter Carsten (Mollwitz), Carl Lange (Wollenberg), Werner Peters (Willi Keun), Annemarie Düringer (Helga Hornung), Monika John (Lucy Hansen), Lucas Amann (Plichtverteidiger), Ernst Fritz Fürbringer (Dr. Schleffien), Christa Nielsen, Rose Schäfer, Wilhelm Borell, Helmut Brasch, Käthe Itter, Margaret Jahnen, Walter Janssen, Georg Lehn, Dieter Thomas

Während der Nazi-Zeit kommt ein Kriminalkommissar einem schwachsinnigen Massenmörder auf die Spur. Die SS vertuscht den Fall. Ausgezeichnet mit 10 Bundesfilmpreisen, darunter einem für die beste Regie. In Hollywood für den Oscar als bester ausländischer Film nominiert.

Dorothea Angermann BRD 1958

Uraufführung:	22. 1. 1959
Regie:	Robert Siodmak
Produktion:	Robert Siodmak für Divina
Drehbuch:	Herbert Reinecker, nach Motiven des Schauspiels von Gerhart Hauptmann
Kamera:	Georg Krause
Schnitt:	Walter Boos
Musik:	Siegfried Franz
Bauten:	Robert Herlth, Robert Stratil
Länge:	106 Minuten
Besetzung:	Ruth Leuwerik (Dorothea Angermann), Bert Sotlar (Michael Sever), Alfred Schieske (Pastor Angermann), Kurt Meisel (Mario Malloneck), Edith Schultze-Westrum (Frau Lüders), Alfred Balthoff (Weiß), Monika John (Rosa), Ursula Herwig (Irene), Ernst Konstantin (Gerichtsvorsitzender), Holger Hagen, Heliane Bei, Claudia Gerstäcker, Walter Sedlmayer, Wilmut Borell

Von ihrem bigotten Vater zur Heirat mit ihrem Verführer gezwungen, begeht Dorothea Angermann eine Verzweiflungstat, um ihrem Elend zu entrinnen. Das Gericht spricht sie frei.

The Rough And The Smooth (Das Bittere und das Süße)
GB 1959

Uraufführung:	16. 11. 1959
Regie:	Robert Siodmak
Produktion:	George Minter für Renown Pictures
Drehbuch:	Audrey Erskine-Lindop, Dudley Leslie, nach dem Roman von Robin Maugham
Kamera:	Otto Heller
Schnitt:	Gordon Pilkington
Musik:	Douglas Gamley, Ken Jones
Bauten:	Ken Adam
Länge:	100 Minuten
Besetzung:	Nadja Tiller (Ila Hansen), Tony Britton (Mike Thompson), William Bendix (Reg Barker), Natasha Parry (Margaret Goreham), Norman Woodland (David Fraser), Donald Wolfit (Lord Drewell), Tony Wright (Jack), Adrienne Corri (Jane Bulier), Joyce Carey, John Welsh, Martin Miller, Michael Ward, Edward Chapman, Norman Pierce, Beatrice Varley, Bobby Montagu-Jones, Cyril Smith

Ein junger englischer Archäologe verfällt einer zwielichtigen Verführerin, findet aber am Ende zu seiner Verlobten zurück.

Katia (Katja, die ungekrönte Kaiserin) F 1959

Uraufführung: Dezember 1959
Regie: Robert Siodmak
Produktion: Michel Safra für Spéva-Film
Drehbuch: Charles Spaak, nach dem Roman von Marthe Lucie Bibesco
Kamera: Michel Kelber (Eastmancolor)
Schnitt: Louisette Hautecoeur
Musik: Joseph Kosma
Bauten: Jean A. dEaubonne, Wolf Witzemann
Länge: 95 Minuten
Besetzung: Romy Schneider (Katja), Curd Jürgens (Zar Alexander II.), Pierre Blanchar (Polizeiminister), Antoine Balpêtré (Revolutionär), Monique Mélinard (Zarin), Françoise Brion (Studentin), Margo Lion (Vorsteherin), Hans Unterkirchner, Helene Lauterböck, Egon von Jordan, Michel Bouquet

Die Liebesgeschichte zwischen dem alternden russischen Zaren und einer blutjungen Prinzessin, die er nach dem Tod seiner Frau heimlich heiratet. Bereits 1938 von Jacques Tourneur verfilmt.

Mein Schulfreund BRD 1960

Uraufführung: 22. 7. 1960
Regie: Robert Siodmak
Produktion: Robert Siodmak für Divina
Drehbuch: Johannes Mario Simmel, Robert Adolf Stemmle, nach dem Bühnenstück von Johannes Mario Simmel
Kamera: Helmut Ashley
Schnitt: Walter Boos
Musik: Raimund Rosenberger
Bauten: Rolf Zehetbauer, Gottfried Will
Länge: 94 Minuten
Besetzung: Heinz Rühmann (Ludwig Fuchs), Loni von Friedel (Rosi), Ernst Schröder (Hauptmann Kühn), Hertha Feiler (Frau Kühn), Alexander Kerst (Hauptmann Sander), Robert Graf (Dr. Lerch), Mario Adorf (Niedermoser), Hans Leibelt (Prof. Strohbach), Alexander Golling (Krögelmeier), Carsta Löck, Helga Wiedenbrüg, Dieter Cartini, Margaret Jahnen, Wolfgang Reichmann, Fritz Wepper, Reinhard Glemnitz

Ein hGeldbriefträger, den sein Schulfreund Hermann Göring im Dritten Reich für unzurechnungsfähig erklären ließ, um ihn vor der Hinrichtung zu bewahren, kämpft nach dem Kriege um seine Rehabilitierung.

L' Affaire Nina B. (Affäre Nina B.) F 1961

Uraufführung: 7. 6. 1961
Regie: Robert Siodmak
Produktion: Ciné-Alliance / Filmsonor
Drehbuch: Robert Siodmak, Roger Nimier, nach dem Roman von Johannes Mario Simmel
Kamera: Michel Kelber
Schnitt: Henri Taverna
Musik: Georges Delerue
Bauten: Jean A. dEaubonne, Raymond Gabutti
Länge: 104 Minuten
Besetzung: Nadja Tiller (Nina B.), Pierre Brasseur (Herr B.), Walter Giller (Holden), Charles Regnier (Schwerdtfeger), Hubert Deschamps (Romberg), Jacques Dacqmine (Dr. Zorn), Maria Meriko (Mila), André Certes, Nicolas Vogel, Ellen Bernsen, Marie Mergey, Guy Decomble, Philippe Forquet, Etienne Bierry, Dominique Dandrieux

Eine Mischung aus Polit-Thriller und Melodrama im Milieu der internationalen Hochfinanz. Herr B. kommt einem alten Nazi auf die Spur. Seine Frau, die ein Verhältnis mit seinem Chauffeur hat, vergiftet ihn.

Tunnel 28 / Escape From East-Berlin BRD/USA 1962

Uraufführung:	22. 10. 1962
Regie:	Robert Siodmak
Produktion:	Don Murray, Walter Wood, Peter Berneis, Hans Albin für MGM
Drehbuch:	Gabriele Upton, Peter Berneis, Millard Lampell, nach einer Geschichte von Gabriele Upton und Peter Berneis
Kamera:	Georg Krause
Schnitt:	Maurice Wright
Musik:	Hans Martin Majewski
Bauten:	Ted Hayworth, Dieter Bartels
Länge:	94 Minuten
Besetzung:	Don Murray (Kurt Schröder), Christine Kaufmann (Erika Jürgens), Ingrid van Bergen (Ingeborg Schröder), Werner Klemperer (Brunner), Carl Schell (Major Eckhardt), Bruno Fritz (Onkel Albrecht), Alfred Balthoff (Klüssendorf), Horst Janson (Günther Jürgens), Edith Schultze-Westrum (Frau Schröder), Anita Kupsch (Bambi), Christiane Maybach, Kurt Waitzmann, Helma Seitz, Ronald Dehne, Arne Elsholtz, Georg Bastian, Benno Hoffmann, Claus Eberth

Nach dem Bau der Berliner Mauer flieht eine Gruppe von Ost-Berlinern durch einen selbstgegrabenen Tunnel in den Westen der Stadt.
Der Berliner Innensenator Heinrich Albertz weigerte sich, an der Premiere mit Tanzmusik und kaltem Buffet teilzunehmen. Siodmak, laut »Zeit« vom 26. 10. 1962: »Der Film ist für Analphabeten gemacht, die nicht wissen, was die Mauer ist.«

Der Schut BRD/F/I 1964
(Au Pays Des Skipetars) (Viva Carabina Per Schut)

Uraufführung:	21. 8. 1964
Regie:	Robert Siodmak
Produktion:	Artur Brauner für CCC, Berlin / Criterion-Film, Paris / Serena-Film, Rom in Zusammenarbeit mit Avala-Film, Belgrad
Drehbuch:	Georg Marischka, nach Motiven des Romans von Karl May
Kamera:	Alexander Sekulovic (Ultrascope, Eastmancolor)
Schnitt:	Ursula Kahlbaum
Musik:	Martin Böttcher
Bauten:	Ivkov Dragoljub, Vladimir Tadej
Länge:	118 Minuten
Besetzung:	Lex Barker (Kara Ben Nemsi), Ralf Wolter (Hadschi Halef Omar), Marie Versini (Tschita), Marianne Hold (Annette), Rik Battaglia (Nirwan), Friedrich von Ledebur (Mübarek), Dieter Borsche (Sir David Lindsay), Chris Howland (Archibald), Dušan Janićijević, Eva Balaś

Kara Ben Nemsi und sein Freund Hadschi Halef Omar kämpfen im Balkan gegen den berüchtigten Banditen »Schut«.
Ein absoluter Tiefpunkt in Siodmaks Karriere. »Goldene Leinwand 1965«. Gedreht in Jugoslawien.

Der Schatz der Azteken (1. Teil) BRD/F/I 1965
Die Pyramide des Sonnengottes (2. Teil)
(Les Mercenaires Du Rio Grande)
(I Violenti Di Rio Grande)

Uraufführung:	4. 3. 1965 (1. Teil)
Uraufführung:	17. 4. 1965 (2. Teil)
Regie:	Robert Siodmak
Produktion:	Artur Brauner für CCC, Berlin / Franco-London Film/, Paris / Serena-Film, Rom
Drehbuch:	Ladislas Fodor, Robert Adolf Stemmle, Georg Marischka, nach Motiven von Karl Mays Romanen »Das Waldröschen«, »Schloß Rodriganda« und »Die Pyramide des Sonnengottes«
Kamera:	Siegfried Hold (Ultrascope, Eastmancolor)
Schnitt:	Walter Wischniewski
Musik:	Erwin Halletz
Bauten:	
	Otto Pischinger, Herta Hareiter-Pischinger, Velsko Despotovič
Länge:	101 Minuten (1. Teil) – 98 Minuten (2. Teil)
Besetzung:	Lex Barker (Dr. Karl Sternau), Gérard Barray (Graf Alfonso), Michèle Girardon (Josefa), Ralf Wolter (André Hasenpfeffer), Alessandra Panaro (Rosita Arbellez), Rik Battaglia (Hauptmann Verdoja), Friedrich von Ledebur (Graf Fernando), Jeff Corey (Abraham Lincoln), Theresa Lorca, Hans Nielsen, Gustavo Rojo, Kelo Henderson, Fausto Tozzi, Jean R. Caussimon

Im mexikanischen Bürgerkrieg findet ein deutscher Abenteurer den Schatz der Azteken.
Gedreht in Spanien und Jugoslawien.

Custer Of The West USA 1966
(Big Horn – Ein Tag zum Kämpfen)

Uraufführung:	November 1967
Regie:	Robert Siodmak (Bürgerkriegsszenen: Irving Lerner)
Produktion:	Philip Yordan, Louis Dolivet für Cinerama/Security
Drehbuch:	Bernard Gordon, Julian Halévy
Kamera:	Cecilio-Paniagua-Rodriguez (Technicolor, Cinerama)
Schnitt:	Maurice Rootes
Musik:	Bernardo Ségall
Bauten:	Jean Pierre dEaubonne, Eugène Lourié, Julio Molina
Länge:	146 Minuten
Besetzung:	Robert Shaw (General Custer), Mary Ure (Elizabeth Custer), Robert Ryan (Mulligan), Jeffrey Hunter (Benteen), Ty Hardin (Marcus Reno), Charles Stalnaker (Howells), Robert Hall (Buckley), Lawrence Tierney (General Sheridan), Kieron Moore (Häuptling)

Der Bürgerkriegsheld General Custer läßt sich zum Krieg gegen die Indianer in den Westen abkommandieren und wird beim Little Big Horn von den Sioux vernichtend geschlagen.
Der Film wurde in Spanien gedreht.

Kampf um Rom / La Guerra Per Roma (1. Teil) BRD/It 1968
Der Verrat (2. Teil)

Uraufführung:	17. 12. 1968 (1. Teil)
Uraufführung:	21. 2. 1969 (2. Teil)
Regie:	Robert Siodmak
Produktion:	Artur Brauner für CCC, Berlin / Pesago-Film, Rom, in Zusammenarbeit mit Studioul Cinematografic, Bukarest
Drehbuch:	Ladislas Fodor, nach dem Roman von Felix Dahn
Kamera:	Richard Angst (Eastmancolor, Techniscope)
Schnitt:	Alfred Srp
Musik:	Riz Ortolani
Bauten:	Ernst Schomer, Sandor Kuli, Costel Simionescu
Länge:	103 Minuten (1. Teil) – 84 Minuten (2. Teil)
Besetzung:	Orson Welles (Justinian), Laurence Harvey (Cethegus), Sylva Koscina (Theodora), Honor Blackman (Amalaswintha), Harriet Andersson (Mathaswinta), Robert Hoffman (Totila), Michael Dunn (Narses), Ingrid Brett (Julia), Lang Jeffries (Belisar), Friedrich von Ledebur (Hildebrand), Florin Piersič (Witiches), Emanoil Petrut (Teja), Ewa Strömberg, Dieter Eppler, Gheorge Boghita

Der Untergang des Ostgoten-Reiches in Italien. Machtkämpfe zwischen Goten, Römern und Byzantinern.
Gedreht in Rumänien.
Während der Dreharbeiten erlitt Siodmak einen schweren Autounfall.

Namensverzeichnis